英国新马克思主义哲学研究丛书

乔瑞金　丛书主编

Study on
British New Marxism

霍加特文化实践思想研究

马　援　著

Study on
Richard Hoggart's
Cultural Practice

北京师范大学出版集团
BEIJING NORMAL UNIVERSITY PUBLISHING GROUP
北京师范大学出版社

总　序

　　承运时势，潜备十载，此系丛书，应习近平总书记召唤，借深研 21 世纪世界马克思主义之契机，得各方鼎力相助，终究面世，甚幸！所言英国新马克思主义，意指 20 世纪 50 年代以后，在英国新左派运动中勃发的一种新马克思主义类型，涵括诸多思想家、理论家和革命家，著述数百，笔耕不辍。他们关注社会形态变革，追求社会主义在英国的成功，对世事之历史、文化、社会、政治、经济诸领域给出理性理解，开展革命运动，所言所为，均以马克思的思想为基础，以人类解放为目标，以思想批判为手段，以重建符合人的社会生活秩序为己任，独树一帜，颇有影响，不失借鉴之意义。20 世纪末以前，中国对英国马克思主义的理论研究，几近空白，零星所见，也散落在文学评论、历史学或社会学中，不入哲学和马克思主义视域，究其原因，多半在于觉得英国学者似乎也没有写出像模像样的"哲学著作",而是以历史陈述代替了宏大叙事,以话语分析淹没了逻辑论断,以小人物抹杀了"英雄",其著作均缺乏哲学内涵。20 世纪末期,情势反转。苏东巨变,全球化的冲突与斗争不断发生,金融危机引发的世界经济危机和社会危机,提出诸多亟待解决的重大问题,马克思主义必须对此做出正确的判断和回答,而英国新马克思主义联系历史和现实,在"回归马克思"的意识指引下,于 20 世纪50 年代中叶以来开展的对发达资本主义和苏联教条主义的两方面批判,理论建构,多有启迪意义,与我们先前的理解大相径庭,促使人们聚焦目光于该领域,迄今,已取得可观的研究进展和成果,集中反映于此系丛书中。此系丛书的面世,必将有助于激发更深入的理论研究,有益于马克思主义的时代发展,有功于推进中国特色社会主义现代化强国建设。

乔瑞金
2019 年仲夏于山西大学

目 录

导　言

　　理查德·霍加特是英国文化研究的开创者、伯明翰学派的创建者和英国文化唯物主义的奠基者。他作为英国新马克思主义学术团体里程碑式的人物，开启了20世纪以来"文化转向"思潮当中堪称与法兰克福学派比肩的英国文化研究的先河。他与雷蒙德·威廉斯(Raymond Williams)、E. P. 汤普森(E. P. Thompson)被誉为"英国文化研究的三驾马车"①。霍加特研究视域广泛，涵盖了文学、社会学、历史学、文化研究、媒体研究，其思想触发了关于"奖学金男孩、工人阶级文化、文学和价值、'愤怒年轻人'综合征、皮尔金

---

① Hoggart R.，*The Uses of Literacy：Aspects of Working-class Life*，London：Chatto & Windus，1967，p. xvi.

顿报告、商业广告批评、民主教育、披头士、自传、苏格兰民歌复兴、'巴洛克'①现代性社会的热议问题。霍加特一生著作丰硕，其中 1957 年出版的《识字的用途》(*The Uses of Literacy*)具有巨大的学术影响力，成为日后文化研究的奠基之作，也是他的代表著作。霍加特以带有个人语体特色的表达方式、自传体的文体风格、民族志的研究方法、跨学科的研究视角，展开从精英文化到工人阶级文化、从文学文本到生活文本、从功能性文化到文化民主的"混合体"文化研究。他的思想冲破了根深蒂固的旧文化秩序，赋予"文化"更为丰厚的思想意义和价值，对于学界理解文化的本质及其内涵"具有强大的启示性作用"②。

"没有霍加特就没有文化研究中心"，"《识字的用途》承载着一个关键'时刻'——对早期文化研究给予养分和方法论贡献，引发了我们称之为'文化转向'的广泛讨论，并起到了奠基性的作用。"③这是文化研究核心人物——斯图亚特·霍尔对霍加特贡献的评述。戴维·钱尼(David Chaney)曾指出，传统上把 20 世纪 50 年代后期英国的两部代表著作，即霍加特的《识字的用途》和雷蒙德·威廉斯的《文化与社会》的出版，看作新文化话语革新的标志。学界普遍将理查德·霍加特、雷蒙德·威廉斯和 E.P. 汤普森的代表著作，以及 1964 年伯明翰"当代文化研究中

---

① Hall S., Preface. *Richard Hoggart: Culture and Critique*, Michael Bailey and Mary Eagleton (ed.). Nottingham: Critical, Cultural and Communications Press, 2011, p. 1.

② Ibid., p. 2.

③ Hall S., Richard Hoggart, The Uses of Literacy and The Cultural Turn, *Richard Hoggart and Cultural Studies*, Sue Owen(ed.), New York: Palgrave macmillan, 2008, p. 20.

心"(Contemporary Cultural Studies)的成立作为英国文化研究的源头。霍加特作为《识字的用途》的作者和当代文化研究中心的创办者无疑具有不世之功。理查德·李(Richard E. Lee)给予霍加特这样的评价:"我们很难具体讲清楚霍加特和他的《识字的用途》对20世纪50年代整个学术界的影响。但是有一点是清楚的,这本书以及由此引发的知识运动,对许多学者理解人类社会关系产生了深远影响。此外,这场运动的进一步发展,即文化研究的开启,对现代性社会的界定和权威知识理论系统的构建,提出了巨大挑战。"[①]霍加特所开创的跨学科研究方法,引发了学界对传统学科体系和认知结构的认识和变革,为理解人类社会关系提供了新的思考方式。英国小说家戴维·洛奇(David Lodge)在回顾霍加特的影响时,写道:"那时在'奖学金男孩'脑子里,只有严肃作品才值得一读,如果有人要阅读流行文化作品只能是一种隐秘的罪过。"[②]霍加特所倡导的文化研究使很多人改变了对文化狭隘的认知,激发了"愤怒的青年"对"文学领域中自命不凡、随心所欲的现象"[③]的不满,他们愿意以更宽广的视野对待文化、接受文化和创作文化,"对于身处20世纪50年代的许多作家而言,霍加特就是一位父亲般的人物"[④]。

霍加特不仅是一位独具慧眼的文化思想大师,而且是一位不可多得

---

① Lee. R., "Richard Hoggart and Epistemological Impact of Cultural Studies," in *Richard Hoggart and Cultural Studies*, Sue Owen(ed.), New York: Palgrave macmillan, 2008, p. 88.

② Lodge D., "Richard Hoggart: A Personal appreciation,"in *International Journal of cultural studies*, Vol. 10, 2007, p. 32.

③ Ibid., p. 33.

④ Ibid., p. 33.

的文化实践者。他作为一名大学专职教师和成人大学的兼职教师,深感到理论象牙塔的局限,积极投身现实社会和工人阶级具体的文化生活,是一位具有实践品格的"社会主义知识分子"[①]。乔恩·尼克松(Jon Nixon)认为:"霍加特是麦金泰尔所称'人生统一性'最具典型的例子。"[②]身兼评论家和实践家的霍加特,立足马克思主义的基本立场,开拓了文化唯物主义的基本观点,以基于现实的人的社会生活探究文化理论。与此同时,他对文化民主化的推行不是简单地恪守诺言,而是对不同阶级文化进行深入地持续分析,长期投入广泛的社会实践之中,体现了霍加特知行合一的学术特质。

一、学术经历

在探究霍加特的学术经历时,首先需要了解他的生活经历,因为其思想的关键点都与其生活经历密不可分。霍加特特殊的生活经历塑造了他一生带有个人生活经验的学术特质,成为探究英国新马克思主义学者学术历程缘起的经典案例。这正如汤姆·斯蒂尔(Tom Steele)所述:

---

① [英]丹尼斯·德沃金:《文化马克思主义在战后英国——历史学、新左派和文化研究的起源》,李凤丹译,115页,北京,人民出版社,2008。

② Nixon J., "The Legacy of Richard Hoggart: Education as Democratic Practice,"in *Re-reading Richard Hoggart: Life, Literature, Language, Education.* Owen S. (ed.), Cambridge: Cambridge Scholars Publishing, 2008, p. 72.

"《识字的用途》是霍加特与自身文化历程作斗争的直接产物。"[1]霍加特的生活历程成为他获取学术思想的发源地。

第一，工人阶级的童年生活为霍加特播撒了为普通人民争取文化权利的种子。1918 年 9 月 24 日，霍加特出生在英国利兹波多纽顿贫苦的工人阶级家庭。八岁时霍加特不幸失去了双亲，与祖母一起居住在工人阶级的聚集地——利兹南部的汉斯雷顿。这一居住地最为明显的特征是，机器大工业时代的英国特有的空间狭小且没有通风口的联栋房。霍加特简陋但充满温情的童年生活就是在这里度过的。他经常流露出对 19 世纪团结友爱工人阶级社区的怀念之情。这种儿时经历让他深深地感受到，工人阶级需要团结在一起，他们应当以"共同的价值需求、彼此间的诚信、信任和对社会的责任意识"[2]一起共筑属于工人阶级的文化生活。儿时经历让他深知底层人民的疾苦，萌生为底层人民谋求幸福的意识。在霍加特的学术理论中，所采用的自传体叙述方式和民族志研究方法，探究工人阶级文化习俗、道德礼仪、观点态度的直接研究素材，以及产生亲仁善邻和共建社会共同体思想，都与他的童年生活经历紧密相关。

第二，奖学金男孩的经历加深了霍加特与社会不平等斗争的阶级意识。1936 年，18 岁的"奖学金男孩"霍加特获得了进入英国利兹大学英语系就读的机会，这彻底改变了他的人生轨迹。他强烈地感受着眼前这

---

① Steele T., *Cultural Studies*：*Adult Education*，*Cultural Politics and the 'English' Question*，London：Lawerence & Wishart Limited，1997，p. 5.

② Bailey M.，Clarke B. and Walton J. *Understanding Richard Hoggart*：*A Pedagogy of Hope*. Oxford：Miley-Blackwell，2012，p. 3.

个过去让他难以想象的新世界，内心在对这个令人眼花缭乱、充满智慧的世界感到欣喜的同时，又深深地感受到了这个世界的傲慢、自负和不公正，"这种夹杂于两种不同社会的经历使他深陷于'焦虑'和被'连根拔起'的状态"①，使他对自我存在感产生了极大的迷茫。此时的霍加特就像柏拉图《理想国》中挣脱锁链的自由"囚徒"一样，他渴望自己挣脱精神枷锁的束缚，希望底层人民也能获得真正意义上的自由。他力图用无产阶级真实而具体的生活，为他们辩护和争取权利。《识字的用途》关于第二次世界大战后英国特有的典型形象"奖学金男孩"的塑造，以及这一身份带来的彷徨与困惑的描述，就源于霍加特"奖学金男孩"的经历。

第三，成人教育的工作经历深刻影响了霍加特的学术思想。在第二次世界大战接近尾声时，霍加特首次接触到了成人教育②，深感文化对改变普通人一生命运的重要意义，引发他对未接受正规教育成年群体的关注。1946 年至 1959 年霍加特在赫尔大学从事成人教育工作。③ 他深感学院教育对成人教育的排挤和孤立。加之，迅速发展的通俗文化对工人阶级原有文化意识的巨大冲击，这些因素点燃了他重

---

① Bailey M. , Clarke B. and Walton J. *Understanding Richard Hoggart*：*A Pedagogy of Hope*. Oxford：Miley-Blackwell，2012，p. 5.

② 英国素有"成人教育之乡"之称，在 20 世纪 40 年代后期，英国社会广泛开展成人教育，尤其是对第二次世界大战归来的军人进行非职业化教育。英国在第二次世界大战后努力重建"教育民主"，在 1942 年"贝弗里奇的报告"和 1944 年"巴特勒教育法"中有过明确表述。

③ 在此期间，霍加特在《成人教育》《教师公报》等期刊上发表了大量关于成人教育的文章，主要涉及"教学目标""教学的第一原则""教学方法"等内容，可参见 Bakhtin M. ，"Discourse in the Novel" in Holquist M. (ed.)，*The Dialogic Imagination*，Austin：University of Texas，1990，p. 293。

新思考文化价值和意义的想法，并力图改变现有的文化鸽笼式的布局和还原工人阶级真实的文化生活。众多学者在分析英国文化研究的起源时，认为"英国文化研究发端于工人教育运动"[1]，其原因就在于成人教育对霍加特、威廉斯、汤普森等早期英国新马克思主义学者思想的重要作用和影响。

第四，对文学的热爱成为开启霍加特文化研究的先导。在利兹大学求学期间，霍加特曾得到导师多布里(Bonamy Dobrée)先生的青睐。在导师的熏陶和培养下，他对文学产生了浓厚兴趣，由此形成了他深厚的文学造诣。在 20 世纪 30 年代，霍加特首次读到 W. H. 奥登(W. H. Auden)的作品，在 1951 年查托和温达斯(Chatto & Windus)出版社出版了他的第一部文学专著——《W. H. 奥登》，此书受到了英国各类文学刊物和电视媒体的褒奖，这使他声名鹊起。霍加特对文学的热爱，推动他深入从事文学研究工作[2]。他试图在文学与文化之间建立一种有机结合，将文学批评的方法推广到文化文本的解读之中。

第五，成名之作《识字的用途》为他的文化研究奠定了基石。1957

---

① During S. , *Cultural Studies: A Critical Introduction*. New York: Routledge, 2005, p. 20.

② 尤其是诗歌，除了对威廉·莎士比亚(William Shakespeare)、威廉·布莱克(William Blake)、马修·阿诺德(Mathew Arnold)、托马斯·哈代(Thomas Hardy)、亨利·詹姆斯(Henry James)、赫伯特·斯宾塞(Hebert Spencer)、乔治·奥威尔(Geroge Owell)、艾兹拉·庞德(Ezra Pound)、D. H. 劳伦斯(D. H. Lawrence)、格雷厄姆·格林(Graham Greene)作品的热爱之外，对霍加特有极大影响的还有一些生活化的诗人，包括 T. S. 艾略特(T. S. Eliot)、W. H. 奥登、狄兰·托马斯(Dylan Thomas)、斯蒂芬·斯彭德(Stephen Spender)和路易斯·麦克尼斯(Luis MacNeice)。在他的诸多对文化研究的著作中，谈及文学与文化的关联时，常常会涉及对以上作家及其作品文学批评的研究。

年《识字的用途》①的问世，奠定了霍加特在英国新马克思主义发展史上的重要学术地位。这本书是 20 世纪具有开创性意义的文本之一，引发了整个学界对书中所涉及内容持久而激烈的讨论。它不仅激发了英国左派内部的大讨论，而且成为文化研究、历史学、政治学等跨学科领域争论的焦点；不仅在英国国内，而且在法国、美国、澳大利亚等文化研究领域产生了深远影响，得到了多国语言的译介，如法语、匈牙利语、意大利语、日语、波兰语和葡萄牙语等。这本书形成了广泛的读者群，其巨大魅力不仅在于思想的深远，而且独特的写作风格影响着一代又一代的小说家和剧作家。

第六，当代文化研究中心的成立开拓了文化研究的平台。1964年，霍加特创立了当代文化研究中心②，旨在鼓励跨学科式的研究和创造出一个不属于当下任何学科的新领域。中心的核心理念是将文化研究作为跨学科的研究，寻求文学研究与社会研究、文学分析与社会分析相结合的路径。当代文化研究中心在过去长达半个世纪的文化研究中，取得了卓然不凡的成就，先后吸引了极具重大影响力的文学批

---

① 这本书起初命名为《识字的滥用》(*The Abuse of Literacy*)，后改名为《识字的用途》(*The Uses of Literacy*)，最初这本书并没有得到英国学界的广泛认可，原因在于这本书所开启的文化研究具有跨学科性，并力图弥合文学批评和文化研究的距离，学界对此书的观点和方法颇有争议。直至 1971 年，法国社会学家、文化理论家让-克洛德·帕斯(Jean-Clauder Passeron)的《法国流行文化研究》有了英译本之后，《识字的用途》才受到英国学界的关注，书中主张《识字的用途》是流行文化研究演变的关键性文本的思想逐步受到学界的认可。

② 1961 年，霍加特成功为劳伦斯《查泰莱夫人的情人》一书辩护之后，得到了来自企鹅出版社的辩护费，在伯明翰校长的支持下，他用辩护费作为启动资金，于 1963 年创立了当代文化中心。

评家、哲学家和思想家加入，例如与中心直接相关的，有霍尔、菲尔·科恩（Phil Cohen）、安吉拉·麦克卢比（Angela Macrupee）、戴维·莫利（David Morley），同时还得到与伯明翰学派具有学术渊源的威廉斯、格雷厄姆·默多克（Graham Murdoch）、约翰·菲斯克（John Fisker）等著名文化研究思想家的参与。

第七，积极投身于广泛的文化实践升华了其文化实践思想。1970年，霍加特辞去了中心的工作①，接受了联合国的邀请，开启了他更为广泛的社会实践阶段：1971 年至 1975 年在法国巴黎任联合国教科文组织助理总干事；1971 年在 BBC 广播四台"瑞斯讲座"发表演讲，并以此出版《唯一的联系：文化与交流》一书；1975 年从联合国教科文组织离任后任苏塞克斯大学发展研究中心访问研究员；1976 年任伦敦大学金史密斯学院学监。

霍加特积极投身社会改革，广泛参与社会公共组织，一度成为英国社会主要公共机构和委员会的成员。例如，1958 年至 1960 年雅宝青年服务委员会、1960 年至 1962 年皮尔金顿广播委员会、1976 年至 1981 年英国艺术委员会、1962 年至 1988 年皇家莎士比亚剧院、1977 年至 1983 年成人教育和继续教育顾问委员会、1981 年至 1991 年广播研究协会。霍加特是一位具有社会公众影响力的知识分子，他不拘泥于学术内部研究，而是结合现实社会，有效开展文化维度的现代性社会批判，探讨社会公共政治问题。

---

①　在 20 世纪 70 年代，以霍尔引领的当代文化中心已不再是原初意义霍加特的时代，它更加强调文化政治化和超出英国本土的研究。

第八，丰富的研究主题与多产的研究成果打造出一代文化研究大师。霍加特一生勤于写作、著作颇丰，先后出版专著 22 本、合著 14 本，在期刊、报纸上发表的文章更是不胜枚举。下面从出版著作的先后顺序及内容，分析其文化研究的理论路径和研究范围，把握其核心理念，即在于始终不渝地寻求更加民主的文化。霍加特以文化的视角展开对文化与文学、文化与阶级、文化与社会、文化与传播、文化与生活、文化与政治、文化与历史、文化与教育等相关课题的研究，根据这些内容可将他的著作进行如下归类：

1. 文化与文学，包括《奥登：概论》(1951)、《W. H. 奥登》①(1957)、《W. H. 奥登选集》(1961)、《文学教学》(1963)、《当代文化研究：一种文学和社会研究的途径》(1969)、《彼此言说》第二卷"关于文学"(1970)，从这些著作可以看出霍加特对文学批判的关注。《我为什么珍重文学》一文，无论从研究内容还是研究方法上，都体现出霍加特对文学饱含深情的热爱。

2. 对文化与阶级的阐释，无可厚非地当选《识字的用途》(1957)。作为文化研究的开山之作，它赢得了学界高度评价和普遍赞誉。霍加特采用自传体民族志的研究方法，以其在利兹的童年生活、学习经历为基础，怀旧似地回忆 20 世纪二三十年代工人阶级的生活，为工人阶级的文化进行了有力辩护。

3. 文化与社会，包括《当代文化研究：一种文学和社会研究的途

---

① 关于奥登的研究是霍加特的导师——波纳米·多布里——主编的《作家及其作品》系列丛书中的一本。

径》(1969)、《彼此言说》第二卷"关于社会"(1970)，分析了文化与社会的内在关联，为文化研究拓宽了社会维度的研究。

4. 文化与传播，包括与珍妮特·摩根(Janet Morgan)合作编辑《广播的未来：权威、形式、选择》(1970)、《唯一的联系：文化与交流》(1972)、《大众社会的大众媒介：神话与现实》(2004)，阐明随着广播、电视等新媒体在内的文化传播方式和途径的日益发展，如何看待文化和文化传播之间的关系，这些新传播方式是否能够真正反映现实生活的文化，这种文化观究竟代表了谁的文化，这些问题成为霍加特关注的另一个焦点，并为解决这些问题提供了切实有效的方法。

5. 文化与生活，在霍加特的研究中占有重要的地位，包括三大卷的《生活与时代》(分别出版于 1988 年、1990 年、1992 年)、《我们现在的生活方式》(1995)、《日常语言与日常生活》(2003)。可以说，霍加特的所有著作都离不开现实的日常生活。他用具体的日常生活，将不同阶级使用的话语(尤其是日常习语)、接受的教育、观看的节目、风俗习惯等联系在一起，绘制出一张丰富的社会生活图景，尽显文化与生活之间你中有我、我中有你的共生关系。

6. 文化与政治，包括《相对主义的暴政：当代英国社会文化与政治》(1998)、《文化与国家》(1999)、《两个世界之间：政治、反政治和非政治》(2002)，通过不同阶级文化所涉及的范围，如教育、艺术、广播、语言，以及不同阶级的文化生活，剖析了维多利亚时代复杂的社会关系和资本主义政治的欺骗性，同时分析了"撒切尔主义"和"独裁的民粹主义"对英国文化、社会造成的影响，揭示出相对主义的暴政。

7. 文化与历史，包括与奈杰尔·格雷（Nigel Gray）合著《最糟糕的时代：英国大萧条时期的口述史》（1986）、三大卷的自传《生活与时代》。《生活与时代》被广泛地认为是 20 世纪英国工人阶级生活令人难以置信的、丰富的社会史，既可以作为自传体的范本，被众人称作出类拔萃的社会编年史。霍加特以自己特有的方式叙述历史，用自传体、口述史的方式记录文化，开创了民族志的研究方法。

8. 文化与教育。虽然霍加特本人没有关于教育的专著，但对于文化与教育问题的探讨在他的很多著作中散落可见，例如，《相对主义的暴政：当代英国社会文化与政治》（1998）中有一节名为"扭曲的教育"，阐明了教育在文化中所起的关键性作用。他认为，教育的整体气候往往呈现出商业化的趋势，为此他主张建立真正提升学习者文化实践能力的新型教育模式。

二、研究现状

（一）国外研究现状

霍加特的理论在西方学界一度引起广泛关注，近年来对霍加特的研究又呈现出高涨的态势。综观国外对霍加特思想的研究成果，具体表现为以下四方面：

第一，对霍加特著作的出版、翻译、整理。尽管霍加特以《识字的用途》享有盛名，但该书在 1957 年出版后，并没有立刻得到特殊的礼遇，而是一度引起传统学界的争议和批评。因为这本书不仅打破了传统学科的学科界限，而且与当时的主流思想格格不入。直至 20 世纪 70 年代，这本书历经漫长的等待，在法国社会学家和文化理论家让·克洛德·帕斯予以充分肯定之后，才得到应有的重视和相应的学术地位。随后它被翻译成多国文字，逐渐被国际学界所认可。霍加特一生共出版了三十余本著作，除了《识字的用途》之外，还包括两卷本的《对话》、三卷本自传《生活与时代》、《相对主义的暴政》都得到了西方学界不同程度的关注。

第二，围绕霍加特著作及研究成果召开的学术研讨会。1971 年，霍加特离开了伯明翰当代文化研究中心，逐渐远离了文化研究的主流阵营。在 2000 年之后，西方学界再次将目光锁定在这位英国新马克思主义的领军人物身上，重新审视了霍加特对整个文化研究发展的意义和价值，以及对当代文化研究的启示作用。

2006 年 4 月，英国谢菲尔德大学举办了"理查德·霍加特的用途"跨学科的国际研讨会，对重新评价霍加特的学术思想具有至关重要的意义和价值。这次会议有来自英国、法国、美国、澳大利亚的著名学者，以及 9 个不同学科的专家，包括语言学、政治学、文化研究、社会学、历史学、教育学、成人教育学、认知学、心理学。这次会议的召开被称为跨学科的、具有国际影响力的学术大事件。有关这次会议的主要内容包括以下四个方面：

其一，霍加特是否留有阿诺德、利维斯、艾略特悲观主义文化的影子。其中，霍尔认为霍加特的文化思想与阿诺德等文化悲观主义者有着本质的不同。霍尔认为，《识字的用途》、当代文化研究中心的就职演说和对工人阶级文化恢复力的思想，显示了霍加特与文化悲观主义者分道扬镳。霍尔主要从方法论层面探寻霍加特的工作，绘制了霍加特对文化概念创新的图谱，认为霍加特重新定义了文化的内涵，详述了工人阶级的所思所想，使工人阶级文化"言之有理"。霍尔在追溯文化研究的发展历程的过程中，复原了霍加特的贡献，充分肯定了霍加特对当代文化研究中心的确立以及对后来的发展起到了至关重要的作用。霍尔指出"霍加特不是像马丁·阿诺德那样的自由主义的人道主义者，而是像阿尔都塞（Althusser）和索绪尔（Saussure）一般先驱式的人物"[①]，原因在于霍加特所提出的"文学"研究方法，是日后当代文化研究中心潜心研究符号学的萌芽，并且这一思想成为日后文化研究接受马克思主义思想、后结构主义思想和其他理论的催化剂。

斯蒂芬·科里尼（Stefan Collini）认为霍加特身上保留着英国文学的传统，他为学界没有将霍加特思想放置于像雷蒙德·威廉斯思想一般同等重要位置而深表遗憾。他认为，"霍加特是英国的道德家"，"此时此刻我们更加需要用美好的声音赞颂他"[②]。科里尼对霍尔的某些观点持有不同见解，他将霍加特思想置于整体英国文学发展的思想脉络中，重新评估了《识字的用途》在多大程度上继承了当时占明显优势的利维斯"新批评"批评实践的方法，以及根基深厚的英国文学传统，包括奥登和奥威尔的影响。科里尼强调《识字的用途》凸显了文化与田园诗一般稳定

[①] Owen S. , *Richard Hoggart and Cultural Studies*, New York: Palgrave macmillan，2008，p. 12.

[②] Collini S. , Minds C. , *Raymond Williams and Richard Hoggart*, Oxford: OUP，1999，p. 230.

生活方式的紧密联系，对社区文化研究具有重要作用，认为霍加特具有文化悲观主义的影子。科里尼给予霍加特高度评价，指出霍加特思想很难被圈定在某一个特定的学派之中，他的思想具有跨学科的意义和价值。

在对大量霍加特的文献资料进行分析之后，笔者对这一问题持有的观点是，霍加特思想是对英国传统文学继承与批判之后的一种重构。面对第二次世界大战后英国政治、经济、文化的新变化，尤其文化已然成为20世纪人类研究史的一个重大主题，霍加特以建构普通人民的文化为根基，在扬弃精英主义文化观的基础上，将利维斯的文本阅读方法传授给工人阶级。如果说霍加特身上留有利维斯的影子，也只是在阅读方法上的某种继承而已，本质上两者对文化内涵的理解、文化的基本立场是全然不同的。面对文化大转折的时代，特别是商业文化均质化的冲击下，霍加特并没有像利维斯式"文化悲观者"那样，一味地陷入对商业化文化的谴责中，而是力图建构健康而有序的新文化秩序。

其二，对霍加特在当代文化研究中心工作的评价。具有当代文化研究中心学习经历的劳伦斯·格劳斯伯格[①]（Lawrence Grossberg）充分肯定了霍加特在中心的核心作用。他全面展示了霍加特文学批评实践的分析方法，即如何帮助学生获得有品质和有价值的阅读方法，认为霍加特的理论基础在于关注文本与个体生活之间的关联性，探究共同作用于文

---

① 劳伦斯·格劳斯伯格美国文化研究的代表人物，曾求学于伯明翰大学当代文化研究中心，拜师于霍尔门下，随后跟随美国著名传播学者詹姆斯·凯瑞（James Carey）学习，在传播学领域探究出不同于实证主义模式的文化研究路径。（参见邹赞：《文化的显影——英国文化主义研究》，广州，暨南大学出版社，2014。）

化和社会之间的核心价值。他提出霍加特、威廉斯对文化研究的贡献在于引发对传统科学主义和实证主义的挑战。格劳斯伯格表示霍加特试图将文化传播作为探究社会变迁的重要基础，用具体而生动的描述展现了工人阶级的图景，指出对霍加特持续的关注，对打造未来合理而美好的社会具有重要意义和价值。

其三，霍加特对青年亚文化的意义和作用。大卫·福勒（David Fowler）探究了 20 世纪 50 年代至 80 年代青年亚文化与霍加特文化研究之间的相关性。他分析了霍加特《识字的用途》中"自动点唱机男孩"的部分，以及 1960 年霍加特与莱斯利·保罗（Leslie Paul）共同撰写的《阿尔柏马尔青少年报告》（*The Albermarle Report on Teenagers*）。他反驳了早期文化评论者认为霍加特不赞成发展青年亚文化的观点，提出霍加特对青年文化，尤其是对社区的青年文化具有独特见解，认为霍尔之后所开展的青年文化研究是对霍加特思想的继承和发展。

其四，霍加特对教育的贡献。约翰·哈特利（John Hartley）分析了《识字的用途》，认为从识字世界到媒体时代的转变，标志着大众媒体对学校教育的挑战。格雷姆·特纳（Graeme Turner）赞同哈特利的观点，并进一步指出尽管霍加特提倡的"批判的读写能力"在澳大利亚教学体系中经常出现，但这两种批判的读写方法存在本质区别。他认为，对话语的洞察力是阻止媒体干扰的关键力量，霍加特倡导的批判识字能力在于对人道主义、伦理道德的塑造，关注于具有丰富创造力和想象力的语言，但是这些往往不被学校教育所关注。课堂教学只是把识字能力导向重复性、程序性、既定目的的训练。特纳认为现在学校教育所倡导的批判识字能力，正在走向过度强化批判结构或者批判理论，而文化批判真正的功能和意义并没有显现出来，重温霍加特的观点可以找到文化批判的复兴之路。

会议结束之后，谢菲尔德大学图书馆对这次会议论文进行了归类整理。2008 年苏·欧文主编的《理查德·霍加特与文化研究》出版，集合了这次大会关于霍加特研究的相关论文。

2009 年 7 月 10 日至 12 日，召开了"理查德·霍加特：文化与批判"国际研讨会，由英国利兹都市大学文化研究学院和英国利兹都市大学北方研究所联合主办，海内外专家 50 余人参会，其中包括中国学者金慧敏教授。迈克尔·贝利和玛丽·伊格尔顿将本次会议相关论文编辑成册，命名为《理查德·霍加特：文化与批判》，并于 2011 年出版。本次会议的主要议题有：贝利和伊格尔顿分析了霍加特学术思想的产生背景与发展进程；迈克尔·格林（Michael Green）总结概述了 20 世纪 60 年代霍加特在伯明翰大学当代文化研究中心的主要工作；杰里米·西布鲁克（Jeremy Seabrook）称赞霍加特对工人阶级传统美德重塑的贡献；罗莎琳德·布伦特（Rosalind Brunt）分析了霍加特对当代媒体研究的贡献；苏·欧文（Sue Owen）关注于霍加特的文学分析；比尔·休斯（Bill Hughes）解读了霍加特思想中的辩证法；爱丽丝·费瑞比（Alice Ferrebe）独具特色地研究了霍加特与巴洛克风格之间的联系；特雷西·哈格里夫（Tracy Hargreaves）分析了《识字的用途》、"愤怒的一代"和"英国新浪潮"之间的联系；肖恩·尼克松（Sean Nixon）研究了霍加特对商业广告批判的思想；本·克拉克（Ben Clarke）分析了霍加特具有自传体的政治学；尼克·史蒂文森（Nick Stevenson）阐释了霍加特民主教育思想；科里·吉布森（Corey Gibson）拓展了《识字的用途》与苏格兰民歌之间的关系；詹姆斯·麦格拉斯(James McGrath)从《识字的用途》出发展开了对于披头士的研究。此次会议，对霍加特的研究视角更加多元化，研究视域更为广泛。

第三，有关霍加特思想研究的论文集。除上述两次会议出版的论文集《理查德·霍加特与文化研究》《理查德·霍加特：文化与批判》之外，还有一本值得关注的论文集《重新阅读理查德·霍加特》(苏·欧文，2008)。福瑞德·英格利斯(Fred Inglis)、乔恩·尼克松、本·克拉克、苏·欧文分别从政治、教育、语言、文学的角度分析了霍加特的思想和主要贡献。肖恩·马修斯(Sean Matthews)、汤姆·斯蒂尔分析了劳伦斯(D. H. Lawrence)和多布尔对霍加特思想的影响。马尔科姆·哈德利(Malcolm Hadley)阐述了霍加特1970年至1975年在联合国教科文组织工作期间的学术工作。这本论文集对于进一步深入开展霍加特的学术思想研究具有非常重要的作用。

第四，关于霍加特思想分析的专著。主要有2012年迈克尔·贝里(Michael Bailey)、本·克拉克、乔·沃尔顿(John K. Walton)合著的《对理查德·霍加特的认识：有希望的教育》(*Understanding Richard Hoggart：A Pedagogy of Hope*)，从文学、语言、政治、自传体、历史、媒体、文化、社会、教育层面多维度地分析了霍加特学术思想，并希望通过霍加特的思想为大学教育寻找合理化的发展之路，为知识分子应承担的责任和作用指明方向。2014年福瑞德·英格利斯所著《理查德·霍加特——美德和回报》，是围绕霍加特童年生活、学习生涯、工作经历、日常生活展开的人物传记。英格利斯用生动而细致的笔触记录了霍加特幸福的家庭生活与丰厚的学术成果，"用扣人心弦的故事淋漓尽致地记录了一个珍爱文化的伟大人物。这个伟大的人物的故事给予我们很多启示，告诉我们目前的社会发展正威胁着我们民族（和民族间）最美好的表达来源，即我们的艺术、我们的文化、我们自己"①。

（二）国内研究现状

相比于国外对霍加特的研究，目前国内对霍加特的研究尚属于起步阶段，主要表现为以下五方面：

第一，目前国内对霍加特著作和论文的译介比较有限。2018 年上海人民出版社出版了李冠杰翻译的《识字的用途》。虽然霍加特的著作已经被翻译成多国语言出版发行，但是国内目前还没对霍加特的著作进行全面译介，罗钢、刘象愚主编的《文化研究读本》中，收录了王广州翻译的《人民的"真实"世界：来自通俗艺术的例证——〈派格报〉》一文，取自《识字的用途》的一小节。

关于国外学者对霍加特学术思想评论文章的译介，集中在南京大学张亮教授编著的《英国新左派思想家》和《伦理、文化与社会主义》的部分章节中。其中，《英国新左派思想家》一书，选取了斯图亚特·霍尔的一篇文章《理查德·霍加特、〈识字的用途〉及文化转向》，对于认识霍尔眼中霍加特的学术贡献和作用具有重要意义。随后出版的《伦理、文化与社会主义》集中了《新理性者》和《大学与左派评论》的一些文章，包括了霍加特同时代学者对霍加特及《识字的用途》的评述，这对理解《识字的用途》的历史背景和思想来源有着重要的作用。另外，约翰·斯道雷所

① Inglis F., *Richard Hoggart*：*Virtue and Reward*. Cambridge：Polity Press，2014，p. 1.

著的《文化理论与通俗文化导论》，由杨竹山等翻译，其中有关文化主义的章节中，简要概述了霍加特《识字的用途》的内容。由马克·吉普森(Mark Gibson)、约翰·哈特利合作撰写的《文化研究四十年——理查·霍加特访谈录》，经胡谱中翻译，于 2002 年刊登在《现代传播》上。这篇文章源自对霍加特的访谈，着重围绕霍加特对当前文化研究现状与 20 世纪 50 年代后期文化研究之间连续性和差异性做出探讨。还有，在《马克思主义美学研究》上刊登了由弗兰西斯·马尔赫恩著、黄华军翻译的《一种福利文化？——50 年代的霍加特与威廉斯》一文；该文主要阐述了 50 年代霍加特与威廉斯论第二次世界大战后英国福利文化的探讨，围绕着《识字的用途》和《文化与社会》的部分观点对此问题进行了分析。以上是国内对霍加特著作译介的基本情况。国内对霍加特的关注程度难以与霍加特在国际上的学术地位和学术成就相匹配。

第二，国内对霍加特思想研究的专著比较稀缺。虽然霍加特在国内文化研究学者的著述中有所提及，但都停留在概括性的论述中，对霍加特系统而深入的研究在中国学界还未出现。陆扬主编的《文化研究导论》系统概述了文化研究的理论缘起、范式转换和发展状况，对亚文化、消费文化、网络文学做出了深入的分析，其中，在文化研究的理论缘起中，概述了霍加特《识字的用途》的内容，认为霍加特呼唤昔日工人阶级的文化在于引发对活生生文本的关注，对工人阶级与其他阶级集团的关系分析在于强调工人阶级在这种关系中的抵抗意识。在张华主编的《伯明翰文化学派领军人物述评》中，对伯明翰文化学派的关键人物分设章节进行论述，包括霍加特、威廉斯、汤普森、霍尔、菲斯克、莫利等人物，其中，以"怀旧与批评：霍加特《识字的用途》"为题，介绍了霍加特的基本生平，以及对《识字的用途》概括性的论述。在杨东篱《伯明翰学派的文化观念与通俗文化理论研究》中，勾勒了伯明翰学派的整体风貌和演进历程，系统性地阐发了该学派的学术思想，其中，关注霍加特选择文学研究作为文化研究的起点，分析了霍加特从文学研究向文化研究的迁移轨迹。2014 年邹赞《文化的显影——英国文化主义的研究》，系统而全面地探究了英国文化主义的起源、研究范式和思想争论，其中，最后一章"英国文化主义：范式转型与思想论争"，研究了霍加特与工人阶级文化的主题，阐释了霍加特对英国文化主义的贡献和影响。

第三，国内研究霍加特的相关文章比较有限。其一，概要性介绍霍加特的学术思想，主要有李曦的《为"大众文化"正名——论霍加特与威廉斯对文化研究学科范式的建构》（《河北师范大学学报（哲学社会科学版）》，2010 年第 5 期）、张咏华和沈度的《理查德·霍加特的文化研究理路》（《现代传播》，2011 年第 1 期）。其二，霍加特与相关学者间的比较研究，主要有胡疆锋《霍加特和霍尔的早期文化理论比较》（《文化与诗学》，2012 年第 2 期）、陈欣《理查德·霍加特与 F. R. 李维斯：接受与疏离》（《名作欣赏》，2012 年第 15 期）、邹赞《霍加特与文化转向》（《外国文学》，2015 年第 1 期）。其三，对霍加特某一思想的论述，主要有乔瑞金、马援的《试论霍加特文化生成的辩证法思想》（《哲学研究》，2016 年第 6 期）、马援的《技术理性对文化生成的遮蔽——论霍加特的文化实践思想》（《科学技术哲学研究》，2015 年第 2 期）和《文化内涵的辩证法解读——论霍加特文化实践思想》（《系统科学学报》，2015 年第 4 期）、周丹《伯明翰学派青年亚文化研究的起点：理查德·霍加特与"电唱机男孩"》（《国际新闻界》，2009 年第 12 期）、赵冰《从文本到语境——从理查德·霍加特看文化研究跨学科传统的理论核心》(《中国中外文艺理论研究》，2012 年第 1 期)。其四，对霍加特作品的分析，主要有程祥钰《经验与历史：论霍加特的〈识字的用途〉》(《文艺理论研究》，2012 年第 4 期)、阎嘉《如何理解文化研究的跨学科性：以霍加特〈识字的用途〉为例》，(《文艺理论研究》，2015 年第 2 期)，从这些文章可以看出，国内关于霍加特研究的文章主要集中于文学、文学评论、文艺学的领域。

第四，目前有关霍加特的学位论文主要有四篇，其中四川大学周丹的博士论文《理查德·霍加特与早期英国文化研究》，主要从文化批判的角度分析了霍加特文化观的发展及研究领域，阐释了霍加特对大众文化解读、文化无根状态和文化政治实践的思考；另外三篇硕士论文：南京大学王晓曼的《作为文化研究真正开端的〈识字的用途〉——理查特·霍加特早期文化思想研究》、江西师范大学刘婧的《伯明翰学派早期领军人物文论研究：以霍加特、威廉斯、汤普森为例》、北京语言大学邱丙军的《理查德·霍加特与伯明翰早期文化研究》。

第五，国内对英国新马克思主义的研究已经逐渐展开。乔瑞金教授对英国新马克思主义的理论来源、时代背景、研究范式、典型人物进行了系统而具体的论述，为国内研究英国新马克思主义奠定了坚实的基础。其中包括专著《英国的新马克思主义》《马克思思想研究的新话语：技术与文化批判的英国新马克思主义》，全面深入地评介了英国新马克思主义的重要人物及其学术思想。乔瑞金教授的《英国新左派的社会主义政治至善思想》《英国新马克思主义文化批判的致思路径》《我们为什么需要研究英国的新马克思主义?》《论英国新马克思主义的思想特征》《英国新马克思主义历史学派的政治意识》《英国新马克思主义对文化概念的哲学分析》《英国新马克思主义对现代性合法性的批判》《马克思主义是社会历史的整体视界——英国新马克思主义的"事实"与"理论"之争及启示》等为研究英国新马克思主义思想提供了丰富的理论源泉和方法论贡献。南京大学张亮教授的《从苏联马克思主义到文化马克思主义——英国马克思主义理论传统的战后形成》《"英国马克思主义"的"文化唯物主义"及当代评价》《英国马克思主义理论传统的兴起》《英国马克思主义的研究模式及方法》为英国马克思主义的研究提供了充足的思想资源。中国人民大学段中桥教授的《转向英美、超越哲学、关注"正统"——推进当前我国国外马克思主义研究的三点意见》《20世纪70年代以来英美的马克思主义研究》《转向政治哲学与坚持辩证法——当代英美马克思主义研究的两个方向》《对安德森"扩大"西方马克思主义的说法的质疑》《科亨的政治哲学转向及其启示》对英国马克思主义进行了深度研究。这些学者从哲学的维度探讨了英国新马克思主义的理论体系、批判视角和研究主题，对于深入理解英国新马克思主义在20世纪马克思主义体系中的理论地位和思想价值具有重要贡献。

纵观国内外对霍加特的研究，可以发现有以下几方面有待继续深入挖掘。其一，有关霍加特理论核心思想的研究仍有巨大空间。国外对霍加特的研究具有一定的规模，但主要趋向于某一著作的研究和某一领域的分析，对于其一生的核心思想的概括和提炼尚有不足。其二，对霍加特缺乏历史语境下的整体分析。虽然目前学界对霍加特的学术起源有过探讨，但没有将霍加特思想置于英国新马克思主义更加广阔的理论背景中进行分析。其三，对霍加特著作的全面分析有所不足。国内外对霍加特著作的研究集中于《识字的用途》，对其他著作的研究尚有不足。因此，本书综观霍加特一生的著作，以唯物主义的基本原则，以第二次世界大战后马克思主义在英国的形成为背景，凝练霍加特的核心思想——文化实践，并将文化实践思想置于现代性文化研究的整体语境之中，分析了霍加特文化实践的理论内涵和本质旨归，阐释了霍加特在现代性社会如何指引微观文化主体健康有效地进行文化实践活动，并促进文化变革直至社会变革的意义和作用。

三、核心理念

本书以马克思主义哲学的基本观点为指导，集中对英国新马克思主义的经典代表人物、文化唯物主义的奠基者、文化实践观点的提出者霍加特的文化实践思想进行了较为深入的思考和探讨。霍加特文化实践思想的核心内容是指，文化的生成不能脱离人的现实的活动，从人的日常行为、人的实践本质、人的生活方式理解文化生成与变革的本真内涵和价值旨归，促使文化认识方式和表达方式发生根本性的转变，把文化逻辑和生活逻辑相统一，形成普通文化实践者自我创造、自我发展的文化生成机制，其目的在于最终达到文化的生活化和生活的文化化，推进文化与生活的内在统一，从而培育工人阶级的文化自觉，强化无产阶级反对资产阶级的文化立场，提升实现社会主义的实践能力。

霍加特坚持文化唯物主义的基本观点，强调文化所具有的实践性，在立足于现实社会问题的基础上，力图改变不平等的既定社会秩序，寻求建构理想社会的动力源泉，即通过微观文化主体的文化实践共筑未来美好社会。因此，对现实社会的批判和理想社会主义社会的建构是霍加特文化实践哲学的内在结构与理论基点。霍加特文化实践思想立足于马克思主义的基本立场，即关注最广大人民的文化实践活动，力图挖掘文化的社会和政治功能，强调由文化变革引发的社会变革是基于普通人民文化生活的多向度思考，从而达致整个社会的全面治理。霍加特文化实践思想为普通文化实践者提供了砥砺前行的动力支援，凝聚着微观文化实践者共同前进的磅礴力量，揭示了由文化变革引发社会变革的现实基础不是简单的机构改革或体制改革，而是始于微观文化主体文化实践的改革。

霍加特文化实践思想的意义和价值的关键在于，一方面，文化实践以日常生活世界和普通人民的文化实践活动为根基，发挥微观文化实践主体的力量和作用，从人的存在理解文化，从人的实践本质创新文化，从人的全面解放导引文化发展的方向；另一方面，文化实践反观人的生活，以合理的文化之路作为人类社会发展的路径，以文化的价值标示、规范人的行为，通过这种双向作用力，实现文化实践与改变生活、变革社会的内在统一，从而达致社会制度的改变，达致人的实践方式的改变。

本书从思想缘起、理论视角、路径和内核，对霍加特文化实践思想进行整体性的研究，并由此深入文化实践的具体内容，即主体维度、客体维度、社会关联，对"文化实践"进行分层次和多维度的研究。同时，为进一步显现霍加特文化实践思想的独特性和研究价值，对霍加特文化实践思想的话语特征进行了探讨。因此，本书的逻辑结构是：

绪论部分概括性地介绍霍加特的学术历程，同时在分析国内外对于霍加特思想研究状况的基础上，指明了目前这一领域有待进一步深入和挖掘的研究空间，由此提出本书研究的内容、意义和路径。

第一章从个体思维发生学的视角，对霍加特思想从思想基础、理论源泉、现实依据做出分析。在秉承英国经验主义的传统、汲取马克思的实践哲学思想与文化理论的前提下，霍加特关注第二次世界大战后英国的新变化，将目光聚焦于文化，将文化作为改变现实社会状况的突破口，并激发英国新马克思主义者不断努力寻找文化真正意义上的春天。

第二章提出了霍加特文化实践思想的总体思路，集中阐释其文化实践思想的批判视角、形成路径与理论内核，以及概述后设章节的缘由。依据第二次世界大战之后英国具体的社会发展现状，霍加特分析了现代性社会潜在的巨大危机和现代性与生俱来的内在悖论，对精英主义文化秩序、相对主义文化秩序进行了深刻地批判，在探究文化实践内涵的双重视角的基础上，形成了其思想的理论内核，即以人生生不息的文化实践活动为核心理念；在对两种文化观批判的基础上，以文化主体、文化客体、文化实践方式的紧密关联达致整体性的文化生成为内在机制；以唯物辩证法为核心的基本特征；以消除异化、变革社会为目的的旨归。

第三章是对文化实践主体维度的研究。在面对第二次世界大战后英国社会的新变化，尤其针对无阶级社会的幻象，霍加特对文化主体问题做了深度思考，从文化实践变革文化主体的意义上，批判了文化精英对文化的专属地位，使文化群体向文化实践主体转变，树立人民是文化生成的创造主体的思想，阐释了文化实践对变革文化主体指向，提升微观文化主体自我意识和实践能力的作用。

　　第四章是对文化实践客体维度的分析。他将普通人民的日常生活文化列入文化研究的范围，使文化研究的所指发生了根本意义的变革，即从形而上、抽象美学意义的文学分析转入了反映人类生活的微观化、多样性、充满张力结构的文化研究。从超越传统文化的研究客体，文化实践客体的呈现样态，以及文化生成的日常文化表征三个方面厘清了霍加特文化实践对象的具体所指，深入分析霍加特文化实践所探源的对象，阐释了霍加特文化实践思想具有变革文化所指对象的功能和引发文化研究新景象的意义。

　　第五章是对文化实践外延式的研究，探究了文化实践的社会关联。本章从文化实践与日常生活、文化实践与权利关系、文化实践与社会变革之间的关联进行研究，揭示霍加特文化实践思想的社会意义，即倡导源于日常生活的文化实践活动，并通过文化实践的有效开展，实现文化化的生活与生活化的文化的内在统一，变革大众媒体的社会意义，变革文化的主体性，最终达致一种由内而外的社会变革。

　　第六章是从整体上对霍加特文化实践思想话语特征的分析。从审视文化的表征系统、搭建话语实践的模型、提升话语实践者的能力、实现文化表征与实践的统一四个层面探究了霍加特整体性话语模式的内在结构，以及话语实践对文化生成的作用，目的在于进一步阐释霍加特文化实践思想具体而关键的实践路径，即通过建构整体性的话语模式促使文化实践的主体与文化实践的客体双向变革和匹配改造，使得二者深度融合与相互统一。

　　结论部分从传扬马克思主义实践哲学思想的内在精神、升华人道主义的价值内涵、引领文化创新为人民的实践导向、建构理想状态的社会主义新主体四个方面分析、总结了霍加特文化实践思想的意义和价值，并结合我国具体的现实问题，探讨了这一思想对我国文化建设的参考价值。

综上所述，本书将文化实践作为霍加特思想的核心，围绕着文化实践内涵的双重视角，深入挖掘霍加特对文化内涵本真的求索，探寻其思想的核心理念、内在机制、基本特征和目的旨归，明确提出了霍加特文化实践思想的总体思路，突出文化实践思想的理论价值和社会意义。

四、研究意义

霍加特的文化研究理论是整个英国新马克思主义思想当中具有首创意义和占据重要地位的部分。但是与对英国新马克思主义思想家（如汤普森、威廉斯、霍尔等）研究相比，目前国内对霍加特思想的研究，显得非常薄弱。霍加特作为英国文化研究的开山鼻祖，其思想具有鲜明的个人特征和研究价值。他的思想是马克思主义文化研究的有机构成部分，对他思想的研究有助于把握整个英国新马克思主义思想发展的轨迹，对丰富和发展马克思主义哲学，特别是马克思主义文化哲学具有重要意义。

第一，对文化哲学的扩展与丰富。霍加特的文化思想对探究文化哲学的意义具有一定作用。文化哲学包含了对现代性进程中社会问题的思考，而霍加特对文化哲学的思考正是立足于第二次世界大战之后英国现实的社会发展状况做出的分析。在面对现代社会出现的一系列"断裂"现象时，霍加特敏锐地将文化作为解决现代性社会矛盾问题的聚焦点，开创性地将文学研究发展成为跨学科的文化研究，为文化哲学赋予了变革社会的功能。

　　"民族学、人类学、社会学的兴起和发展，为文化哲学形成为世界性哲学主潮提供了大量的、经过科学论证的素材和可供提炼升华的思想资料。"①民族志的文化研究为文化哲学提供了具体的研究路径和方法。霍加特对文化研究的贡献之一就在于开创了民族志的研究方法，以深入工人阶级的具体生活作为研究资料，使人们对工人阶级社会文化的真实状态得以全方位的了解。霍加特的文化哲学不是哲人的玄虚思索，而是深入具体生活的文化探源。

　　第二，对马克思主义哲学的进一步充实。在 20 世纪马克思主义哲学的研究中，总体上可以划分为三个有机部分：20 世纪初形成的经典西方马克思主义，其代表有卢卡奇（Lukacs）、葛兰西（Gramsci）、阿尔都塞等；20 世纪 50 年代形成的东欧新马克思主义，由南斯拉夫实践派、匈牙利布达佩斯学派、波兰和捷克的新马克思主义构成②；20 世纪 50 年代开启的英国新马克思主义，其代表人物有霍加特、汤普森、威廉斯、伊格尔顿、霍尔等。然而，目前学界对 20 世纪马克思主义哲学的分析主要聚焦于对经典西方马克思主义的分析，而对英国兴起的马克思主义研究则略显逊色。但是，英国新马克思主义以其独特的研究视域和思考方式，"从根本上改变了英国的'理论的贫穷'面貌的同时，将英国打造为一个堪与德法比肩的新的马克思主义理论输出国"③，正吸引着

_____

　　①　许苏民：《文化哲学》，6 页，上海，上海人民出版社，1990。

　　②　衣俊卿：《现代性焦虑与文化批判》，173 页，哈尔滨，黑龙江大学出版社，2007。

　　③　张亮：《英国新左派思想家》，1 页，南京，江苏人民出版社，2010。

越来越多学者的关注和青睐。

英国新马克思主义是指，"从 20 世纪 50 年代以来形成的英国马克思主义，尽管不断转换其研究视角和研究主题，在思想方面也出现诸多差异，但在产生的时代背景、指导思想、研究范式以及目的诉求等方面，基本上具有内在的一致性，存在一些明显可辨的历史传承和内在特质，因此，用'新马克思主义'来指称 20 世纪 50—80 年代及以后在英国产生的一些马克思主义"①。其中，最为引人瞩目的英国新马克思主义者很多是历史学家和文学理论家。例如：汤普森从马克思的人道主义立场出发，将社会历史运动指向实现工人阶级的过程；威廉斯以文化唯物主义为原则，建构共同文化的理想社会；霍加特从工人阶级的实际生活出发，强调文化的用途，倡导更加民主、公平、有序的社会；霍尔推进了马克思主义的全新时代，从种族、性别、年龄、地域等多元化的研究视角进行亚文化的研究。这些思想以特定的形成背景、独特的分析视角、明晰的研究主题使英国新马克思主义在 20 世纪马克思主义理论中别具一格。同时，这些历史、文化学者们"创造出'文化马克思主义'这一具有鲜明英国特色的理论新形态"②，成为英国新马克思主义最具特色的组成部分。

霍加特作为英国新马克思主义文化学派的经典人物，重申人道主义的价值观，倡导新文化生存方式，强调普遍的民主和人民更广泛地参与社会公共事务。他打破了传统分析方法的束缚，将工人阶级文化纳入文

---

① 乔瑞金：《英国的新马克思主义》，1 页，北京，人民出版社，2013。
② 张亮：《英国新左派思想家》，3 页，南京，江苏人民出版社，2010。

化分析的范畴，进而开启了"文化"研究之门，引起并促进了英国新马克思主义对文化研究的转向，迎来了文化研究的第一个繁荣期。

就目前而言，国内学者对英国新马克思主义的关注程度与对欧洲大陆经典西方马克思主义的关注相比略显逊色，甚至从某种程度上来说，尚处于起步阶段。但是，从近些年看来，国内学者开始逐步关注并开展对英国新马克思主义的研究，分别对英国新马克思主义总体发展历程和趋势进行研究；对英国新马克思主义对整个马克思主义的贡献和地位进行研究；对英国新马克思主义经典人物，例如汤普森、威廉斯、霍尔进行专门研究。但遗憾的是国内学界对于英国新马克思主义文化研究丰碑式人物霍加特的研究还处在萌芽阶段，目前还没有他著作的中译本，只有少量介绍性的观点。

本书尝试对霍加特思想脉络、形成原因、理论依据进行分析探讨。从中发现，在霍加特的整个思想中，主要围绕着从文学研究到文化研究，从对精英文化观的质疑到对文化内涵的解读，从对文化商业化的批判到对文化主体自主实践的研究主线。在围绕这些重要的研究主线进行研究的同时，本书力图探究霍加特文化研究思想的独特之处和目的旨归，即以文化实践探究文化的本真意义和内涵，发掘文化生成的内在机制，达致文化变革，直至整个社会变革的意义和价值。霍加特文化实践思想以文化发展为根本目的，以人类解放为本质旨归，为解决文化主体从受动到能动、从自在到自为、从主体异化到主体解放提供现实途径。因此，对霍加特思想的个案研究无疑有利于进一步充实和完善马克思主义哲学的研究，尤其是对英国新马克思主义进一步的深入研究具有一定的意义和价值。

　　第三，霍加特文化实践思想的独特性。从某种意义上说，自人类社会产生以来，文化就一直以某种方式存在着。然而，对自古以来文化大厦所遵循规定性的反思，并不是随着文化的发展相伴而生，而是比较晚近的事情。随着马克思主义在第二次世界大战后英国的兴起，加之一个不争的事实是，"日益发展的'文化中心性'"，"一种令人惊讶的全球性扩张与文化工业的复杂性；文化对社会及经济生活各个方面不断增长的重要性"①，使得英国新马克思主义者开始聚焦于文化的问题。其中在这些人中间，对这一问题先知先觉的人物当属霍加特。

　　霍加特敏锐而深刻地洞察了文化潜在的力量，以及文化与社会内在关系的重要性。霍加特以工人阶级的所读、所思、所感，体悟真实的工人阶级文化生活，批判了精英主义外力强加或文化商业化驱动之下被动形成的某种文化模式。毫无疑问，霍加特对文化研究具有无人可以替代的首创之功。

　　霍加特思想的另一个独到之处在于文化的实践意义解读。对于整个英国新马克思主义来说，虽然存在代际差异和思想上的转变，但是"总体上具有内在一致性，存在一些明显可辨的历史传承和内在特质"②，从某种意义上说，英国新马克思主义的研究始终没有脱离文化实践的主题。英国新马克思主义文化学派的研究者纷纷从不同维度试图厘清"文化"的内涵，其中将文化定义为实践活动的范畴，主要涉及以下几类

---

　　①　Hall S.. Richard Hoggart, "The Uses of Literacy and The Cultural Turn," in *Richard Hoggart and Cultural Studies*, Sue Owen(ed.). University of Sheffield: Palgrave macmillan, 2008, p. 20.

　　②　乔瑞金：《英国新左派的社会主义政治至善思想》，载《中国社会科学》，2014(9)。

分析：

威廉斯曾经对"文化"一词给予三个宽泛的定义，其一，将文化指认为："智力，尤其是美学所创造的作品和实践。"[①]他指出，文献型的文化是"记载下来的教科书和实践"[②]。威廉斯主要针对文化的指意实践，对文化的文本形式（如诗歌、小说、芭蕾、歌剧等）的意义的指涉和生产。

霍加特集中于日常生活与文化实践之间相互联系的分析。在他为数不多定义式的描述中写道："文化的内涵在于敏锐而真诚地探索、重建社会的本质和生活于其中的人类的经验；文化通过建构自我秩序承担一定的意义，有助于揭示社会的价值秩序，并通过审视或抵制一定的价值秩序，倾向性地提出新的秩序，因此文化对人类的价值判断具有独特的导向作用。"[③]霍加特注重从人类的实践经验界定文化内涵，认为通过文化实践建立的文化秩序承载价值标示的意义，并具有一定的社会功能。

伊格尔顿在《文化的观念》中，从不同角度对文化一词进行了诠释。其中，从人类学的角度分析文化内涵时，暗指了文化和实践的关系。他认为，"我们只有通过将我们自己的某些自然能量运用于这个任务，才能够从自然中夺取文化，因为文化不是在这种意义上通过纯文化的手段

---

① Williams R.，*Keywords*，London：Fontana，1983，p. 87.

② ［英］雷蒙德·威廉斯：《文化与社会》，高晓玲译，16 页，长春，吉林出版集团有限责任公司，2011。

③ Hoggart R.，*The Way We Live Now*，London：Chatto & Windus，1995，p. 87.

建造的。"①伊格尔顿从文化与自然的关系中，探讨人的实践活动对文化形成的作用。

霍尔将文化看作有生命的实践活动，或能够使得一个社会、集团或阶级体验、界定、解释和明了其自身存在条件的实用的意识形态。霍尔主要突出文化实践与意识形态之间的关系，特别强调了文化意识形态的作用。

从英国新马克思主义学者们对文化实践意义的探讨中可以看出，威廉斯所指的文化实践的意义更多集中于文本的分析。在他最著名的"文化即生活"的思想中，将"文化作为一种独特的生活方式"②，与霍加特的思想具有一定的相似性，但是两者之间的研究理路具有一定的差别。霍加特采用民族志的研究方法，以工人阶级详尽的日常活动、口头传述、风俗习惯为研究对象，具体而真实地娓娓道来文化与日常实践之间的内在关联。相比之下，堪称与霍加特《识字的用途》具有异曲同工之妙的威廉斯《文化与社会》，侧重于对英国保守主义批判家，例如，利维斯、艾略特等的分析与批判，从而揭示文化的内涵和意义。

可以看出，无论叙述方式还是研究对象，无论研究理路还是研究思想，霍加特都在于传达文化与日常生活世界之间的不可分割性。伊格尔顿对文化实践意义的探究，更突出在文化与自然的关系中实践介入的问题。从某种程度上来说，伊格尔顿主要的学术兴趣与霍尔对文化意识形态的关注可谓志同道合，他们更倾向于对文化意识形态的分析。

---

① ［英］特瑞·伊格尔顿：《文化的观念》，方杰译，90 页，南京，南京大学出版社。

② ［英］雷蒙德·威廉斯：《文化与社会》，高晓玲译，16 页，长春，吉林出版集团有限责任公司，2011。

在对英国新马克思主义者关于文化的实践性讨论中，不难发现霍加特对文化思考的前提和基础，即将文化作为实践的文化，探讨文化与社会、文化与生活之间的相互渗透力。他的文化实践观更是一种迈向日常生活的文化实践思想。当代文化研究中心的早期成员如保罗·威利斯（Paul Willis）等人正是在霍加特的影响下，从文学研究转向对日常生活文化的研究。霍加特文化实践的独特性和重要价值在于试图改变原有文化模式，使文化逐渐成为人们自觉认识和反思的过程。霍加特将作为等级概念的文化、作为结构的文化，发展成为具有主体自觉性反思的文化、作为实践的文化。

对于霍加特来讲，不但"文化实践"一词符合他对文化意义的诠释，而且这一思想一以贯之于他的整个学术研究，并成为他思想当中浸透肌理般的思想内核。霍加特从实践的本质出发，强调植根于工人阶级内部文化的重要性，提出了从人的实践活动诠释文化的思想。在此基础上，他以文学批判为基础，开启跨学科的文化研究，提出了更加民主化的文化发展之路。

第四，对文化危机和实践的负面效应给予马克思主义的应答。自20世纪50年代以来，在英国出现的具有典型本土特色的马克思主义的学术理论和研究思潮，成为20世纪马克思主义基本格局中不可小觑的力量，使得当代马克思主义呈现出更加多样化的发展，为马克思主义的发展，尤其是马克思主义哲学的发展，注入了新的活力、新的生命力。英国新马克思主义者霍加特作为英国新马克思主义的代表人物，在秉承马克思主义哲学的基本立场，立足于当下的社会现实，从文化角度展开对现实社会问题的批判与探索，形成了具有鲜明特色的思想理论和研究范式。他的著作与成果不仅成为英国新马克思主义有机构成的重要部分，而且对于深化和发展马克思主义哲学具有重要的意义和价值，并对解决现代性社会所面临的文化危机提供非常有价值的参考。

在面对 21 世纪之初整个人类社会的发展时，我们每个人都会切身地体会到科技革命带来的全球性变化；我们为人类一个又一个的科学进步惊叹不已；我们感受到科学技术为人类生活带来前所未有的便捷，与此同时，我们同样为资源短缺、生态恶化唏嘘感叹；为人类的精神空虚、心理危机黯然伤神；为社会道德、伦理的缺失忧心忡忡。然而，对于整个人类世界来说，新科技无论为人类创造多么巨大的福祉，还是对人类生活造成多么深重而无可挽回的负面后果，一个不争的事实是：新科技簇拥下的全球化发展已成为我们当今无法绕过去的重要话题。而全球化的时代已不仅是经济的全球化，还是更加深层次的总体进程。由经济全球化带来的生产、贸易、金融的全球化，必然以某种方式渗透于政治、文化领域。尤为突出的表现在文化层面，文化全球化引发了人类生活方式的巨大变化，文化由原本自发的状态朝向信息化、网络化、数字化的全新文化样态的发展，人类文化栖息的家园被大众传媒所包围，这种全球化的文化逻辑使得人类逐渐疏远来自生活世界自觉的文化精神。因此，越来越多的理论家开始从这种现实的感悟中进行理性的思考与探索，开启对文化全球化时代深度的解析和批判。

霍加特文化实践思想具有现实关照性。一方面，在以资本逻辑发展的现代性社会中，实践表现出一定的负面效应。无可否认，人在有目的、有意识地改造世界的过程中，按照自身生存和发展的需求，凭借人类的实践智慧，创造出前所未有的物质成果和精神成果。但是人类的无限欲望驱使实践表现出另一番景象，为谋求经济利益的最大化，人类过度开发地球资源，致使资源枯竭、生态失衡，使得人与世界的关系处于不协调的状态，究其原因就在于人类不合理和片面的实践观。另一方面，文化层面危机重重。文化商业化的发展模式背离了文化的本质，使得文化不但不能反映人的真实生活，反而还成为阻碍人发展的障碍，并出现了现代社会特有的文化病症，例如：交往恐惧症、图像欲望症、网络综合征，对人的身心造成巨大伤害。在这样一个危机重重的时代，如何回归实践的本真意义？如何使文化朝向合理、健康的方向发展？如何才能使人类更加有效地改造世界？这些都是需要我们迫切解决的问题。

在面临现实的文化危机和人类实践的负面效应时，霍加特采用了一种珠联璧合的方式，将文化对人的现实生活的反映与实践的能动作用有效地结合起来，即文化实践，来解决文化和实践所遇到的困境。实践的科学性和合理性关键还在于是否符合人的实际生活，符合人的真正需求，而文化关乎我们每个人的生活，在一定意义上讲，人的世界即是文化的世界。因此，我们需要站在文化世界的角度探讨实践的意义和价值。反过来讲，文化的生成、意义、价值都源于人的实践活动，而背离人实践活动的文化，往往具有意识形态的虚假性。同样地，对文化意识形态虚假性的解蔽需要源于人的实践活动。霍加特文化实践思想揭示了文化的本真来源，并提出了更加科学合理的实践观，可谓起到了双管齐下的作用。文化实践在于更加有效合理地提升人类改造现实世界和创造未来世界的能力。

为了充分展示霍加特的理论全貌，客观地把握其思想脉络，本书主要以霍加特的英文著作《识字的用途》、两卷本《对话》、《唯一的联系：

文化与交流》、《相对主义的暴政》、《两个世界之间：政治、反政治和非政治》、《日常语言与日常生活》、《大众社会的大众媒体：神话与现实》，以及《当代文化研究：一种文学和社会研究的途径》等论文作为研究的基础，并参考了《理查德·霍加特与文化研究》、《重新阅读理查德·霍加特》、《理查德·霍加特：文化与批判》论文集。

本书从霍加特一贯秉承的"实践观"入手，目的在于对霍加特理论予以全方位的思考，以文化实践为主线，采用多维度的研究视角，展现霍加特为文化研究架构的理论体系。本书主要采用了三种路径进行研究：路径一，以文化实践的探源为研究的逻辑起点，采用多维度的立体视角，将建构文化新秩序作为实践指向，达致社会变革为目的旨归，层层深入地探究霍加特文化实践思想。在对霍加特文化内涵的探讨中，本书梳理了霍加特对第二次世界大战后文化新变化的预先警觉和对世代工人阶级文化张力的分析，凸显出文化作为工人阶级日常生活实践的意义和价值，并从霍加特文化思想的外延上，探讨了文学与文化、文化与生活、文化与社会之间的相互关联，对比了日常生活空间和商业文化打造的大众文化空间的不同，追溯了文化生成的动力，即源于日常生活空间的自主文化实践。路径二，采用了对比分析的方式突出了霍加特思想的独特性。不仅将霍加特的思想放置于整个英国新马克思主义背景下进行横向的研究，而且就同一主题的不同思想展开了纵向的对比分析，这样可以更为清晰地彰显霍加特思想的独特性。路径三，借助系统研究方式，对霍加特文化实践思想分别从文化实践的主体维度、客体维度、话语特征、社会关联作出了不同视角的分析。借此提纲挈领地再现霍加特理论的全景。

关于文化主题的研究是 20 世纪人文社会科学研究的重大主题。国内外众多学者纷纷聚焦这一问题，并结成了一系列丰硕成果。英国新马克思主义对文化的思考以及取得的诸多成果，成为当代马克思主义文化哲学研究的重要组成部分。

英国新马克思主义学者对文化的考察持有自身的基本立场、观点和方法。他们立足当前社会发展的新状况，站在普通大众的立场上，批判了维护少数精英人士立场的文化秩序，力图发展健康合理的文化新秩序，自下而上地探究建构理想社会主义社会的现实路径。而霍加特正是英国新马克思主义开拓文化研究之路的领航者。他关注现实的日常文化生活，把改善普通人的现实生存状况作为立足点，以提高普通人的文化实践能力为目标指向。根据第二次世界大战之后英国的现实状况，他将文化实践作为社会变革的新动力，为文化研究打开了前所未有的新局面。

在对霍加特文化思想的梳理与分析之后，发现霍加特对文化内涵与文化主题的思考，与现实的社会生活密不可分。他将文化看成是实践的存在，把文化实践作为批判精英主义文化、相对主义文化的利剑，将文化生成与发展的根本动力落脚于文化实践。为此，本书的研究聚焦于霍加特对现代社会文化建设的思考，认为其思想的关键之处在于寻求合理的文化实践之路，并进一步探究了霍加特文化实践的起因、目标和旨归。

在霍加特看来，文化是实践的。这句话看起来平淡无奇，但是在深入理解之后，可以发现，它蕴含着对文化内涵解读丰富的可能性。因为，当文化以大写的、抽象的、总体的、宏观的形式存在时，霍加特提出文化是实践的，即文化不是抽象的、绝对精神的产物，就改变了文形而上学的存在形式，为多样化文化存在提供合理性。霍加特在对文化内涵和意义进行探究时，不再将文化强制在某种线性的关系之中，或者固封在某一领域之中。文化实践是多种文化要素和多种文化力量相互冲突、抵抗、交织、选择的过程。

实际上，霍加特文化实践思想正是在遵循文化多维度、多层次和多种可能性的研究轨迹上发展而成的。具体表现在，其文化实践思想的发展路径是以文学批判为起点，直至形成具有社会建构功能的文化实践研究。在文化实践的基础上，霍加特不仅探究了文化的实践内涵，而且深入分析了文化与文学、文化与生活、文化与社会的内在关联，彰显了文化实践的意义和价值。基于以上的分析，本书以其文化实践思想为核心内容，关注这一思想的内涵和外延，着力从实践意义阐释文化的作用和价值。霍加特文化实践思想包含着文化与文本之间文本解读的文化实践、文化与生活之间基于生活实践的文化实践、文化与传播之间大众媒体治理的文化实践、文化与社会之间理想社会建构的文化实践。文化实践将内在性的文化所指与外在性的社会功能有机地结合在一起，构成了具有张力结构和多维度的文化实践图谱。

霍加特早期著作《识字的用途》，原名为《识字的滥用》，体现了他对第二次世界大战后英国工人阶级阶级意识淡漠的痛心疾首，追忆工人阶级原有健康的文化状态，反思商业文化对工人阶级阶级意识退化的影响。一开始霍加特将这本书命名为《识字的滥用》，就是在谴责商业文化的文化滥用现象，这种文化的滥用使得工人阶级丢失了原有的阶级意识，并一度陷入了无阶级社会的误区。霍加特试图恢复工人阶级的力量，改变工人阶级被精英社会称为"乌合之众"的状态，揭示大众文化利用工人阶级获取更多利润的贪婪，为工人阶级辩护，破解英国社会对工人阶级的"误读"，还原工人阶级文化真正的价值。霍加特在谈《识字的用途》时，并不是仅仅指向工人阶级识字的能力，而是通过对工人阶级原有文化的真实再现，指向工人阶级的主体意识，强化工人阶级阶级意识，最终使得马克思所指的工人阶级力量得以实现，让工人阶级成为变革社会的主力，承担起社会变革的主要责任。

在对霍加特整个学术思想的思考中，如何真正理解霍加特，如何挖掘其思想的精髓，如何领会霍加特学术思想的意义，如何领悟霍加特思想最终达致的目的诉求和本质旨归，是本书一以贯之的研究主线。本书将霍加特复杂且多向度的思想，凝结于文化实践这一核心观点，即把文化实践思想作为霍加特整个学术思想的提要钩玄，从文化实践的视角展现霍加特探究文化与文学、文化与社会之间内在联系的关键点，力图挖掘霍加特文化研究的内在机制和理论核心。

本书将文化实践作为霍加特对文化内涵的诠释，包括对工人阶级文化的辩护、对大众文化的解读、对理想社会图景的建构最为核心思想的凝集，将作为实践的文化观作为霍加特文化研究理论意义实现的现实路径和具体指向。本书以文化实践作为研究霍加特核心思想的关键所在。从文化实践思想的四重视角，即文化实践的主体维度、客体维度、话语特征、社会关联，阐释了霍加特立足于日常生活，寻找普通人获得解放的动力源泉和共建理想社会主义社会的现实基础，在于微观文化主体的文化实践。

本书在对霍加特思想所关涉的有关文化生成、文化实践、文化辩证法的研究中，发现霍加特始终绕不开"文化主体"这一关键性因素。霍加特心系普通人，放手发动群众，相信人民的力量，试图通过对文化生成、文化实践、文化辩证法的探究，推动文化的变革。而文化变革的真正目的和价值诉求在于通过引导文化主体思想意识的转变，达到社会制度的改变，达到人的实践方式的改变。这一精神内核始终贯彻于霍加特整个学术生涯之中。

霍加特文化实践通过对文化内涵的重新诠释，将文化的意义从精英主义对文化的神化，走向寻常人的生活；从第二国际把文化作为经济的附属物，转向关注文化的社会功能；从现代性社会对文化同质化的歧途，回归激发主体的能动性。霍加特将文化作为变革社会的推动力，以文化实践引发整个社会的变革，即文化主体的变革，文化对象的变革，文化实践方式的变革，文化思维方式的变革，以至整个社会管理方式、实践方式、运行机制、思维范式等一系列联动式的变革，是一种始于文化实践的社会变革，是一种由内而外达致建构理想社会主义的变革。

第一章 | 文化实践思想的缘起

"文化实践"是霍加特文化研究一以贯之的主题。正如霍尔所说，霍加特将"文化作为'使之有意义'的实践"①，他的理论始终在履行着文化对现实问题的思考和批判功能。作为第一代英国新马克思主义的创始者，霍加特与威廉斯、汤普森一起掀起了英国文化马克思主义的热潮。他们将文化研究与马克思主义理论相联系，呈现出"在马克思主义周围进行研究，研究马克思主义，反对马克思主义，用马克思主义进行研究，试图进行发展马

---

① Hall S.. "Richard Hoggart, The Uses of Literacy and The Cultural Turn," in *Richard Hoggart and Cultural Studies*, Sue Owen(ed.). University of Sheffield: Palgrave macmillan, 2008, p. 25.

克思主义的研究"①的特点。霍加特在继承马克思恩格斯实践观的基础上，将文化置于实践意义序列之中，形成了文化实践思想。这种以合成词方式出现的"文化实践"理论，就在于：一方面，突出强调这一合成词中的文化所指完全不同于传统形而上学的文化概念，而是具有实践效能的文化；另一方面，"实践"一词附着前缀，就说明除了通常所指的物质实践、生产实践之外，尤其在现代性社会之中，文化实践已然成为一种重要的实践方式。两词组合在一起，充分体现了文化的实践属性和实践维度探究文化的重要意义，同时也说明，文化是实践活动的有机构成。文化与实践这两个传统哲学上不会将其关联的范畴，在英国文化马克思主义那里，却打破了两者之间的分界线，并试图有力地将两者结合在一起。因为，在他们看来，只有这样才能从传统意义上文化的囚笼中挣脱出来，建立新的文化观念，而这一文化观念最为核心的思想就体现在文化具有的实践内涵。

我们不禁会问，什么样的社会历史条件会触发霍加特产生这样的思想，又是什么样的思想滋养着他朝这样的思想理论不懈追求？要回答这样的问题，就需要回到霍加特思想产生的历史时代，回到影响其思想产生的现实语境之中。霍加特文化实践思想绝不会孤立存在，它是在特定历史条件下，秉承英国经验主义的认识论传统，汲取马克思主义思想的滋养，并与 20 世纪整个学术思潮向文化转向密切关联而发展形成的。

---

① ［英］丹尼斯·德沃金：《文化马克思主义在战后英国——历史学、新左派和文化研究的起源》，李凤丹译，5 页，北京，人民出版社，2008。

一、思想基础：英国经验主义传统

20 世纪 50 年代末 60 年代初，英国文化马克思主义的形成就是以霍加特、威廉斯、汤普森著作的陆续问世为标志的。在这些著作中，最为明显的特征是挥之不去的经验主义痕迹。他们以翔实的英国历史、亲身经历，记录和探究文化，把经验主义的认识原则作为关注文化问题的发端和利剑指向现实的英国社会。这种研究特质与英国素有的经验主义传统密不可分。

诚然，最能体现英国 17 世纪和 18 世纪时代精神和民族精神的哲学当属经验主义哲学。众所周知，英国一大批像培根（Bacon）、霍布斯（Hobbes）、洛克（Cocke）、贝克莱（Berkeley）、休谟（Hume）等经验主义哲学家，他们更加关注知识的产生和形成问题，并由此推动古代哲学"本体论"向近代哲学"认识论"的转向。黑格尔就将英国称为"一个局限于现实理智的民族"[①]。恩格斯也饶有趣味地说英国"比任何其他民族都关心彼岸世界"[②]。在培根到休谟近两百年的英国经验主义历史中，英国哲学家们始终热衷经验主义的认知方法，拒绝纯粹的理论演绎和单纯的逻辑证明。英国经验论虽已成为过往，但是对后世英国哲学者仍具有持久而深远的影响，对英国新马克思主义学者的影响亦是如此。

（一）经验分析的认识原则

20 世纪 20 年代，随着英国共产党的成立，英国马克思主义理论逐

---

① ［德］黑格尔：《哲学史讲演录》第 4 卷，18 页，北京，商务印书馆，1978。
② 《马克思恩格斯选集》第 1 卷，20 页，北京，人民出版社，1995。

渐形成了自己的研究视角。英国马克思主义的发展脉络有着明显的经验主义的特征,主要表现在,他们反对第二国际机械的还原论,继承并发展了英国传统的经验主义特质。他们认为,"历史发展固然受到生产力发展的阶段限制,却并不存在什么抽象的必然性和发展趋势,因为历史总是由具体的历史的人的活动来创造的,历史唯物主义揭示了历史发展的一般规律,但它绝不能作为面对历史的抽象教条和出发点,而只应当在实证的历史研究中加以验证"①。在 20 世纪 30 年代涌现出了一大批英国研究马克思主义理论的思想家,例如:考德威尔、多布、莫尔顿、贝纳尔。考德威尔主要借助文学理论来研究马克思主义,最终创立了马克思主义的文学批评理论。多布和莫尔顿从英国历史出发,探究以马克思主义为理论核心的英国人民群众史。在 20 世纪 40 年代末,英国共产党历史学家小组成立,其鲜明的特征表现在对传统英国经验哲学的继承上。他们运用马克思唯物史观的基本原理,拒绝抽象的理论建构,对具体问题采用具体分析的方法,细致入微地描述英国近代的历史。他们以人的现实生活为依据探讨文化,对现实而具体的文化问题加以关注。在 20 世纪 50 年代,以霍加特、威廉斯、汤普森为核心代表人物,以他们著作的陆续出版为最终标志,第一代英国新马克思主义形成。英国新马克思主义尽显出的经验主义特征,就与英国素来的经验主义传统相关联。

经验分析的认知原则在霍加特文化研究之路上表现得十分明显,其

---

① 张一兵:《当代国外马克思主义哲学思潮》(中卷),401 页,南京,江苏人民出版社,2011。

学术思想和研究路径有着经验分析的特征。他以自身的生活经历思考文化的内涵与价值，凸显以共同经历和感受形成的文化意义，反对精英主义脱离现实生活的文化观念。在对文化的阐释中，霍加特不是给文化抽象化的定义和概括，而是通过探讨具体的生活世界，包括日常生活的各项活动，如衣食住行、风俗习惯等，以动态的视角和生活化的语境诠释文化。在他看来，并不存在"自在之物"或"经验之外"的世界，文化更是如此。

霍加特在《识字的用途》中，以自身的童年生活经历，描述了英国工人阶级 20 世纪 30 年代的文化生活，彰显了生活化文化的意义和价值。这种探究文化的方式具有明显经验主义的痕迹。这本书前半部分是霍加特对他童年时代第二次世界大战前工人阶级文化生活记忆的打捞，后半部分是对第二次世界大战后工人阶级文化受到商业化侵蚀的分析。霍加特曾多次直言不讳地表示，这本书是以个人经验为基础写成的。他强调英国不同阶级文化的特殊性，反对同一化的文化模式。在经过对工人阶级具体生活素材的分析和研究之后，霍加特指出，工人阶级拥有自身特质的文化，他们对精英主义的文化排他性具有一定的抵抗力。他倡导要依靠工人阶级自身力量寻求解放。霍加特对文化的理解并不简单归结为某种概念或理论，而是基于具体生活全面而深入展开分析。

另外，在创建当代文化研究中心时，霍加特同样遵循经验主义的认识原则，其研究对象集中于特定历史时期不同阶级的文化样态，反对理性主义对文化宏大叙事的抽象追求。他进一步明确了当代文化研究中心的研究主旨，即以工人阶级现实的生活经历为依据，将普通人的日常生活纳入文化研究的范围，关注普通人经验生活的文化意义和价值，唤醒对"人民真实世界"①的探寻，从而构建更加民主的理想社会。当代文化研究中心对社会现实问题具有强烈的批判性和实践性，对当代"文化转向"思潮起到了巨大的推动作用。

虽然霍加特并没有涉及有关资本主义等宏大论述，但是这并不意味他忽视了宏观的社会结构和社会体制的作用，而是坚持把这些作为文化实践的基本条件。在霍加特看来，就现代性社会而言，对资本主义的分析更为重要的研究应当深入整体生活和具体情境之中。他没有将"资本主义"一词放置在公司、证券交易所、劳动力的语境下，或者通过引入一类庞大的理论体系对资本主义社会加以批判，而是借助特定群体的文化"特质"和生活方式，探究具体现实生活语境下"资本主义"的具体内涵和所指。他主张透过现实社会的实际生活，具体展现资本主义的存在方式，从而展开对资本主义社会的批判。霍加特探究资本逻辑的研究方法更加符合"自下而上"具体生活经验分析的认识原则和批判分析。

此外，霍加特强调在个人感受和共同经验之间达致一种辩证关系。他认为对文化内涵的探究，需要在一般与特殊、整体与局部之间不断地运动。他进一步分析指出，一方面，要减少和弱化对文化概念的抽象概括和总结，突出个人和群体之间特定历史条件下的文化意义；另一方面，要在经验分析之后得出理性的结论，避免过度经验聚焦而忽略相互之间的普遍联系，强调理性分析对文化研究的作用。他对文化的探析，表现在经验主义基础之上科学的分析和总结，强调普遍性与特定事物之

---

① Hoggart R., *The Uses of Literacy: Aspects of Working-class Life*, London: Chatto & Windus, 1967, p. 72.

间的辩证关系。

通过以上分析可以看出，霍加特通过微观叙事记录现实的人的生活，避免宏大叙事力求无所不包的叙事方法。他采用的分析方法不同于理性主义纯粹思辨的逻辑演绎，而是以经验分析的认识原则定义和记录文化。

(二)经验归纳的民族志研究

在英国特有的经验主义氛围下，霍加特开创了文化领域的民族志研究。正如德沃金所言，霍加特对自己生活经验的依赖，从而重新创造传统的工人阶级文化，这是中心后来的民族志学研究的真正先驱。[①] 所谓民族志是指，"针对一个人类团体，包括其机构、人际行为、物质产物以及信仰，进行描述的艺术与科学"[②]，民族志的研究方法与经验观察研究有密切的相关性。

在 19 世纪末 20 世纪初，人类学家开创了民族志研究。随后，这种方法逐渐蔓延到不同学科。霍加特借助民族志的方法来探究文化，开创了跨学科文化研究的方法。他认为只讲抽象理论不讲实际社会的文化，不能真实地反映人们的实际生活，失去了文化应有的意义和价值。正如格尔兹表达对文化研究的认识，"我与马克斯·韦伯都相信，人是一种悬浮在他自己织就的意义之网中的动物，认为文化就是那些网，而对文化的研究因此就不会是寻找法则的实验科学，而是寻找意义的一种阐释

---

① ［英］丹尼斯·德沃金：《文化马克思主义在战后英国——历史学、新左派和文化研究的起源》，李凤丹译，211 页，北京，人民出版社，2008。

② Michael Angrosino：《民族志与观察研究法》，张可婷译，20 页，台北，韦伯文化，2010。

科学"①。霍加特正是借助民族志的研究方法，对文化进行深入生活的阐释，使得文化研究从一种权威式的定义和解释，转向一种回归生活的"深描"。他对 20 世纪 30 年代工人阶级生活给予了细致入微的描述。霍加特采用这样的方法并非仅仅在于设计或有意展示某一群体文化的独特性，而是通过展示不同群体富有特质的文化样态，阐释文化本真的内涵，建立文化多维度的发展形态，从而为普通人获得平等文化权利寻求出路。

民族志研究关注日常事务，即研究对象的日常生活化。它主要有两个基本原则：第一，经验原则，如何与被观察群体之间建立一种联系或成为该群体的组成成员；第二，归纳原则，通过仔细观察或详细访谈群体活生生的行为来寻找概括化的结果。霍加特遵循了民族志的基本原则，对工人阶级生活进行了深入的分析。他出生于工人阶级家庭，天然地与工人阶级有一种亲密关系，具备深入工人阶级实际生活的基础。霍加特不但是研究对象的观察者，同时也是直接的参与者。他并非对现存理论或模式做出推理或假设，而是基于真实而具体的人的实际生活从事研究。霍加特将工人阶级的日常生活事件汇聚成一套连贯的文化样态，即工人阶级的文化，从而使来自不同阶级的群体都深度了解工人阶级的文化生活，激发他们对于此类文化的关注。为此，霍加特进一步通过民族志的研究方法展开系统研究，具体表现为以下几个方面：

首先，霍加特以民族志的研究关涉文化问题。19 世纪之前，文化具有浓郁的理性主义和美学色彩，在于追求社会和个人的完善。阿诺德

---

① ［美］理查德·比尔纳其：《超越文化转向》，方杰译，2 页，南京，南京大学出版社，2008。

（Arnold）曾写道，"文化无意深入到底层阶级中去说教"①。很显然这里所指的文化是"伟大的文化"，是精英文化而非大众文化。但是，随着第二次世界大战后大众文化的兴起，"伟大文化"遭受到了前所未有的危机感。文化究竟应该由所谓先知先觉的少数人占有，还是应该让绝大多数的普通人共同享有，这成为当时饱受争议的问题。精英主义的代表人物利维斯就大力呼吁"少数人"的旧文化秩序，并竭力抵制"大众文化"的兴起。霍加特面对这样的情境，他极力反对精英主义文化观，试图打破原有旧文化秩序，为工人阶级的文化辩护。在对文化概念的考察中，霍加特避开对文化面面俱到的定义，而转向真实世界的琐碎小事。他采用了经验归纳的民族志研究，而不是抽象概念的自身演绎和空洞的文字游戏，力图用深入生活的观察研究，对自己的观点加以佐证。

其次，霍加特以民族志的研究预设文化的主体。他将工人阶级文化作为动态的演变过程，将那些已经认识到或未被认识到的参与者纳入该研究范围之中。正如霍尔对《识字的用途》的论述，"在第一部分所提出的激进革新——即试图在一种对其读者及受众文化的深度'阅读'中将之语境化"②。霍加特真正的目的在于以"文化的深度'阅读'"，即民族志的研究，通过生活世界的经历或感受，使不同读者对工人阶级的文化或普通人民的文化产生共鸣。他以这样的方式激发人们对工人阶级文化进行深度思考，使人们意识到并非存在所谓预先决定的文化"秩序"。文化研究的关键在

---

① Arnold M., *Culture and Anarchy*, London: Cambridge University Press, 1932, p. 71.

② Hall S., "The Centrality of Culture: Notes On The Revolution Of Our Time," in K. Thompson(ed.), *Media and Cultural Regulation*, Vol. 6, London: Sage and Open University, 1997, p. 215.

于，让人们相信不同群体之间确实存在各具风格的文化特质，并且，在这些不同的文化特质中，可以尽显出不同文化主体对文化的理解与参与。文化研究的意义在于使人们意识到文化不是单维度或是某一类人的事情，普通人也拥有自身文化存在的价值和意义，普通人都应当拥有享有文化、创造文化的权利。正是基于这样一种思考，霍加特在对待阶级问题时，认为在现代性社会中，阶级关系变得更加复杂和难以界定，有关阶级的问题不单纯指向经济层面，更多涉及文化层面的问题。他更加注重共同经历和感受而获得的阶级归属感，借用民族志的研究，用生动而真实的生活实例再现工人阶级的文化，使读者感受到工人阶级文化存在的意义与价值。

最后，霍加特以民族志的研究建构文化实践思想。诸如卡勒（Culler）对文化研究的定义"如果你一定要问，这个理论究竟是什么'理论'，那么回答就是诸如'表达实践'、经验的生产与表征，以及人类主体的建构之类——简言之，某种程度上就像最广义的文化。令人惊讶的是，诚如文化研究的发展所示，它错综复杂的跨学科性质，它之难于界说清楚，一如'理论'自身"①。不同于数据相加的统计关系或概念化的定义，霍加特对文化的研究基于过程分析，认为文化充满着诸多不断变动的因素。他以民族志的研究方法，探究过去常常被轻视的差异、多元和异质等现在日益受到关注的文化现象。他在将文化作为一种实践活动的理解中，包含了对文化动态性的认识，也蕴含着文化主体能动性的彰显。文化实践为走出文化固定化或鸽笼式的文化谱系学寻求到了出路。文化不

---

① Culler J. , *Literary Theory*: *A Very short Introduction*, New York: Oxford University Press，1997，p. 42.

是铁板一块的存在，文化本身蕴含着人的生活、人的存在、人的能动性，是充满了活力和动态性的有机体。文化实践就打破了文化固定化的存在样态，使文化具有的潜在动力和解放功能发挥出来。

霍加特在民族志研究基础上所提出的文化实践思想，代表了英国新马克思主义对文化问题开拓性的理解。他探究文化的复杂性，从不同角度、不同层面加以描述和解释文化。文化作为现代性社会发展过程中最为重要的方面之一，关涉着社会生活的方方面面，并与经济、政治、社会等方面相互关联。文化实践既存在以自由、民主、科学、理性为核心的价值取向，也存在祛魅化、突出主体意识的生活态度。这样文化实践观点的形成，便作为一种普通人共同参与的形式渗透到社会生活的各个方面，并潜移默化地改变着文化的发展轨迹。

如上所述，霍加特开创的文化研究并不在于建立某种新的学科或新的理论，而是以现实人的具体生活过程为研究对象，把文化深入人的实践过程来研究，以实践的本质、实践的方式、实践的具体内容真实地描述具体人的生活和以生活为对象折射文化。对象世界是运动、变化和联系的，文化同样如此，它不是静止、孤立的，而是来自真实的对象世界。

二、理论源泉：马克思主义哲学

英国的新马克思主义是 20 世纪 50 年代末到 80 年代之间产生的一种学术思潮。它秉承了马克思主义哲学的基本立场和传统，其宗旨在于结合英国的现实问题实现马克思主义本土化的发展。在此期间，这一学术阵营涌现出了一大批特色鲜明的代表人物和代表思想，主要包括：以汤普森、霍布斯鲍姆为代表的历史的马克思主义，以霍加特、威廉斯、霍尔为代表的文化唯物主义的马克思主义，以安德森、奈恩为代表的结构主义的马克思主义，以柯亨为代表的分析的马克思主义，以佩珀为代表的生态学的马克思主义。他们从更加多维的视角批判现实社会，呈现出一幅生动壮阔的马克思主义发展的新图景，形成了 20 世纪马克思主义研究更为多样化的格局。英国新马克思主义正是基于对传统马克思主义的反思，结合英国具体的现实问题，对马克思主义进行本土化的改造。

(一) 马克思主义实践哲学的继承与发展

霍加特在文化实践的研究中，始终遵循着马克思实践概念的内涵和意义。他通过文化实践思想进一步继承和发展了马克思主义的实践理论，使马克思的实践哲学在当下社会被赋予了新的意义和价值。这种继承和发展关系具体可以表现为以下几个方面：

第一，文化的生产性。显而易见，这里所指的文化的生产性与商业化的文化生产是两个概念，两者之间不仅指代的意义相差甚远，而且还存在一定的冲突与对抗。霍加特所指的文化的生产性更是一种文化生成，强调文化的产生来源，目的在于与精英主义的文化观划清界限。精英主义的文化观书写大写、权威的文化，忽视文化的实践特性，将文化作为一种特权而存在。而霍加特以实践的意义诠释文化的生产性，从"感性的人的活动"[①]，从主体方面去理解文化。霍加特认为文化的生成

----

① 《马克思恩格斯选集》第 1 卷，54 页，北京，人民出版社，1995。

或文化的生产性不能脱离人的现实的活动，文化是"从事实际活动的人""现实的历史的人"的感性活动。在此意义上，通过文化活动的生成和生产性，使得文化成为所有人可以从事的活动，普通人真正成为文化的主体而存在。霍加特所指的文化生产在于打破原有文化的规定性，不因人出生伊始的差别而限定文化等级，从而使文化产生不平等。他借助文化实践概念，让每个人都有公平享有使用文化和创造文化的权利。商业化的文化也强调文化的生产，但是这种生产是一种符合资本逻辑的生产，对文化的产生来源、所传递的价值和意义不屑一顾，以产生更多的资本、获得更大的利润为基本原则和内在动力。

第二，文化的用途。霍加特强调文化的用途，关注人类活动和人类知识的一致性，将"解释世界"与"改变世界"相统一。在文化的用途上，霍加特所指的文化用途体现了，马克思所强调"哲学家们只是用不同的方式**解释**世界，问题在于**改变**世界"[①]的意义，坚持认识与实践的统一，将认识世界和改造世界相结合。霍加特以不同类型的文化经验和不同方式的文化用途为基础，阐释了不同文化主体的特定生活，实现了文化"解释世界"的功能，体现出文化阐释学的意义。但并不止于此，关键在于他强调文化的用途具有改变世界的能力，具有解决社会文化危机、体现文化变革所富含的价值和意义。他鼓励工人阶级展开文化表达，通过扬弃精英主义文本细读的分析方法，将文本阅读分为"品质阅读"和"价值阅读"两个阶段，为工人阶级读写能力提供有效的实践途径和方法。霍加特通过对文化用途的全新理解，实现经典文本阅读向日常生活文本

---

① 《马克思恩格斯选集》第1卷，57页，北京，人民出版社，1995。

解读的跨越。这种文化用途指向的变革，扩大了文化主体的所指范围，提升了广大人民作为文化主体的能力，增强了广大人民自觉、自律、自省、自反的文化意识。最终使得广大人民具有独立的文化品格，实现其自身内在精神与外在形式的统一，最终达到真正意义上的"自由人的联合体"，达致建构社会主义主体的理想状态。

第三，文化的价值判断。在马克思看来，"人的思维是否具有客观的真理性，这不是一个理论的问题，而是一个**实践**的问题。人应该在实践中证明自己思维的真理性，即自己思维的现实性和力量，自己思维的此岸性"。① 文化同样如此，它作为人类特有对象性活动，体现出在一定社会生产力的条件下，人类思维的发展进程。文化不是抽象化的理论问题，而是现实的实践问题，离开人的生活世界来谈文化无异于瞎子断匾，没法得出正确的结论。文化的存在依赖于人的现实世界，通过人的实践活动、人的文化力量为自然界打上了人类的烙印，文化具有实践特性。同时，文化本身的内在规约性、文化内部与外部的张力结构也只有通过实践方式、实践力量才能加以理解。正如马克思所述，"**理论**的对立本身的解决，**只有**通过**实践**的方式，只有借助于人的实践力量，才是可能的"②。马克思将"实践"定义为人类特有的对象性感性活动，而文化更具代表性的体现了人本质力量的对象化，是一种具有创造力的对象化活动，是人类集体智慧对象化的凝结。因此，文化的意义和价值只有通过人的实践活动才能得以彰显和表达。

---

① 《马克思恩格斯选集》第 1 卷，58 页，北京，人民出版社，1995。
② 同上书，306 页。

霍加特正是站在文化实践的层面上，提出文化价值标示的意义。他从文化实践的角度批判了相对主义的文化观念。相对主义的核心思想是文化价值的主观性和相对性，不存在客观价值，"一切判断都是相对的，一切评价都是主观的"，"所有客观性都是主观的，都是相对于其自身所处的时空而言；……无物永恒，一切皆流。"①霍加特批判文化相对主义的价值无涉，认为在文化的世界中存在一定的内在规定性和价值尺度，而文化的内在规定性并非等同于精英主义外在强加的规定性，文化内在规定性、文化价值判断的内在尺度的来源就在于文化的生成来源，即人的实践活动，以是否符合人的生存，是否符合社会的合理发展，是否能得到人的解放与全面自由发展为本质依据。霍加特通过文化实践展开对精英主义的文化价值观和相对主义的文化价值观的深刻批判，为文化价值进行了文化实践层面的重塑，寻找到文化价值的真正来源，对于现代社会良莠不齐的文化进行了文化价值维度的审视和批判。

在霍加特的整个文化思想中，蕴含着丰富的马克思主义实践思想。他将实践作为批判精英主义文化观和相对主义文化观的利器，把人的实践活动作为文化概念探源的基石，以建构性的文化实践为文化发展的动力，试图激发文化主体对文化活动的实践性和能动性，最终以实现优化文化结构、推动文化主体进步为目标。文化按其性质来讲，首先表现为对客观世界的主体认识，而认识的来源和基础就在于实践。马克思主义哲学把科学的实践观引入认识论，建立了以实践为基础的认识论。霍加特文化实践思想体现出与关注伦理学研究的西方哲学实践观的不同，更

---

① Berlin, *Liberty*. Oxford: Oxford University Press, 2002, p. 146.

多地继承和发展了马克思的实践理论，坚持认识与实践的统一性，倡导文化与实践的统一性。他秉承马克思主义哲学以实践为起点的认识论，在对文化的理解和认识中，将实践作为整个文化研究始终如一的核心理念。文化实践思想包括对文化对象、文化主体、文化的现实途径和方法、文化的价值和价值判断等，关注人类有目的、有意识地改造世界的过程，强调按照人类自身生存和发展的需求，凭借人类的实践智慧，创造出绚丽多彩的文化生活。

(二)马克思主义文化理论的拓展

在马克思文本中，虽然没有专门开展研究系统化的文化理论，关于马克思对文化问题的思考同样也不能从一本专著或某一种特定文化的理论中找到现成的结论，但是"文化问题在整个马克思社会历史理论中占据重要的地位"①。马克思、恩格斯所确立的以唯物主义历史观为核心的社会历史理论，蕴含着对文化深层理解。他们将文化置于更宽广的人类社会发展的视域中，从而揭示文化本真的意义和价值。

在马克思、恩格斯的著作中，"文化"一词频繁出现在"文化水平""文化史""文化程度"的话语语境之中。恩格斯在论述"英国工人阶级状况"时，谈及了工人阶级最低工资与文化水平、文化程度之间的关系。他认为由于现代英国工业的复杂性，就不得不迫使资本家提高工人阶级微薄的平均工资，从而用于提升工人的某种技能，以便为现代工业生产

---

① 衣俊卿、胡长栓等：《马克思主义文化理论研究》，51 页，北京，北京师范大学出版社，2012。

提供技术保障。可以看出，这种工人阶级平均工资最低限度的提升，实际上在于满足资本家获取资本利润的需求。恩格斯写道："但是工业中的大多数工作都需要一定的技能和常规性，而要达到这一点就要求工人具有一定的文化水平，所以平均工资在这种情况下就应该能够鼓励工人去获得这种技能并在工作中服从这种常规性。"①

恩格斯在分析爱尔兰人涌入工业化的城市成为英国工人阶级的成员时，指出这些爱尔兰人"就必须先接受英格兰的文化和英格兰的习俗，即在本质上变成英格兰人"，同时，英格兰人同样受到了来自爱尔兰人旧习俗的影响，从而导致了整个英格兰文化水平的降低。但是，恩格斯却看到了英国工人阶级文化恶化的积极因素。他指出，"对英国工人的性格有重大影响的另一个要素是爱尔兰工人向英格兰移民，这件事在这一点上的意义我们已经谈过了。一方面，如我们所看到的，它固然使英格兰工人的水平下降，使他们和文化隔绝，使他们的状况恶化；但同时，在另一方面，它也促进了工人阶级和资产阶级之间的鸿沟的加深，从而加速了即将发生的危机的来临"②。基于这种变化，英国工人阶级就逐渐形成了一整套自己的习惯语、思想观念、道德原则和宗教政治思想。"工人比起资产阶级来，说的是另一种习惯语，有另一套思想和观念，另一套习俗和道德原则，另一种宗教和政治。这是两种完全不同的人，他们彼此是这样地不相同，就好像他们是属于不同的种族一样。"③这种爱尔兰工人阶级文化与英格兰工人阶级文化之间的交汇、冲突和融

---

① 《马克思恩格斯全集》第 2 卷，363 页，北京，人民出版社，1957。

② 同上书，409 页。

③ 同上书，410 页。

合，反而促成了英国工人阶级在公共团体和政治观点上所表现的独立的社会性格，并形成了英国工人阶级的文化。恩格斯在分析英国工人阶级形成的过程中，对比了英格兰人和爱尔兰人的文化状况，并指出在英国工业化的过程中，英国工人阶级的文化状况不但没有得到应有的改善反而变得更加恶劣，其原因在于资产阶级对无产阶级文化层面无限压榨。

马克思、恩格斯在进一步对文化的阐释中，论述了文化所蕴含的两个层次的内容。一方面，马克思、恩格斯强调劳动在人类社会文化生成中的作用。他们指出，"劳动是一切财富和一切文化的源泉"[①]，将文化的生成归结为人的劳动和人的实践活动。另一方面，马克思、恩格斯论述了文化与哲学之间的关系。他们将"哲学正变成文化的活的灵魂"[②]，使哲学不再是孤芳自赏的哲学，"哲学已成为世界的哲学，而世界也成为哲学的世界"[③]，以立意宏大的理论学说关涉文化问题，将文化从"天国的文化""文化的天国"所臆造的观念中带回到人类真实世界，强调自觉的文化精神和实际运用文化的作用。

马克思对文化的理解和诠释不只局限于文化层面单一维度的分析，更重要的是涉及了文化与历史、文化与社会、文化与人的本质多维度思考，可以从异化理论、实践的创造性、经济基础—上层建筑相互关系、人的全面自由解放的思想中，发现马克思对文化思考的着眼点。马克思、恩格斯在《德意志意识形态》中，特别强调了他们的新哲学与德国古典哲学的不同，"它从现实的前提出发，它一刻也不离开这种前提。它

---

① 《马克思恩格斯文集》第3卷，429页，北京，人民出版社，2009。
② 《马克思恩格斯全集》第1卷，220页，北京，人民出版社，1995。
③ 《马克思恩格斯文集》第1卷，121页，北京，人民出版社，1956。

的前提是人，但不是处在某种虚幻的离群索居和固定不变状态中的人，而是处在现实的、可以通过经验观察到的、在一定条件下进行的发展过程中的人"①，马克思对文化的理解同样基于这样一个前提和基础，以人的现实生活展开对文化的思考，文化与实践的密切相关性在马克思的思想中有着丰富的体现。

马克思以社会历史的定位对文化现象做出分析和讨论。例如，他对摩泽尔河沿岸地区种植葡萄的农民的贫困状况的分析。马克思基于对资本主义现实内在利益关系入手，分析贫苦人民的文化状况，对统治阶级意识形态、资本主义的文化统治进行有力的批判。在马克思、恩格斯的文化理论中，文化批判和对资本主义社会的批判具有一致性，是一个相互联系的有机整体。

对于英国新马克思主义而言，文化既非社会关系简单的反射物，也非政治权利的派生物，而是关涉社会变化、历史进程具有重大意义的问题。在整个马克思主义文化理论的研究历程中，英国新马克思主义的文化理论处于这一理论历史坐标中相对居中的位置。其中，列宁的"文化革命"理论、托洛茨基的"无产阶级文化"构成了马克思主义文化理论早期的重要组成部分；之后，早期西方马克思主义代表卢卡奇和葛兰西的开启了 20 世纪文化批判的研究范式；20 世纪 30—40 年代以社会文化批判理论著称的法兰克福学派对理性文化批判进行全方位地深入思考；20 世纪 50—60 年代英国新马克思主义的形成，其独到之处在于以文化主义的整体性建构新政治观点为特色，首次将文化作为政治讨论的中心问

①　《马克思恩格斯文集》第 1 卷，525 页，北京，人民出版社，2009。

题；20 世纪后期新马克思主义的文化理论更加丰富多样、错综复杂，朝着微观视域下的政治学批判的方向发展。

英国新马克思主义成长于 20 世纪初，正处在马克思主义理论从政治经济学批判向文化批判关注的过渡期。而英国新马克思主义对社会主义理论和实践的重要贡献就在于，他们充满激情而富有创造力地将文化作为社会实践和政治活动的中心议题。"文化意味着社会政治斗争的中心过程和领域。"[①]在这些英国新马克思主义者眼中，文化被构想成一种实现社会主义的有效途径，"在涉及政治问题时，文化比政治权力更为有效；政治身份取决于文化参与"[②]。他们关注普通人的实践活动对社会发展的意义，主张社会主义的政治活动与普通人的直接经验或生活化的文化相结合。他们认为社会主义革命不单单是一种政治革命，而且，政治问题也绝非传统政治概念之下，仅仅对政党、政治制度、周期性政治选举诸如此类的关注。

对于英国新马克思主义文化学派的学者来讲，汤普森、霍加特、威廉斯、伊格尔顿、霍尔，不约而同地共同思考文化，形成了各具特色的文化思想。在面对新左派对文化的关切时，人们会首先思考这样一些问题：英国新马克思主义的知识分子为什么将关注的焦点转向文化，为什么把文化作为解决现代性危机的首要性问题，他们的文化思想意味着什么，又与先前的文化思想有什么不同，这些问题也是进一步深入解读霍

---

① Williams R., *Problems in Materialism and Culture*: *Selected Essays*, London: Verso, 1980, p. 255.

② Chun L., *The British New Left*, Edinburgh : Edinburgh University Press, 1993, p. 26.

加特文化思想的关键所在。霍尔曾对为什么文化问题是新左派至关重要的问题做出了这样的解释："首先，因为社会变化中意识形态和文化领域戏剧般地引人注目；其次，因为文化维度似乎对于我们来说并不是次要的问题，而是社会的基本维度；再次，因为在对社会主义的重新描述中，对于我们而言，有关文化的论述是根本必要的；最后，新左派第一次蹒跚地迈出了将文化分析与文化政治作为核心政治问题的脚步。"①无论这些新左派的文化思想多么的与众不同，但总体来说，他们关切的不是文化自身的演绎逻辑，而是人的发展、社会的发展。

英国新马克思主义立足于英国具体的社会语境和政治语境，以文化批判为切入点，展示现代社会的运行"轨迹"，揭示社会内部与社会间的一般性断裂，以及现代社会与生俱来的矛盾。在英国新马克思主义看来，现代性的成就是巨大的，但是现代性现实的状况却不能令人满意。他们认为，现代性社会的运行"轨迹"表现为两个方面，即理性的绝对追求与商业化驱使的同质化的并存，这就意味着现代性社会自产生以来，始终无法逾越现代性与生俱来的矛盾和内在悖论。他们提出要想理解并解决这样一个问题，其关键之处已经不再是经济问题，而是文化问题。他们强调文化的社会和政治功能，认为对社会体制改革不是单向度的理解，而是基于普通人文化生活的多向度的思考，以达致社会的全面治理。

在 20 世纪英国文化马克思主义群星璀璨的理论星空中，这些思想家们怀着对社会主义事业一片赤诚之心，以关切普通人生活为己任、构

---

①　Hall S., *The "First" New Left*, *Out of Apathy*, Archer et al., (eds.) London: Verso, 1989, pp. 25-26.

建共同文化为目标、坚持人的全面发展为指向，把他们博大的文化精神、高远的思想境界和强烈的历史使命感汇聚成具有英国文化马克思主义特色鲜明的观点，记录了他们对文化发展历程的反思和对现实世界的思考，也为马克思主义的文化理论谱写了新的篇章。时代造就人，人也造就时代。英国现实的历史状况造就了英国文化马克思主义者对文化问题的反思，同样，英国马克思主义者听从时代对他们内心的呼唤，激发了他们对共同铸造人类心灵文化篇章的饥渴。

马克思主义文化理论为霍加特文化实践思想提供了最主要的思想资源。霍加特的文化实践思想对马克思文化理论的借鉴主要有以下三个方面：

第一，霍加特以人的存在、人的实践本质、人的自由解放为本质根据，为文化批判——对精英主义文化所代表的特权文化的批判、对现代社会相对主义所代表的同一化文化的批判——提供了批判的目标指向。马克思、恩格斯的文化批判与对资本主义社会的批判具有内在一致性。他们针对统治阶级意识形态的分析、异化理论的分析，强调人的自由自觉的活动，以人的存在方式理解文化。霍加特继承马克思主义的文化理论，从人的自我意识、人的实践、人的自由和全面发展的角度，对文化的内涵、意义、价值，以及文化的新变化做出分析和批判。霍加特从文化实践的层面，进一步发展了马克思主义的文化理论，确立了文化实践的主体地位和实践价值，以人的存在理解文化，以人的实践本质创造文化，以人的自由而全面的发展作为文化发展的本质旨归。

第二，霍加特对文化内涵的解读和诠释，以历史唯物主义为原则，从现实的物质生活条件出发研究文化的内涵和价值。霍加特在对工人阶级的文化分析中，以具体、特定的历史和现实状况为依据，记录了工人阶级文化的新变化，体现出现代性社会文化的真实状态及现代性的文化困境，凸显出人的文化世界的分裂状况，一方面文化的技术实践得到了长足的发展，但另一方面文化自主性和价值判断的丧失，促使文化主体处在技术理性与价值理性分裂的世界中。霍加特从实际生活出发，而非遵照某一特定文化秩序出发，对文化的探讨始终围绕着现实的人而展开，试图为文化固定化的发展状况寻求现实的解决办法和理论依据。

第三，霍加特在解决现代化的文化危机时，提出文化活动的有效实践方式，蕴含着对马克思文化理论所倡导的自觉文化形式的发展和延伸。马克思揭示出人的存在的总体性的本质结构在于人的实践活动、"自由的有意识的活动"。为解开现代性文化危机的"斯芬克斯之谜"，霍加特从"认识自己"开始，将文化用于日常生活，用普通人的文化阐释他们所处的生活，而非统治阶级作为灌输意识形态的工具。为此，霍加特建构性地对待普通人的文化，普通人的文化不再以"匿名式"的方式出现，而独立自主地向社会展示和彰显自身文化。作为实践的文化成为提供充分展示普通人生活姿态的有效平台。在霍加特看来，消费文化带来了工人阶级内部自身文化发展的断裂，传统工人阶级之间的共同经历和感受被大众娱乐、文化消费、广告业的繁荣所冲击，使之工人阶级原有文化状态被绷紧、束缚，甚至割裂。文化主体性的丧失、文化价值标示的漠视、文化程式化的泛滥，构成了现代性的文化危机，威胁着人类的社会生活。解决现代性的文化危机关键还在于恢复文化发展的原初动力，彰显文化主体的内在精神气质，建构文化价值维度的合理性，而这三方面得以实现的基础还在于文化实践方式的有效开展。

一言以蔽之，马克思主义的文化理论是霍加特文化实践思想最倚重的理论和方法资源。

三、现实根据：作为社会焦点的文化研究

英国新马克思主义形成于特定的历史时期。在这样一个特殊的年代里，造就了像霍加特、威廉斯、汤普森等一大批英国新马克思主义思想家，促使他们迸发出对这一时代问题深度思考的火花，形成了以文化实践为视角的现代性社会的解读。

(一)第二次世界大战后英国新马克思主义的形成与文化之路的开启

20世纪50年代整个英国社会包括经济、政治、文化进入了全面衰退期。苏伊士运河战争可谓是英国社会发展的重大转折点，不但导致艾登政府的垮台，也标志着大英帝国霸权的崩溃，使得英国这个老牌帝国的霸主地位陷入四面楚歌，意味着英国希望能继续保持第二次世界大战后世界帝国地位的梦想彻底破灭。尽管第二次世界大战结束之后，带来了英国相对稳定的发展期，但毫无疑问是，英国此时再也无力与其他工业大国相抗衡，尤其是占领世界话语中心位置的美国。

此时，无论是英国保守派还是英国工党都很快地意识到英国衰退期的到来。而事实上，英国传统左派还留恋于昔日英国的大国地位，甚至，他们不愿相信第二次世界大战后资本主义社会阶级、社会结构的新变化。但是历史的车轮不会随一些人的意志而转移，同样不会因为传统

左派未从旧日英国的大国之梦苏醒过来而停下脚步。历史不断向前的足迹正向我们证明这样一个事实，第二次世界大战后英国正步入相对稳定的发展时期，整体呈现出物质丰裕、人民生活水平普遍提高的局面。在此情境之下，这对传统马克思主义提出了新的挑战，需要结合社会现实发展的新语境和当代资本主义的新社会关系做出应答。第二次世界大战之后的新变化促使传统左派的破裂，英国新左派时代的来临。

另外，1956—1957 年第二次世界大战后英国新左派时代的来临与两个特殊历史事件，即匈牙利事件、苏伊士运河战争有着密切的关系，对英国左派政治结构造成了巨大影响。第二次世界大战结束后，由于德国统一社会党第二次代表大会对德国强制实行社会化、军事化法令，引起了东德人民对政治体制的强烈不满，纷纷逃往西德。1956 年第 20 届苏联共产党代表大会，赫鲁晓夫做出反对斯大林的"秘密报告"，由此引发了社会主义阵营、国际共产主义的一片哗然，随后引起了一连串的政治事件。1956 年 10 月匈牙利事件爆发，与苏共二十大秘密报告有着无可置疑的关系，布达佩斯的学生要求苏联撤军和多党选举，导致苏共对匈牙利人民的暴力镇压，事件造成一万余人员伤亡。1956 年几乎与匈牙利事件同时发生的苏伊士运河战争爆发，英法联军入侵苏伊士运河，由于美苏两国的介入和国际社会强大的压力，英法两国被迫接受停火决议。苏伊士运河战争不但对埃及造成巨大伤害，同时对英国也造成了重大打击，标志着大英帝国时代的终结，英国正式从头号资本主义国家的席位中退出。

匈牙利事件和苏伊士运河战争之后，英国新左派浮出水面。一方面，匈牙利事件使他们对英国共产党教条照搬、照抄苏联理论的行为彻底感到失望，并试图寻找非苏联化的马克思主义；另一方面，苏伊士运河战争使他们对帝国主义的侵略行径深恶痛绝。他们试图通过和平运动的方式，开辟不同于苏联马克思主义、英国传统左派的道路，寄希望于"第三种政治空间"多元化的社会运动。

与此同时，文化在第二次世界大战后英国呈现出不同的发展态势。20世纪之前的文化领域往往被文学知识分子所把持。这些文学家把文化仅仅作为被思考、被书写的最好的东西，追求文化脱离于现实生活的艺术美感，将文化圈定在特定的几部伟大作品和几位德高望重的作家身上。进入20世纪以后，社会科学家、人类学家、历史学家开始涉猎文化领域，将文化作为他们重要的分析领域，使得文化内涵得到了人类学意义的发展。

面对1956年以来危机四伏的英国社会问题，即表现在"停滞的工人阶级运动，冷漠的选民，知识分子退出政治舞台"[①]，第二次世界大战后英国新马克思主义，结合具体的社会语境和政治语境，将马克思主义进行本土化的创造。而这种"本土化"的过程"不仅仅是一个将外来传统输入、嫁接到本土的问题，而更像是与英国理论传统进行创造性对话过程"。[②] 诚如马歇尔·麦克卢汉（M. McLuhan）所言："一般认为20世纪60年代是一个分水岭，民族和地区的文化传统在这个时期出现了重大断裂，使兴奋的预言家们看到新的全球文化。"[③]

---

① ［英］丹尼斯·德沃金：《文化马克思主义在战后英国——历史学、新左派和文化研究的起源》，李凤丹译，64页，北京，人民出版社，2008。

② 张亮：《英国新左派思想家》，2页，南京，江苏人民出版社，2010。

③ McLuhan M.，*Understanding Media*，London：Routledge and Kegan Paul，1964，p. 3.

　　第二次世界大战后英国新马克思主义正是在以上各种历史现状中形成和发展起来的。为此，战后英国新马克思主义本着对英国社会的现实历史状况的分析，与教条主义的马克思主义、庸俗化的马克思主义分道扬镳，试图寻找适合英国自身发展的道路，并形成了第二次世界大战后以来，新马克思主义独具特色的思想理论。"新左派活动家试图创造一个植根于英国传统，但是不停留于过去的正统的民主社会主义政治，确立承认第二次世界大战后经济和文化变化的政治。"①由此可见，英国新马克思主义者不再像正统马克思主义者那样，把文化作为经济的附属物，或放置于第二位，作为对社会关系的反映物而已。相反，他们将文化作为开辟"第三条道路"②或"第三种政治空间"所倚重的重要对象，探究现代社会新与旧的断裂，寻找救赎现代社会的力量。英国新马克思主义既不同于传统马克思主义，也不同于欧洲大陆马克思主义的发展，因为它具有自身发展的独特性。由于第一代与第二代有着某种程度的代际差异，在这里主要围绕霍加特为代表的第一代英国新马克思主义的主要特性展开，具体表现在以下几个方面：

　　独特性之一，文化是平常人的。英国新马克思主义从平常人的生活方式探究现代社会的问题。作为第一代新左派的代表，霍加特、威廉斯共同挑战了阿诺德、利维斯的精英主义立场，试图为阿诺德"最好的思想和言说"——抽象文化——赋予内容和使之具体化。文化的特权观念强化着阶级结构，促使社会的分化，而不是超越这种分化。霍加特认为

---

　　①　［英］丹尼斯·德沃金：《文化马克思主义在战后英国——历史学、新左派和文化研究的起源》，李凤丹译，64页，北京，人民出版社，2008。

　　②　张亮：《英国新左派思想家》，3页，南京，江苏人民出版社，2010。

在文化的传统定义中，掩盖了工人阶级实践和风俗习惯的重要价值。他倡导文化概念向普通人日常实践的延伸，重新设定文化的现实而非抽象的状态。如同霍加特一样，威廉斯在对文化的三种定义中，采用艾略特"文化作为生活方式"的概念，"强调文化的社会性：文化是对某种特定生活方式的描述"。① 汤普森在对英国工人阶级形成的记录中，以平常人的生活经验、价值诉求、行为方式书写历史，而非社会政治经济的宏观概述或名人传记的集成，挑战了"被利维斯奉为圭臬的狭隘的精英文化观"。② 包括第二代新左派的霍尔，在大力发扬第一代新左派所倡导的"文化是平常人的"基础之上，既反对过度赞扬高雅文化，也反对把大众文化看成是文化毒瘤，提出关键所在在于文化的分辨能力。尽管英国新左派之间存在内部分歧和代际差异，但是对"文化是平常人的"观点殊途同归。英国新左派所关心的文化不是束之高阁的精英文化，而在于走进平常人的日常生活，启发人们对日常事物思考的文化。

独特性之二，人道主义的呼唤。对人道主义的呼唤，首先表现在英国新左派对"斯大林化"专制模式的反对，并努力解除对正统马克思主义的钳制。汤普森以社会主义人道主义的历史观，对"经济基础—上层建筑"隐喻的滥用，以及促使教条式、僵硬化、专制化的社会模式进行批判，对斯大林式的专制予以严厉地谴责。汤普森转向突出人的主体地位

---

① Williams R., "The analysis of culture," in *Cultural Theory and Popular Culture: A Reader*, edited by Storey J., Harlow: Person Education, 2009, p. 32.

② Hall S., "Cultural Studies and the Center: some problematics and problems," in *Cultural, Media, Language*, edited by Hall S., Hobson D., Lowe A. and Wills P., London: Hutchinson, 1980, pp. 19-20.

和人道主义的作用，"向人的回归，从抽象概念和经院教条回到真正的人；从欺骗和虚构回到真正的历史"。① 虽然"安德森—汤普森"之争体现出"结构主义马克思主义"与"人道主义马克思主义"的交锋，反映出第一代与第二代之间的代际差异，但是两代之间更多的是"连续性和互补性"。因此，"1962—1963 年的转变最好是被视为一种着重点的变化，而不是一种断裂"，坚持"第一代"和"第二代"之间存在严格的区别，无助于对整个英国新左派的重要意义做出评价，甚至具有误导作用。② 霍加特、威廉斯等英国文化研究学者，以及《大学与左派评论》③同样呼唤人道主义的到来，但是与汤普森反斯大林主义的出发点不同，他们是从人的解放和人的全面发展的角度思考，将人的现实生活作为人道主义的根本来源。正如玛德琳·戴维斯所指，社会主义人道主义成为早期新左派的一个组织原则。

独特性之三，自下而上的思考方式。汤普森在对斯大林化的马克思主义进行深刻批判的同时，提出了"自下而上"的历史观，"把被历史忽略的下层民众放到了历史的中心位置，使他们获得了作为历史创造者应有的尊严"。④ 霍加特从微观的文化视角研究社会的现实问题，以工人阶级对文化的所思、所想、所感探讨文化的内涵和价值，并延伸到对整个社会秩序、社会运行方式合理性的思考。第一代新左派倡导"自下而

① Thompson E. P., "Socialist Humanism: An Epistle to the Philistines," in *The New Reasoner*, vol. 1, no. 1, 1957, p. 109.

② 张亮：《英国新左派思想家》，7—8 页，南京，江苏人民出版社，2010。

③ 《新理性者》和《大学与左派评论》创刊于 1957 年，成为新左派运动对外开放的公众话语平台，并承担一定的组织、领导功能。参见张亮、熊婴：《伦理、文化与社会主义——英国新左派早期思想读本》，南京，江苏人民出版社，2013。

④ 乔瑞金：《英国的新马克思主义》，63 页，北京，人民出版社，2013。

上"的发展观，即每一个社会公民都具有参与文化的权利和丰富文化内涵的作用，从人的现实生活寻求社会的合理发展，而非固守某种社会发展的既定模式。他们用文化政治的眼光，审视文化与经济、文化与社会、文化与政治之间的关系问题。在对社会问题的分析中，他们建议诸如生活经历、文化活动、社会关系，应该与经济结构一并进行综合性的思考，体现了文化化的政治思想。从某种程度上讲，汤普森"自下而上"的历史观与霍加特微观文化研究具有内在一致性，都试图从底层人民出发，激发普通人民的力量，凸显了人的主体性和人的实践本性。第一代新左派知识分子打破了社会结构的局限，逐渐从宏大社会层面问题向微观层面问题深入，发展了"自下而上"分析的意义和作用。越来越多的英国新马克思主义者朝着"自下而上"的思考方式探究社会。例如，威廉斯将文化作为整体的生活方式研究文化；伊格尔顿从社会主义新主体的塑造展开文化批判；霍尔对大众媒体提纲挈领的研究对此后英国文化研究意义深远；等等。这些新左派知识分子彼此影响、相互促进，甚至有时激烈冲突，就像霍尔所称的"理论噪音"①，或斯道雷所称"文化研究不是铁板一块的理论和方法"②，但是无论怎样，他们着力从与人类生活息息相关的文化入手，反思现代性的危机，寻找解决这一危机问题的关键和现实途径，实现了从对英国本土问题的思考向全人类共同问题关注

---

① Hall S. , "Cultural Studies and Its Theoretical Legacies," in David Morley and Kuan-Hsing Chen (eds.), *Stuart Hall: Critical Dialogues in Cultural Studies*, London: Routledge, 2005, p. 263.

② Storey J. , *Cultural Studies and the Study of Popular Cultural*. Edinburgh: Edinburgh University Press, 2003, p. 1.

的转变。正如迈克尔·肯尼认为，新左派反对社会按照"自上而下"的发展，主张在国家机构之外，积极开展市民社会的各项活动，推进广大人民的社会参与，重新建构推动人类社会进步的文化。

(二)英国新马克思主义的文化转向

英国新马克思主义以文化意义的探源，彰显现代性社会的"轨迹"，揭示社会内部与社会间的一般性断裂。他们对现代性的思考，源于对"文化转向"或称为"文化中心"关键期的分析，这一关键期处在传统文化秩序的断裂和大众文化兴起的转折期。

英国新马克思主义对文化的关注绝非偶然，它的形成和发展有着一定的社会历史因素。首先，第二次世界大战后资本主义进入了相对稳定的繁荣期，促使阶级结构、生活水平、生活方式发生巨大改变。加之，迅速发展的大众媒体时代的来临，使得生活质量与工人阶级态度转变成为此时的焦点问题。社会学家越来越清醒地意识到，政治问题不再是与资本主义文化危机风马牛不相及的事情，文化再也无法远离经济产业链条的笼罩和经济一体化的宿命。其次，教育、传媒的发展深刻地影响着人们的社会生活。对社会问题的思考、对资本主义的批判不能仅限于传统意义的经济或政治层面，而应面向文化和意识形态更为广阔的范围。英国新马克思主义者敏锐地洞察到大众传媒业的巨大力量，诸如，广播、电视、出版物，成为控制底层人民思想的政治手段。再次，新文化样式开创了政治抗议的新形式，例如，民谣、爵士、通俗歌曲等，构成了新马克思主义者运动的重要维度。同时，这一维度体现出"愤怒一代的年轻人"的文化倾向。最后，面对教条化马克思主义的局限和经济还原论的束缚，英国新马克思主义者开始从文化的角度关注道德、阶级、异化等问题，而这些问题往往是被传统马克思主义所忽视的。

多数英国新马克思主义者具有成人教育者的身份，往往有过在工人教育协会（Working Educational Association，WEA）、劳动学院（Labor colleges）从教的经历。他们关注底层人民的日常生活文化和共同的道德情感，反对精英主义的文化观，对现有不平等的教育模式提出挑战。他们努力创造更加民主的社会氛围和工人阶级共同参与的文化结构，始终坚信社会主义改革只有通过长期不懈"自下而上"的斗争才能获得胜利，而非简单地依附于某一精英政党的权力操纵。像霍加特一样的英国新马克思主义者，激励普通人民以自己的方式理解文化和社会，并投入现实的文化实践活动中。他们认为工人阶级只有走出统治阶级的文化强权之路，寻找文化实践的有效途径，才能实现工人阶级自我解放。

在此背景之下，霍加特作为第一代英国新马克思主义的开拓者，对第二次世界大战之后英国工人阶级阶级意识淡漠痛心疾首，以振聋发聩的声音唤醒工人阶级的阶级意识，以社会变迁、现实趋向为依托，结合工人阶级的现实生活和生活方式的转变，从事文化研究，对现代性社会进行深入剖析。霍加特的思想极大地激发了英国新马克思主义者重新审视文化特有的政治维度，以及重新界定文化持有的政治内涵。他试图从文化的角度思考阶级问题，一方面，文化商业化、同质化的发展对工人阶级生活造成了巨大的影响，营造了文化无阶级的状态；另一方面，尽管第二次世界大战后引起一系列社会剧变，但是阶级态度、阶级情感并没有全然消失，仍然保持着一定的革命力。

在现代传播推动文化信息快速流通的背景下，人们越发觉得阶级界限变得越来越模糊。霍加特认为，文化商业化所生产的文化产品是造成无阶级社会幻象的推动器。为此，他聚焦文化的社会意义，推行文化的民主性。其一，与威廉斯所倡导文化是普通人的观点不谋而合。其二，转向以阶级、社区为基础的文化生活，关注具有明显阶级边界的文化政治。霍加特清醒地意识到精英主义者将工人阶级文化圈定在大众文化范围之内的危害性，以及商业文化引发阶级意识衰退的严重性。他对阶级问题的思考与传统马克思主义对工人阶级的设想有所不同，质疑阶级问题完全依赖政治和经济范畴的思考方式。他重新思考社会主义发展的动力机制，将社会主义的运行方式与普通人民的生活经验和文化实践紧密联系在一起，把文化实践作为理解和变革社会的利器。

英国新马克思主义的众多学者开展了与文化问题相关联的社会变革。虽然威廉斯采用了与霍加特民族志不同的研究方式，通过对利维斯、艾略特等英国保守主义批判家的批判来探究文化的观念和意义，但是他们对文化内涵的意义与价值的诉求具有一致性。威廉斯提出，文化观念需要"我们不断被迫去扩展它，直到它几乎成为与我们的整体共同生活同一的东西"①。同时代的汤普森，关注社会变更中工人阶级阶级意识的形成，强调经验对阶级意识形成的重要性。他指出："阶级觉悟是把阶级经历用文化的方式加以处理，它体现在传统习惯、价值体系、

---

① [英]雷蒙德·威廉斯：《文化与社会》，高晓玲译，256 页，长春，吉林出版集团有限责任公司，2011。

思想观念和组织形式中。"①由此强调了文化与阶级意识之间的关系问题。霍尔提出"历史事件不是按照某一内在逻辑或普遍法则毫无裂痕地发展着"②，尽显了文化实践与意识形态之间的相互作用。

由此可以看出，无论是霍加特带有自传体式的文化探源，还是威廉斯在批判文化精英主义基础上定义文化概念，无论是汤普森将阶级与阶级意识的不可分割性融入文化因素，还是霍尔探究文化、意识、政治之间的相互作用，以及包括伊格尔顿针对后现代"文化主义"的批判探讨文化的观念。总体上，英国新马克思主义从文化维度思考现代性社会的运行"轨迹"，以及第二次世界大战后社会内部与社会间一般性断裂问题。他们强调文化主体的阶级意识，探究现代性社会主流意识形态与工人阶级阶级意识之间的对立与冲突。因此，"把现代主义作为一种意识形态来看待是英国新马克思主义的共同特点"③。

英国新马克思主义之所以被称为"新"马克思主义，并不只是因为它处于社会历史发展的新时期，更重要的是它与传统马克思主义有区别，包括与英国传统左派、托洛茨基主义、工会激进主义者、费边主义截然不同。英国新马克思主义者不再止于党派问题的改革，或关注于日渐无力的工党运动。他们力图探寻对资本主义社会提出新抵抗形式的途径和方法，拒绝"斯大林主义的共产主义"和"社会民主"的正统说法，独具慧

---

① ［英］E. P. 汤普森：《英国工人阶级的形成》，钱乘旦等译，2 页，南京，译林出版社，2001。

② ［德］哈贝马斯：《文化现代性精粹读本》，周宪译，48 页，北京，中国人民大学出版社，2006。

③ 乔瑞金：《英国的新马克思主义》，18 页，北京，人民出版社，2013。

眼地关注"文化"问题和当前社会的新变化。英国新马克思主义试图摆脱现存政治框架的束缚，以人道主义的马克思主义、平民化的政治立场植根于英国本土的激进革命。在这样一个激进的年代里，霍加特、汤普森、威廉斯都曾经是左派读书俱乐部(Left Book Club)的热忱读者。就英国新马克思主义的形成而言，并没有固定和依托的组织，而是"一种学术倾向或研究思潮"①，以左派读书俱乐部的兴起而发展，以及相关出版物、俱乐部、大学研究所等形式所开展，例如英国新马克思主义的发展就与两份政治期刊——《新理性者》和《大学与左派评论》——有着密切关系。

不可争辩的是，英国新马克思主义"新"身份的最大隐患在于"总是周期性处在与传统工党藕断丝连、进退两难的困境中"。② 他们一如既往地对传统文化观念、盎格鲁-撒克逊式的文化优越性发起挑战。对此问题最先发轫的当属1957年霍加特《识字的用途》的问世，引发英国新马克思主义对工人阶级文化受到大众文化蚕食，以及"文化上的无阶级感"进行广泛讨论。随后，1958年威廉斯《文化与社会》和霍尔在《大学与左派评论》中发表《无阶级感》一文，以及1963年汤普森《英国工人阶级的形成》，集中体现出英国新马克思主义转向对文化与阶级问题的独特关注。他们以文学批判和文化批判为基础，运用马克思主义理论，细致入微地考察和审视英国的现实状况，对马克思主义思想进行非还原论的文化维度的阐释，对马克思主义思想的发展做出了英国本土化的

---

① 乔瑞金：《英国的新马克思主义》，1 页，北京，人民出版社，2013。

② Chun L.，*The British New Left*，Edinburgh：Edinburgh University Press，1993，p. xvi.

贡献。

《识字的用途》产生在社会思潮相互激荡和社会体制变革的大转折时期，一方面，整个世界学术界涌动着"文化转向"的热潮；另一方面，第二次世界大战后资本主义国家正推行着所谓"福利制"国家制度，这些理论的和现实的因素催发这部著作的问世。这本书形成了英国新马克思主义者重新思考未来社会主义走向，以及如何在英国实现马克思主义本土化问题的基本雏形。就当时产生的学术意义而言，《识字的用途》涉及摆脱传统文化旧秩序的囚笼、文化概念的重新划界、文化批判的研究范式等重要思想，对英国马克思主义的形成和发展具有里程碑的意义和价值，为称作"黄金发展期"霍尔时代的第二代英国新马克思主义的发展奠定了坚实的思想基础和理论基础。就当代马克思主义的发展而言，《识字的用途》所引发的思维革命，包括文化如何走出鸽笼式的束缚成为微观群体实现自身价值的重要途径，以及作为实践的文化所承载的变革社会旧秩序的意义，对于当下的马克思主义研究仍具有重要的理论意义和现实价值。因此，当再次回到《识字的用途》时，我们在领略霍加特田园诗般地描述工人生活时，欣赏他以细致入微的笔触刻画工人阶级日常生活场景，并用诙谐幽默的笔调呈现工人阶级语言时，我们也要认识到，他采用民族志的研究方法，白描式地记录工人阶级文化生活的目的诉求，以及由这本书所引发的具有联动效应的文化新秩序的内涵，从而探源这本书真正的历史意义和价值意义。

《识字的用途》分为"旧的"秩序、对"新的"让位两个部分。很多人会将这部著作称为"断裂的"文本。虽然我们不知道这种断裂性的呈现方式是否是霍加特有意所为，但是这种断裂性表达了一种时间序列的分割，更为重要的是，体现了工人阶级文化样态或文化秩序的深刻割裂。在将这部著作的孕育背景与具体内容相结合时，我们就不难理解这种断裂式呈现方式的目的和意义了。《识字的用途》是对第二次世界大战之后英国社会生活变化的沉重反思。第二次世界大战后英国推行福利制度，工人阶级生活的确得到了一定的改善。然而，这又诱发了另一种现象的产生，就是在工人阶级中间出现了"无阶级社会"的幻象。工人阶级安于此刻的生活状态，甚至不觉得自己生活在社会结构的底层，他们的阶级革命意识正在丢失。

在霍尔《理查德·霍加特、识字的用途、文化转向》一文中写道："《识字的用途》……对后来所谓的'文化转向'起到建构作用"，并对"文化转向"做出进一步解释："文化转向简单地记录了这样一个不能避而不谈的事实，也就是我在别处提到的日益发展的'文化中心'——令人惊讶的全球性扩张和文化工业的日趋成熟；文化在社会、经济生活方方面面的重要性越来越突出；它的重新排序对不同批判的、理性的话语和学科产生影响；它作为一种主要的、基本的分析范畴而出现，以文化蔓延到当代社会生活的每个角落的方式，创造次等环境增殖，并介入一切事物之中。"[①]英国新马克思主义所称的"文化转向"处于文化发展的新时期，即文化毫无争议地成为当代社会发展的重要话题，他们以文化的视角发起对社会合理性和合法性的思考。他们改变了文化作为经济、政治的次生物和派生物的境况，以文化介入的方式思考现实社会和现实的人的生

---

① Hall S., "Richard Hoggart, The Uses of Literacy and The Cultural Turn," in *Richard Hoggart and Cultural Studies*, Sue Owen(ed.), University of Sheffield: Palgrave macmillan, 2008, p.20.

活，将微观形态、多样化的文化实践作为变革社会的有效途径。这种"文化转向"彻底改变了传统"自上而下"的思维方式，并非以政治革命、特定社会结构、国家机器获得政治统治为目的，而需深入充满温情而灵动的现实生活。英国新马克思主义所追求的更像是恩格斯设想的工人阶级理想的运动形式，其思维范式以一种人性化、直观化、源于生活的方式将原先形而上的文化、经济、政治带到了现实生活的此岸世界，为我们打通了一条通往"真正人民的世界"①之路。

"文化转向"一词内涵深刻，包括三个层面的意思。第一，"文化转向"代表着"转向文化"，就目前而言，社会的现实问题和社会的主要矛盾已经聚焦于文化。在社会生产力发展到一定阶段时，一方面，在精神层面，人民的文化水平迫切要求提高；另一方面，在物质层面，文化表现出了更加丰富的物质形态和样态。文化不再是社会经济结构的派生物，而是成为社会发展中的核心要素。第二，"文化转向"指代文化秩序变化。这种秩序的变化表现在，精英主义文化秩序、文化与资本结盟的文化秩序、理想文化秩序建构之间的冲撞和对抗。文化一直以来遵从着精英主义的文化秩序，即鸽笼式的自上而下的排序方式。随着社会商业化步伐的加快，资本伸向了文化领域，大众文化逐渐兴起，文化与资本结盟之后文化按照资本的逻辑进行生产、传播和消费，这必然改变了传统精英主义的文化旧秩序。在霍加特、威廉斯、汤普森等英国新马克思主义者的眼中，这两种文化秩序无疑都是对普通人自我文化价值彰显

---

① Hoggart R., *The Uses of Literacy：Aspects of Working-class Life*，London：Chatto & Windus，1967，p. 72.

的阻隔，精英主义的文化秩序排挤和抵制工人阶级的文化价值，资本逻辑的文化秩序迷惑和腐蚀工人阶级文化的自我认同感。第三，"文化转向"对于英国新马克思主义而言，代表着对文化原有概念、样态和价值的变革，寻觅符合普通人文化发展的新文化秩序，并由此引发文化变革触发的整体社会的变革。《识字的用途》的写作动机和主要内容就涵盖以上"文化转向"所关涉的问题。

而在"文化转向"的关键时刻和通往"真正人民的世界"的道路上，霍加特预先警觉第二次世界大战后文化的新变化，关注文化充满内在张力结构的转变，探究新与旧、精英与大众、有机与商业化、健康与不健康之间的文化转变。在某种意义上讲，英国新马克思主义文化转向首先体现在霍加特对文化转变这一维度的深度思考。正如霍尔对霍加特贡献的评价，"《识字的用途》的确是文化转向关键时刻的早期实例，并对这一时刻的产生起到了至关重要的作用"[①]。"文化转向"不仅代表英国新马克思主义者转向对文化层面的深入思考，而且还代表了文化内部自身的深度转变，这种文化转变正如霍加特《识字的用途》——"一个断裂的文本"[②]——一样，或威廉斯《漫长的革命》亦是如此[③]，代表着与占主导话语地位文化的断裂过程，迎来了文化的大转折时代。正如霍尔认为，"《识字的用途》和威廉斯在《漫长的革命》中的第三个定义——作为'生活

---

①　Hall S.，"Richard Hoggart，The Uses of Literacy and The Cultural Turn，" in *Richard Hoggart and Cultural Studies*，Sue Owen(ed.)，University of Sheffield：Palgrave macmillan，2008，p. 20.

②　Ibid.，p. 23.

③　Mulhern F.，*Culture/Metaculture*，*The New Critical Idiom*，London：Routledge，2000，p. 22.

方式'的文化——一样界定了一种断裂，而且，尽管有着重大的差异，但它还是界定了一种沿着平行方向迈进的断裂。对文化研究来说，这是一个形成时刻。"[①]同时，在这种断裂的过程中，英国新马克思主义者看到了文化的新希望——那些被精英文化所遮挡的工人阶级文化，在耀眼夺目的精英文化退却之后，通过他们对文化的反思，使得工人阶级文化显现出如星星之火般的微光。但是与此同时，另一种力量，来自商业化驱动的文化力量正悄无声息地威胁着工人阶级的文化，使普通人再次落入新一轮统治阶级所设下的商业文化的陷阱之中，而且这一次来势更加凶猛。霍加特对文化商业化的转变深恶痛绝，借助文化研究或称为"文化转向"探讨文化本真的内涵和价值，揭示出文化研究或文化转向的实质在于将人的现实生活作为参照物，以改变现有社会发展状况为目标，思考社会现实和未来发展的问题，并激发英国新马克思主义者寻找文化真正意义上的春天。

在《识字的用途》第一部分："旧的"秩序中，霍加特就试图复原20世纪30—50年代英格兰北部城市，特别是利兹、赫尔和谢菲尔德部分地区的工人阶级的文化生活。这种接近白描式的记录方式，不仅是对文化传统规定性的挑战，而且是对商业化标记的物化形态文化的质疑与批判。那么，我们就跟随着霍加特细腻温情地笔调领略一下工人阶级宛如牧歌一般的文化生活，体会作者展现文化与人的生活相互关联的思想。

---

① Hall S., Richard Hoggart, "The Uses of Literacy and The Cultural Turn," in *Richard Hoggart and Cultural Studies*, Sue Owen(ed.), University of Sheffield: Palgrave macmillan, 2008, p. 25.

《识字的用途》第一部分正是对 20 世纪 20—30 年代工人阶级"旧"文化秩序的展现。在"无阶级社会幻象"的背景下，霍加特以文化生活的透镜，对现有不同方式的关于"工人阶级"的定义和描述进行了分析和澄清，认为目前的这些定义都存在对"工人阶级"本真状态的误读。为此，他指出，只有溯源具体现实生活情境中的工人阶级，才能回答"谁是工人阶级"的问题。霍加特正是通过一个个真实的人物、具体的生活事件和具象化的生活情境，包括对工人阶级母亲、父亲、邻里不惜笔墨的刻画，工人阶级一日三餐的点滴记录，工人阶级生活的露台、炉火、通道细致入微的描述，从而揭示工人阶级生活的轨迹，彰显工人阶级的文化。这种怀旧式的回忆不仅是对工人阶级文化生活的复原和展示，也让我们真正领略到文化生成的来源和过程，文化不是装在象牙塔里的，而是我们每天可感受到的，是可以看到、闻到、尝到和触到的。文化就在我们每个人的生活之中。霍加特这种对文化的呈现和表达方式，正潜移默化地改变着传统的文化观念。

《识字的用途》第二部分是对 20 世纪 50 年代工人阶级文化受到商业化侵蚀的呈现和批判。霍加特展示了一个"行动张力松弛"和被新大众艺术占据的"棉花糖"世界。在这个被"自动点唱机男孩"、轰鸣刺耳的酒吧、围绕着犯罪、幻想、性爱为主题的"火辣"杂志所裹挟的"棉花糖"世界里，工人阶级原生文化正在流失，他们的传统文化逐渐"让位于新的"商业化文化。空洞乏味的商业文化取代着人们真实存在的生活世界。霍加特对这样一个被商业广告撰稿人和营造"无阶级"感的娱乐节目制作人所打造的"棉花糖世界"深感忧虑。在他看来，50 年代之后工人阶级文化生活被大众市场小说、流行女性杂志和流行音乐所包裹，工人阶级自身的文化结构遭受破坏，工人阶级所编织的文化正在被"连根拔起"。

第一部分含情脉脉的赞美与第二部分悲观失望的痛斥形成强烈对比和反差，产生了情感上的巨大分割。因此，第一部分与第二部分的"断裂"，不仅仅是时间次序上的划分，更是文化意义上的"断裂"和切割。《识字的用途》的写作意图就在于此，以时间序列划分为轴线，将工人阶级的"有机文化"与被"商业化"吞噬的文化形成对照，让我们产生一种对工人阶级文化逆向回流的思考，从精英文化流向工人阶级文化，从商业文化反观工人阶级有机文化，对文化进行一次返璞归真的探寻。

在看《识字的用途》时，我们往往找不出一个定义式的表述，包括"文化""工人阶级"等关键词的概括式界定。因为，在霍加特眼中，用下定义的方式或者选择概括性的词句来给"文化""工人阶级"找到一个完满的解释不是一种恰当的研究方法。相比于威廉斯曾给文化三种定义而言，霍加特并没有给文化一个直接的定义，而是用《识字的用途》这部长篇巨作，让我们感知和体悟文化究竟是什么和文化的意义又在哪里。

(三)英国新马克思主义文化批判的政治诉求

英国新马克思主义依照第二次世界大战后社会结构的新变化和现实生活的巨大变迁，形成了文化唯物主义的基本立场，将文化问题作为政治活动的中心议题，把文化批判作为指向现代社会深层矛盾的发端和利剑。以霍加特、威廉斯、汤普森、霍尔为代表的英国新马克思主义者，关注社会发展的张力结构和内在机制，倡导多元化、多维度的社会变革。在他们看来，"社会主义的政治必须与直接经验或者平常人的生活

'文化'联系在一起"①，强调将文化作为普通人民参与政治活动的有效途径。

英国新马克思主义重要的理论特色可集中于"文化唯物主义"一词上，而这一合成词本身就蕴含着"文化"与"政治"的内在相关性。英国新马克思主义有着明确的政治目的和政治诉求，即力图打破原有社会秩序的不平等和不合理，在现实的社会中寻求建构理想社会主义社会的动力源泉。在他们看来，这一动力源泉源自文化批判。他们将文化作为政治问题的核心、作为建构理想社会的关键，原因在于文化问题已经成为英国社会发展当中矛盾冲突的聚焦点，现代性的文化与现实的社会发展状况、社会结构的深层变化有着密切的关联。他们将文化批判作为改变现代性社会的突破口。

首先，英国新马克思主义反思了"无阶级社会"的幻象，将"阶级与文化"列入他们首要关注的主题。第二次世界大战后英国资本主义进入了相对稳定的繁荣期，迅速发展的大众文化成为一股推动社会巨大变化的潜藏力量，深刻影响着阶级结构、社会生活方式的变化。这种变化主要表现为，大众文化正向人们打开一个别无二致的"无阶级社会"，工人阶级逐渐丧失了他们的主体意识和阶级意识。他们认为，资本主义发展至今，在关涉社会问题和政治问题时，仅从物质生产和经济剥削的关系展开对资本主义社会的斗争与反抗显然聚焦不够，文化生产已然成为资本主义社会发展的中心问题。有关文化的讨论也不仅仅是简单意义上的

①　Chun L.，*The British New Left*，Edinburgh：Edinburgh University Press，1993，p. 26.

文化问题，更成为政治问题的核心。

霍加特以社会变迁中工人阶级生活态度和生活经历的变化作为研究对象，揭示出现代性社会的发展趋势和现代性文化的价值取向对工人阶级生活方式的影响。霍加特对这一问题的研究具有里程碑的意义，激发了英国新马克思主义思想家从文化批判的维度关涉政治的问题。威廉斯对此问题的看法，与霍加特不谋而合。他把对文化的关切作为政治问题的核心，彰显出与传统政治学的不同，强调政治在社会运动和变化中发挥阶级意识的斗争作用。霍尔从"无阶级感"阐释了传统经济关系中阶级地位和阶级概念的断裂导致原有阶级感的破裂。英国新马克思主义思想家依据现实的社会发展状况，针对商业化簇拥之下的大众文化（如出版业、广播、电影、电视等大众媒体）的新形式，深度观察文化与阶级之间的内在联系。

其次，英国新马克思主义从宏大政治学转向微观政治学，实现微观政治与文化批判的深度融合。随着 20 世纪 50 年代费边社会主义的逐渐衰落，以及苏联模式社会主义政治的曝光，英国新马克思主义对传统模式的社会改良和现有的社会主义社会形式彻底失望。加之，一系列政治事件，例如匈牙利事件和苏伊士运河战争的发生，以及"愤怒的年轻人""核裁军运动"的出现，"此时此刻，至少，政治哲学已经死亡"①的声音愈演愈烈。与此同时，消费资本主义按照资本运行的方式，正强有力地把普通人民转变成孤立的个体消费者，以新的文化生产方式加速工人阶

---

① Inglis F.，*Popular Cultural and Political Power*，London：Harvester Wheat-sheaf，1988，p. 5.

级自我意识的消亡。

英国新左派认识到转变社会主义革命方式的迫切性。他们从传统意义的宏大政治学转向日常生活的微观政治，实现微观政治与文化批判的深度融合。他们针对现代性社会对传统社区、文化道德、工人阶级主体意识的侵蚀，挖掘文化批判的潜在动能，主张以现代性文化批判具体而真实地展现日常生活世界，并作为抵抗现代性社会对日常生活世界同质化的力量。在英国新左派看来，传统工人运动走向失败的原因在于未能及时对社会变化做出相应的调整，因此，加剧了工人阶级政治意识的衰退和对政治的冷漠。他们认为问题的关键在于把握社会变迁中的关键因素——文化转向，重新调动工人阶级的革命意识，使普通人"摆脱冷漠"，帮助社会主义运动从"社会主义道德衰退"[①]的迷雾中走出来。

此外，对于英国新马克思主义而言，根基深厚的传统英国文化成为他们倡导人道主义社会的栖息地。他们意识到文化的存在方式成为现代性存在的核心。为此，英国新马克思主义延续了英国文学批判的传统，将文学批判发展成为与现实社会和普通人民生活密切相关的文化批判，从人道主义的立场反抗工业资本主义非人性逻辑的统治。

霍加特、威廉斯、伊格尔顿关注普通人的日常生活，倡导广大人民的社会参与，将文化实践作为反抗官僚资本主义和国家独裁的关键途径。汤普森强调社会主义人道主义的历史观，从文化和意识形态层面追溯和探究历史。倡导人道主义的社会原则成为英国新马克思主义理论思

---

① Chun L. , *The British New Left*，Edinburgh ：Edinburgh University Press，1993，p. 47.

想的基本出发点，他们将日常生活、工人阶级社区、普通人的主体意识、人的异化等作为对文化批判需着力分析和解决的问题。

英国新马克思主义把文化批判作为改变现代性社会的突破口和实现其政治诉求的关键所在，其原因在于，现代性社会的存在方式和深层次的矛盾冲突集中体现为现代性的文化问题。为此，英国新马克思主义从宏大政治学转向微观政治学，将文化批判与微观政治深度融合，探寻真实的日常生活世界，并通过文化实践，变革文化主体对象的所指和旧文化秩序，实现对文化主体能力的提升和文化结构的优化，引发由内而外整个社会的变革，最终达致建构理想社会主义社会共同体的愿景。

面对现代性的文化思考，霍加特在秉承马克思的实践哲学和文化哲学思想的基础上，将文化与实践统一起来，使文化研究实现"解释世界"与"改造世界"的统一。霍加特从文化的实践视角，探究文化的生成来源，展开对精英主义文化观、相对主义的文化观的深刻批判，倡导发挥普通文化主体的自主性和能动性，将文化实践作为救赎现代性文化危机的有效途径。像其他英国新马克思主义的学者一样，霍加特为解决英国的现实问题，将马克思主义进行本土化的发展，其文化哲学思想蕴含着丰富的马克思主义思想，是对马克思思想的进一步发展。其具体表现在：以历史唯物主义为原则，以工人阶级具体现实的生活条件为依据，探讨工人阶级的文化；从底层人民的利益出发，书写工人阶级取自生活的文化篇章，为工人阶级争得应有的文化权利；关注实践的意义，通过《识字的用途》和文化的实践力量，解读文化的意义和价值，为文化实践主体提供行动的指南；倡导人全面自由的解放，包括物质与精神存在的整体意义的解放。

在英国传统经验主义的滋养之下，霍加特的研究思想与生俱来体现着经验主义的特征，其文化理论遵循着经验分析的认识原则。概括地说，在霍加特整体的思想脉络中，从文学批评、阶级与文化到文化与社会都体现着浓厚的经验主义特质。霍加特开创的民族志研究方法，不但以经验事实为依据，以白描式叙事方法记录文化的特质和解读文化的内涵和价值，而且将文化的本真着眼于丰富、再现和提升人类经验活动的意义上，从经验观察开始再回到经验生活中去。

霍加特文化实践思想的形成，源自对文化微观层面的分析，对传统文化状态和现代性文化机制进行了深刻地批判。他不仅赋予文化实践意义的新诠释，而且为这种新诠释提供了现实的途径和方法：从文本实践到文化实践，从话语实践到自主实践，从阶级实践到文化共同体的形成，处处体现着实践的本质和精神。霍加特的文化实践思想，一方面是对文化哲学的发展和深化；另一方面则是对马克思实践哲学的丰富和充实。

霍加特文化实践思想的产生与英国社会的现实语境密切相关，即文化问题已然成为英国社会各类问题的聚焦点。霍加特关注第二次世界大战后英国的新变化，将目光聚焦文化，把文化作为改变现实社会状况的突破口，并唤起英国新马克思主义者不断寻求文化真正意义上的春天。本章在第二次世界大战后英国马克思主义的形成背景之下，分析了英国新马克思主义文化转向的原因和目的诉求，着力对第二次世界大战后英国新马克思主义的形成与文化之路的开启进行了探究，将霍加特思想放置于整个第二次世界大战后英国新马克思主义形成的具体历史语境中进行分析，同时，探究了英国新马克思主义文化批判的政治诉求，即将文化作为政治活动的中心议题，倡导社会多元化和多维度的变革。

　　总之，霍加特的理论思想不可能孤立地存在。其是在英国传统经验主义的滋养下，马克思主义的实践理论和文化理论的继承中，以及与英国社会现实语境相结合发展而成。在同时代马克思主义的各种思潮中，霍加特以其开拓性的思想和独特的视角，在英国新马克思主义，乃至整个 20 世纪的马克思主义哲学中占据了重要地位。

第二章

文化实践思想的理论视角、路径与内核

文化是社会实践的一种基本形式，这一重要论断是霍加特较早提出并系统论证的。在对文化实践的思考过程中，与把文化看成是一种生产的功能主义的认识不同，霍加特更关注文化的内在特质，把它看成是一种生成，一种创造性的理智活动，一种人类的价值追求，一种解放的启蒙过程，并由此把文化创作的主体、文本制作及阅读，以及文化的价值意义关联起来。在《识字的用途》《生活与时代》《我们现在的生活方式》《相对主义的暴政》等著作中，霍加特基于英国自身的经验主义传统和马克思主义哲学实践的、辩证的立场，做了多样而深入的讨论，从而形成了较为系统的马克思主义的文化生成理论，产生了广泛的影响。

　　总体上，霍加特的文化研究主要围绕文化的日常实践内涵而展开。霍加特的文化研究就是要以文化的实践意义分析文化与文学、文化与社会、文化与人的存在、文化与现代性的相互交错关系，将文化批判作为文化实践的入手点和微观缩影，实现文学批判向精英文化、工人阶级文化、商业文化多角度的文化研究的路径发展。以文化的实践内涵展开对精英主义文化观、相对主义文化的批判，倡导作为实践的文化，关注平常人的生活，解读人的存在，从而共设人类未来美好生活。霍加特从文化的实践视角对文化内涵做出解读，这对整个英国新马克思主义的文化研究具有重要的启发性贡献，为马克思主义文化理论提供了崭新的研究视角。

　　需要指出的是，在对文化内涵相关的研究中，由于文化本身具有的多义性和复杂性，以及文化随社会发展的流动性，使得不同学者往往以不同的研究角度展开对文化的阐释和文化符号的探究。在这一问题上，霍加特并非用内涵式的研究方法，为文化下了一个完满的定义，而是通过外延式的研究方式，对现实生活的文化样态进行深度描述，呈现文化多样化的图景。这样一来就避免了形而上和抽象的文化定义，而试图说明文化究竟是什么样子、文化具体承载哪些内容和文化能够起到什么作用。霍加特正是用这种外延式的研究方式，打开了文化的用途，呈现了文化的能动作用。他将文学批判的特殊性介入整体文化研究中。

　　在谈论文化时，"我们根本不能独立于我们所研究的事物(语言系统和特定文化价值，行为规则和既定的社会实践，知识生产的制度的和文本的环境，等等)，我们所能采取的最佳立场就是承认这种状况，并努力明确我们使用的方法、阐明分类系统，以便投入分类实践(在范畴中确定事物的位置)"①。从这一点看来，霍加特的文化实践思想正是沿着这一方向展开的，按照文化主体生活其中的主导性行为的文化活动对文化主体进行分类研究，诸如对精英文化、工人阶级文化、大众文化、通俗文化的分析。

具体说来，霍加特层层深入地展开对文化实践思想的研究，从对传统文化秩序、现代性社会相对主义文化秩序的批判，到工人阶级内在张力变化的文化思考，再到文本阅读直至现代媒体的文化解读，由表及里地展示出文化实践的重要性。通过对现代性文化转变的剖析，霍加特以文化实践思想为核心，打破文化传统意义的规定性，驱逐文化商业化的同质化现象，最终使广泛意义的文化主体获得真正意义的全面解放和自由。霍加特的文化实践思想是对关于文化内涵研究的补苴罅漏，将文化意义的理解纳入整体的文化研究的视域中，所关注的不仅是文化自身的演绎和发展，而且深入现实的文化实践之中。

一、文化实践思想的批判视角

在回顾霍加特的主要理论活动和浏览他的全部著作时，不难发现，他对文化实践思想的提出首先体现在对现代性两种文化观的批判，即对精英主义文化秩序的批判、相对主义文化秩序的批判。

在传统文化的旧秩序中，文化往往带有浓重的理想主义色彩和美学

---

① ［英］马克・J. 史密斯：《文化——再造社会科学》，张美川译，2页，长春，吉林人民出版社，2005。

色彩，常用晦涩、抽象的词语进行表达，为此文化被蒙上了一层神秘的面纱，使得普通人对文化望而生畏。阿诺德、艾略特、利维斯都曾给文化下过定义，虽略有不同，但总体上都趋向于将文化脱离于现实的人的生活，赋予文化神圣的使命。在传统文化的旧秩序中，文化成为统治阶级有效镇压普通人民的手段，它与"超越""伟大传统""道德""附属物"联系在一起，暗含着阶级优越感、大文化的文本模式、最高尚的道德情操和经济的附属物的多重含义，文化成为了一个被编码的字符，以特定的编码方式统治着人们的生活。霍加特力图凸显人们在日常生活实践所形成的文化价值和意义，认为精英主义的文化遮蔽了来自生活世界的文化，对传统文化进行了扬弃：其一，批判了文化概念"超越"的意义；其二，批判了文化的唯一道德源泉。对精英主义文化观的清算是霍加特文化实践思想形成的前提和基础。

(一)对精英主义的文化超越概念的批判

"文化"被认为是世界上最难定义和诠释的词语之一，直至今日，也尚无统一的定义，对文化意义的确切说明比通常传统文化研究所设想的要困难得多。但是在现实的文化世界中，有一个问题要明确，那就是，是否真实存在具有脱离人、超越人的文化？答案一定是否定的。就文化本身而言，在所有的文化世界中都不可能脱离人的现实生活，每种文化都与特定时代人的认知程度和实践范围密切相关。精英主义者宣称要构建文化的超越概念，把文化狭隘地束缚在形而上的追求中，但毋庸置疑，他们所设想的具有超越性的文化只是一种主观臆想，事实上，文化根本无法从现实的生活中抽象出来。霍加特批判了精英主义的文化超越概念，倡导来自具体现实生活的文化。虽然具体化的文化在形式上是有限的，但实质上具有广泛的意义。霍加特将文化作为实践活动，意味着人在文化实践的活动中，实现对既定文化对象的扬弃、使用与再创造。在文化实践的过程中，文化不再是形而上的、抽象化的存在，也不再是审美意义上固定化的形式，而是充满多样性和动态性的"有机体"，包含了文化实践的主体、对象和实践场域多重关系在内的机体发展过程。文化实践为文化发展寻求到了其自身生长、发育和演进的动力源泉。

在精英主义诸多文化的定义中，文化与生俱来被赋予了超越意义。在阿诺德和利维斯等人努力之下，形成了一种超越的、大一统的理想化、完美化的文化图景。其中，精英主义的代表阿诺德就认为，文化是"这个世界上所知的、所想到过的最好的东西"[①]，可以"给人美好和光明"[②]。阿诺德预设了绝对完美的文化概念，这里的"最好"含有超越现实生活的假设，是一种理想化的状态。他试图用理想的文化或文化的超越性来解决阶级偏见和社会划分的问题。阿诺德从"超越性"的概念出发考虑文化的时候，就抽象掉了生活的人的主体，抽象掉了人的现实生活。这种抽象的结果使文化成为纯粹的、自我封闭的世界。在这样的文化世界中，建立了一整套以理性逻辑、绝对真理和统一规律为基础的形而上的认知体系。在文化绝对理性的框架之下，人的生活世界、人们之间的特殊性和个别性正在被剥夺，人丰富性的意义和价值完全被冷冰冰、至高无上的文化规定性所代替。这种"超越"的文化概念就是将某一

---

① 马修·阿诺德：《文化与无政府状态》，韩敏中译，6 页，北京，生活·读书·新知三联书店，2008。

② 同上书，46 页。

类的文化或某一种人的文化凌驾于其他类的文化和他人的文化之上。

另一位文化精英者利维斯认为，"在任何一个时代，明察秋毫的艺术和文学鉴赏常常只能依靠很少的一部分人"①。利维斯定义的文化特指优秀的文学作品，将文化的主体局限于少数的高雅人士。在这样的文化理解中，文化纯属统治阶级的附属物，被视为形而上的、精神世界的产物，显示出精英人士超越普通民众的文化优越感，只有这些少数人可以生活在文学王国之中，也只有他们具备欣赏伟大的优秀作品的能力，他们是这一时代优秀文化的继承者，处在社会的中心位置。

此时，蛰伏于英国传统文化批判中的另一种文化思考开始出现，它从抽离人的生活走向关注人的生活，从抽象现实转向对现实问题的关切，立足于人的现实生活探寻文化的意义和价值。对此问题首先发轫的就是霍加特，他一举颠覆了精英主义的文化概念，挑战了阿诺德的文化立场，将文化代表"最好的思想和言说"使之具体化和赋予内容。他认为阿诺德所指的"最好"是一种空洞概念，没有任何实质的所指和意义，强调文化所指的"最好"并不在于它的"超越"意义。在霍加特看来，传统意义的文化势必会进一步再生和强化社会划分，而不会超越这种划分。然而，阿诺德试图利用"超越的"概念使文化摆脱社会等级的束缚，这只能是一种假象。

霍加特认为文化不是纯粹的理性，具有特殊性和多样性的特征，文化的主体并非只是给定的少数精英分子，应当包括绝大多数的普通人。与其他新马克思主义的思想家一样，霍加特"注重赞美自下而上的自主

---

① Leavis F. R. , *Mass Civilization and Minority Culture*, Cambridge：Minority Press，1930，p. 3.

性、差异性和多样性，极力证明社会主义中存在一些被忽略了的、但实际上应当被放置到左派政治斗争最前沿的东西"①。他反对自上而下文化的"超越"性，强调文化的差异性和多样性，将被精英分子贬低的工人阶级群体作为文化成员的一部分，使一直以来被忽略的工人阶级文化作为文化研究的主要内容之一。

不仅如此，在现实具体的社会历史条件下，文化的"超越"概念也越来越违背社会存在与社会意识之间的辩证关系。虽然文化自古存在根深蒂固的等级性，但是在第二次世界大战之后，随着"奖学金男孩的出现"，一部分有着工人阶级血脉的年轻人在接受过良好的教育之后，他们自发产生了一种阶级地位与所受文化之间的冲突感和疏离感，因为这种精英式的教育与工人阶级的社区生活大相径庭。正如霍加特所述"他们被迫陷入两种不同的世界"，接着他这样描述了关于"奖学金男孩"的经历，"几乎每一位获得过奖学金的工人阶级男孩，在接受教育的过程中，发现童年塑造的他们与现在所处环境的他们发生着剧烈的摩擦。他们存在于两种文化的摩擦点上……往往在这样的生活中，他们逐步切断了与原先群体的联系……已经离开了他们的阶级——至少在精神上。而在另一阶级，他们同样是不同的，有着过度的紧张和深深的伤感……他们是可悲的，也是孤独的。在这样的情形下，他们发现很难与任何一个阶级建立联系"②。于是，霍加特、威廉斯不约而同地关注工人阶级的

① 张亮：《英国新左派运动及其当代审视——迈克尔·肯尼教授访谈录》，载《求是学刊》，2007(9)。

② Bailey M., Clarke B., and Walton J., *Understanding Richard Hoggart：A Pedagogy of Hope*，Oxford：Miley-Blackwell，2012，p. 5.

文化，为他们从小就熟知的文化给予辩护。

霍加特和威廉斯相继出版的《识字的用途》和《文化与社会》有着诸多不谋而合的观点，威廉斯对这种相似性曾发表评论，认为将两本书相比较和联系是很自然的事情，而这仅仅是因为我们遇见了共同的情形，而非我们彼此相识。可以看出，正是在这种特殊的经历之下，才使得像霍加特、威廉斯等具有相同背景的文化学者，开始关注工人阶级的文化，并对文化的超越概念进行反思和批判。这种"超越的"文化概念越来越不再适应社会的发展。这也是时代发展造就的局面。

为此，霍加特试图寻找文化的本性问题，而文化的本性就在于人的生活本性。他反对文化离开人的生活世界而固守于自给自足的系统，反对精英分子提倡文化内涵和文化主体的"超越"性，力图将文化与人的存在内在地关联在一起。任何文化都不是"超越"的、与人的存在无关紧要的演绎体系。相反，任何一种文化都可以通过人特有的生活方式和实践活动加以理解和创造。霍加特倡导文化的实践意义，将文化的生成和发展归为人的实践活动。

由此说来，霍加特倡导的文化不是一种追求超越的或普遍化的文化，而是关注具体生活情境的文化，关注不同的文化事件的文化。同样地，文化的意义也不是为了寻找"超越"的意义和价值，而是着眼于人的具体生活，尊重文化的差异性，关注文化具体事件的文化价值意义。

另外，当精英主义者不加根据地痛斥工人阶级"道德败坏"时，必然站在了他们主观的道德立场，以精英主义特定的道德标准评判工人阶级的行为方式。阿诺德和利维斯将"道德"与"文化"之间关系发挥得淋漓尽致。在他们看来，唯一正确的道德观即是精英主义的道德观，它是高尚的，是其他阶级都无法比拟的，代表着人类最高尚的道德情操。并且，他们一度将唯一的道德标准作为维护精英主义文化的工具，利用"好与劣"的道德判断对文化划分等级，对人划分等级，进而维护自身的利益。但是在霍加特看来，工人阶级并非像阿诺德、利维斯所描述的那样——是最不道德的人群，工人阶级的生活处处充满了他们自身的道德准则，他们具有强烈的道德意识，他们的道德水准并非在以高尚道德自居的精英分子之下。精英主义者所强调的文化道德原则并不在于启发国民的道德美感，而是暗中执行着一项愚民政策。

阿诺德的文化概念最大的兴趣并不在于文化本身的探寻，而是试图引导人们对文化的虔诚追求。而阿诺德对文化的虔诚和文化唯一道德源泉的追求则来自对昔日牛津的迷恋，他曾这样写道："我已经完全置身于牛津的信仰和传统中了。"①即便1869年牛津运动失败，以及当时牛津完全成为精英贵族家庭纨绔子弟的专属地，呈现出的是精英贵族奢侈浮华的生活。这些精英贵族子弟往往凌驾于公平道德之上，利用自己阶级的优越感和特殊性，掩盖他们的纨绔行为。然而，阿诺德还是不遗余力地维护旧日的牛津。在他看来，牛津代表了人类追求美好道德努力的方向。他提倡的是一种精英主义的"美学道德"，为文化加上了道德的风向标，以此强化文化和阶级的等级性。

利维斯同样以居高临下"大"文学的道德标准对工人阶级文化嗤之以鼻。在他的《伟大传统》中，只有像简·奥斯丁、乔治·艾略特、亨利·詹

---

① 马修·阿诺德：《文化与无政府状态》，韩敏中译，61—62页，北京，生活·读书·新知三联书店，2008。

姆斯等几位小说家才有资格列入"伟大传统"的名单。利维斯以自身的道德评判标准衡量文化的优先性，将"伟大传统"抬到君临一切的高度，将文学批判建立在道德批评的基础上。实际上，这种"伟大传统"仅代表着利维斯的个人趣味。他企图借助道德具有的社会舆论，为"伟大传统"赢得合理性和权威性。同时，利维斯意欲利用道德大厦，将他选取的"大"文化原则作为教育和引导普通人民认知结构和价值判断的标准。他利用"大"文化的教化和道德功能，实现精英文化的霸权地位。英国批评家弗朗西斯·穆勒恩对利维斯这样写道："就其核心是一种小资产阶级的反抗，反抗一个它无以从根本上加以改变或者替代的文化秩序……因此，它是既定文化内部的一种道德主义的反抗，不是标举另一种秩序，而是坚持现存的秩序应当遵守它的诺言。"①利维斯正是用"大"文化的道德唯一性来维护摇摇欲坠的文化旧秩序，维护精英主义者即将失去的文化权威。

此时，霍加特对精英主义的文化道德观发起了挑战，批判阿诺德以"文化的虔诚追求"为名义把道德准则、政治意图埋藏其间的企图。在霍加特看来，"道德"并不是阿诺德的"完美"、"最高的境界"和利维斯的"伟大传统"强加而成的道德规范，道德承载了源自人民真实生活的"平凡""诚实""直言不讳"等人性品质。而这些质朴的道德观正来源于工人阶级日常生活习以为常的道德准则。霍加特深度描述了他童年生活所接触到的风俗习惯、宗教礼仪和工人阶级之间约定俗成的道德规范，不仅对传统旧秩序的文化道德观进行了深刻揭露和批判，而且以深入工人阶级具体生活的道德观，对至高无上精英主义的道德观给予了有力的回击。

---

① Mulhern F., *The Moment of "Scrutiny"*, London：Verso，1981，p. 322.

霍加特对道德和文化之间相互关系的思考来源于具体的生活世界。他认为，道德的衡量标准不是某一特权文化强加的道德准则，而是在具体的生活、具体的实践活动中自然形成的。在他看来，道德的存在场域是丰富的，不仅存在于"伟大传统"之中，也同样存在于不同的社会群体、家庭、个人之间。

值得关注的是，霍加特一方面承认道德在很多方面体现为人类普遍的共通性，但另一方面，他认为道德对于不同的时代和不同的群体常常会有所差异，与所处的文化生活有直接的相关性。他指出工人阶级的道德情感和道德意识主要来源于家庭生活和邻里之间的相互关系，例如在工人阶级之间漫无目的的谈话中，可以发现，他的主题大多围绕：对死亡的安然接受，对婚姻的嘲讽而又欣然面对，对自我命运的憧憬，等等。这些看似如此的平淡、简单，甚至不值一提，但却又是如此的健康、质朴和充满温情。在工人阶级的日常生活中，他们会将迷信、神话、民间传说作为他们道德的衡量标准。例如，不同数字与幸运之间的联系、打破镜子倒霉七年、碰碰木头就有好运气、遇到黑色的猫厄运就会被带走等。另外，霍加特怀旧式地回忆了他的祖母对劳伦斯作品的反应，"她对作品绝大部分是称赞的，并没有感到吃惊。反而，在他（劳伦斯）对性的描述中，祖母说道：'他小题大做、装腔作势'"①。这些都构

---

① Hoggart R., *The Uses of Literacy: Aspects of Working-class Life*, London: Chatto & Windus, 1967, p.10. 霍加特对劳伦斯的作品情有独钟，原因在于他认为劳伦斯的作品是对英国现实社会和文化生活的综合，他展示了劳动人民的"具有活力的文化"，体现了工人阶级"有尊严且具有美感"的生活方式，为此，霍加特在《两个世界之间》（*Between Two Worlds*）中，以随笔的形式写了"劳伦斯的故乡"。同威廉斯一样，在霍加特眼中，劳伦斯可称得上是第一位真正意义上的"工人阶级作家"。

成了工人阶级对道德的理解，并形成了内化于工人阶级的生活之中的道德准则。在精英分子的眼中，工人阶级的道德观念是如此的低俗、幼稚、滑稽可笑，但是在霍加特看来，这些工人阶级的道德观正体现了他们对生命的热爱和对美好生活的向往。虽然工人阶级淳朴的道德规范，与精英分子所追求的高雅生活之下的道德秩序大相径庭，但这并不能阻碍工人阶级以他们的道德方式对美好生活进行追求和向往。

阿诺德和利维斯所代表的精英文化为保全精英主义文化的继续存在，将精英主义的道德观作为维护旧文化秩序最后的救命稻草，作为道德唯一来源，是一种带有阶级属性的道德观。相反，霍加特探讨了道德的本质来源，即来源于具体、特定人群的不同文化生活。道德具有共同性，同时也具有民族性、阶级性和传承性的特征。阿诺德、利维斯的文化道德观是一种片面的，带有个人私欲的道德观，而霍加特从人的实际生活出发，探讨人的本性，这才是本真意义对道德观的求索。

诚如马克思指出："人并不是抽象的栖息在世界以外的东西。人就是人的世界，就是国家、社会。国家、社会产生了宗教即**颠倒了的世界观**，因为它们本身就是**颠倒了的世界**。"①阿诺德、利维斯等企图用道德礼数、精英之术麻痹现实生活的人，幻想出一个彼岸世界的存在，以精英式的道德准则作为金科玉律。然而，身为寒门学士的霍加特对精英式的繁文缛节心存不满，倡导回归现实的人的生活。这个被精英分子占据的颠倒的世界必须再度颠倒过来，成为一个真正人的世界，而不是由宗法控制的虚假世界。"废除作为人民**幻想的**幸福的宗教，也就是要求实

---

① 《马克思恩格斯全集》第 1 卷，452 页，北京，人民出版社，1956。

现人民的现实的幸福。要求抛弃关于自己处境的幻想，也就是**要求抛弃那需要幻想的处境**。"①霍加特倡导对统治阶级的思想文化具有一种批判的精神，而且不仅如此，他还号召广大人民通过现实的生活、现实的文化实践学会思考，从而认识真实的自我和自我存在的世界。

(二)对文化与资本结盟相对主义文化的批判

当科学技术一度成为经济发展的第一推动力时，人们为此欢呼雀跃，并欣然接受科学技术给生活带来的巨大变化，坚信科学技术一定能够带领人们通向人类的理想世界。但是正当人类热情满怀地追随科学技术的脚步时，科学技术并没有像人类对它那样的投之以桃报之以李，而是面目狰狞地对待人类，使人类陷入了科学技术设下的陷阱之中。在这样的背景之下，激起人们对科学技术合理性和合法性的反思，为此，许多西方马克思主义者纷纷从不同角度对技术发出了批判之声，并成为20世纪哲学批判的主旋律。

尤为突出的是法兰克福学派，霍克海默、马尔库塞、哈贝马斯、阿多诺等人都声色俱厉地对科学技术进行了批判。英国新左派知识分子霍加特对技术化之下的文化也非常痛心疾首，但是不同于以往法兰克福学派的代表人物，他并没有一味地为了批判而批判，而是试图寻找文化困境的解决途径，这一突破在于强调文化实践的功能，回归现实生活的文化。其目的在于唤醒人的文化自主性，鼓励人们摆脱工业化文化的束缚，使人的实践活动不再盲目追随科技化、技术化。这样一来，以文化

---

① 《马克思恩格斯全集》第 1 卷，453 页，北京，人民出版社，1956。

实践的内涵与外延指导人们健康有序的实践活动，使文化与实践都回归原有的本真意义，回归人的生活，而不是外在于人的生活和使人异化的生活。我们知道，人的实践活动是我们认识世界和改造世界的基础，但在科学技术的簇拥之下，人的实践活动变得失去了方向，人类对科学技术的实践活动过于自信，从而忽视了科学技术的合理性和合法性，带来的结果是人们认识世界、改造世界的基础——人的实践活动——产生了问题。在霍加特看来回归实践的理性，就是要回归作为文化生活的实践活动，以解决技术危机、文化危机、实践理性等一系列现代社会存在的问题，带领人们走出困境，面对崭新的未来。

无可厚非，现代技术的发展对人类的生活产生了巨大的影响，它极大地丰富了人的物质生活、改善着人的生存条件。但是人们在孜孜不倦地追求技术理性的同时，技术反而使人类深陷于岌岌可危之中：环境危机、生存危机、文化危机等，无论哪一种危机都会对人的生存造成致命的威胁。"技术的普遍性表现为技术在地域上的扩张和技术对其他文明要素的渗透，以至于每一要素都打上技术的烙印，技术化。"①因此，在新科技和"知识就是力量"的推动下，一切都冠上了"技术"的头衔，文化也不例外，它同样被技术化了。"科学技术"成为人的至尊法宝，人们以科技的含量作为评判事物的唯一准则。在科学技术的"自动流水线"上，文化被如法炮制大批量地生产。文化不仅被科技化，也被商品化了。霍加特认为在这种看似和谐的文化中，隐藏着"相对主义"的面孔，因为它遮蔽了社会的本性和人的本性。他揭示出技术理性下"相对主义"文化的

---

① 乔瑞金：《技术哲学导论》，120 页，北京，高等教育出版社，2009。

虚假性，即利用技术的优越性来美化生活，进而束缚和统治人民的意识形态。

霍加特认为，在人类文化史上，现代技术的兴起促成了传统文化和相对主义文化之间深刻的"断裂"。传统文化表现为形而上的规定性、权威性，在于脱离人的现实生活，寻求文化的"超越性"和"伟大传统"，它往往对那些来自下层人民的文化嗤之以鼻。现代技术的兴起无疑对文化自主性奠定了一定的物质基础，使唯一、大写的文化衍生为分化、小写的文化，大众文化随之出现。这样的文化不就是人们最终渴望实现的"理想国"吗？这样的文化不就是人们向往的民主文化吗？其实并非如此。无可厚非，科学技术推动了现代社会的发展，但是现代性之所以称为现代性的本质根据在于资本，在于尽可能地获得无限的资本。因此，现代性社会所兴起的大众文化必然遵循现代性的本质根据，文化的生成受到资本的束缚。在霍加特看来，文化的现代性体现为技术理性下相对主义文化的形成。他认为技术理性背后的文化暗含着相对主义的意识形态。现代社会相对主义文化是以"市场中心论"为前提，通过现代技术手段，以市场需求和供给关系为原则，实现文化的商品化，主张文化的价值标准是相对的、主观的、任意的，只要满足市场最大利益，可以接受不同文化标准的存在。它片面强调文化的相对性，否认文化具有的客观性、确定性、规定性，抹杀文化之间的区别和界限。文化成为一种商品，必然以获得最大利润为目的，文化的生成机制和价值意义无形地受到遮蔽。

霍加特揭示了现代性社会"相对主义"的面孔，即利用一种美化了的生活，束缚和统治普通人的意识形态。为此，霍加特对这种相对主义文化的虚假性，给予了有力的批判。虽然相对主义很早就存在，并不是一种新的哲学思想，但当现代性社会以现代资本增值作为评判事物的唯一标准时，相对主义则呈现出了新的面孔，霍加特对此做出了进一步地分析。

在《相对主义的暴政》一书中，霍加特开篇引用了齐格蒙·鲍曼的一段话，"后现代主义的出现表明探究人类世界和人类经验真理的终结，艺术的政治性、占优势地位的风格、标准、审美、客观性也随之终结"①。霍加特并没有使用后现代主义一词，也不认为目前的社会已经进入了后现代的社会。但是在他看来，英国社会正处在"相对主义的浪潮"中，特别是 1979 年以来，执政党成功地掀起了这场热浪，并总结了相对主义所呈现的两个发展阶段。

第一个阶段：英国整体的社会生活处于相对主义的"热浪阶段"。霍加特对相对主义在现代性社会的形成和演变给予了分析。他分析了这一浪潮所波及的范围，认为对于近一个多世纪的英国历史来说，相对主义的浪潮在最后半个世纪发展极为迅猛，无论是世俗的权威性，还是宗教的权威性都受到了侵蚀。在霍加特看来，"当各种权威形式消失殆尽时，必定有其他东西乘虚而入占领它的位置，因为没有一个社会是真空的。那么，一个不争的事实是相对主义的形成必将取代这个空缺；随着商业化的日益繁荣，这种变化正在加速；在科学技术和大众传播技术的怂恿之下，所出售的任何东西都在劝说社会需要相对主义，它正拭目以待地准备出场。"②他认为，相对主义正在整个英国社会迅速蔓延是因为随着市场中心论的愈演愈烈，整个社会紧跟市场的变化而不断变化，使得消

---

① Hoggart R. , *The Tyranny of Relativism*, London: Transaction Publishers, 1997, p. 3.

② Ibid. , p. 3.

费者永远追随着一个变化永无休止的社会。

第二个阶段：统治阶级乘着相对主义的热浪"缩短"或加速实现其政治目的阶段。霍加特指出："最为明显的例子是执政党乘着相对主义的浪潮快速实现他们的政治目的，虽然有一部分使他们始料未及，但是已经达到了他们预期的效果。他们借助特殊的欺诈诡计，实现相对主义与新形式的独裁主义、特权的民粹主义的结合。"[①]霍加特认为，相对主义是当下资本主义社会实现其政治目的的最佳手段，使整个社会陷入了"无阶级社会"的幻象之中。

谁在相对主义的热浪中受到的影响最为深刻呢？在霍加特看来，是工人阶级，是普通人。在相对主义的影响下，工人阶级，尤其是年青一代，在他们的思想意识中，关于阶级、社会不平等、文化特权、自主意识等问题正在弱化。"什么时候是对权威、宗教、世俗不同认识的分水岭呢？是第二次世界大战的结束之际，也就是说五十岁以下的工人阶级很难领会'他们'和'我们'之间的这种情感张力，而这种张力却曾经强有力地影响着他们父辈们的生活。"[②]相对主义给工人阶级制造了一种假象——"我们"与"他们"之间并没有什么不同。霍加特认为，现代性社会的新变化对不同阶级会产生不同程度的影响，相对主义对工人阶级影响最为深刻，使工人阶级觉得他们"已经摆脱"原有的阶级，这种变化使得他们比任何其他阶级更加觉得获得了"解放"。

现代性社会果真实现了工人阶级解放？就此霍加特援引了美国社会

---

① Hoggart R., *The Tyranny of Relativism*, London：Transaction Publishers，1997，p. 4.

② Ibid.，p. 4.

学家爱德华·希尔斯的观点，"20 世纪后半叶最重要的文化变化是'为工人阶级进入社会提供了入口'：为快乐而买单，而不仅是为了简单生存，但不可避免的是他们遭受了各种噪音"①。在霍加特看来，工人阶级得到的"解放"是一种虚假的解放，因为相对主义正以同质化、平均化的文化，削弱工人阶级的阶级意识，使工人阶级落入失去自主意识而并未察觉的相对主义的世界中，相对主义实现了对普通人更为隐秘的压迫和统治。霍加特从相对主义的危害性对现代社会进行批判，揭示现代性社会借助相对主义的虚假性扼杀普通人的自我意识和自主性。

霍加特对相对主义文化的危害性进行了深刻地批判。他指明相对主义是这个"时代的病症"，相对主义浪潮所导致价值判断、道德判断的缺失比任何时候都更为严重。霍加特直陈现代性社会的症状，指出现代性社会正处于相对主义的暴政中，"它（相对主义）蔓延到了每个领域，包括文学作品在内"②，它打着以发展民主化文化和多元化文化的旗号，企图为相对主义的传播提供冠冕堂皇的理由，因此蒙蔽了多数民众。可见，相对主义的暴政不仅渗透于物质领域，更是对人们精神生活的腐蚀，整个社会都不可避免地被卷入相对主义的旋涡之中。在此基础上，霍加特揭示出文化相对主义与资本主义现代性之间的利益关系，现代性社会最基本的特征在于获得无限增值，而增值的来源就在于现代资本的运作。霍加特认为资产阶级正利用市场的多变性为相对主义的存在提供肥沃的发展土壤，资产阶级以市场的多变性为依托，片面

---

① Hoggart R., *The Tyranny of Relativism*, London：Transaction Publishers, 1997，p. 4.

② Ibid., p. 3.

夸大事物的运动变化而否认相对静止，使得人们总是忙于适应这一无序变化的世界。

霍加特为我们进一步揭开了相对主义的面纱，当权威性几乎消失殆尽时，同时代的平均化即是相对主义。相对主义成为一种整体的社会风气（overall climate），它时时刻刻、无处不在地影响着人们的生活，"无论是商店、火车站、酒馆、俱乐部、甚至是内阁"，可以说它是无孔不入的存在，"一切都化为人之常情"①。相对主义呈现于人的观点是，所有的一切都是平等的，因此，所有的一切都具有同等的价值。但是霍加特要警示我们的是，"真正民主的实质是应当尊重每一个个体，而不是将其简单地集合化；真正民主的实质应当承认事物的不同与差别。"②霍加特认为相对主义的文化潜伏着巨大的危害，并不亚于精英主义文化的统治，甚至将带有诱惑力地将魔爪伸向了广大人民但却不为人们所知。

在进一步对相对主义的形成过程和具体特征进行分析的基础上，霍加特提出现代科技的发展为相对主义的存在提供了巨大的发展空间。相对主义文化以市场的多变性为依托，强调文化的"新"变化，使人们总是忙于适应无序变化的文化世界。相对主义文化表现为以下四个特点：第一，数量化。具体体现为两个方面：一方面，面向多数人的文化，以多数人喜好为目的的文化；另一方面，以追求高销售量和高收视率为宗旨。相对主义文化具有商业化的属性，为大众消费而批量生产。在这种

---

①　Hoggart R., *The Tyranny of Relativism*, London: Transaction Publishers, 1997, p. 7.

②　Ibid., p. 7.

情况下，文化本真的价值被经济价值所取代，以数量上的多少来判定文化的"优质性"。第二，流动性、无休止的变化。高度发展的现代性社会抛弃了文化的稳定性和统一性的特点，过于强调文化的流动性和无休止的变化。为获得更多的资本，相对主义文化总是充满热情地拥抱下一个文化"新"变化，不断地寻找新的表达方式或新的语言形式。第三，同质化、平庸化。相对主义将文化同质化、平庸化，给人们提供特定看待社会的方式，引诱人们按照某一种同一化的方式观察世界。这种同质化和平庸化的文化通常是由一些琐碎、无中心的大众娱乐节目构成，其目的在于打造群体性的虚幻世界，并不告诉观众何去何从。第四，暗含着文化的意指。相对主义文化与政治目的之间存在着隐晦不明的关系。统治阶级趁着相对主义的"热浪"持续麻痹广大的人民，用暗含着具有霸权地位统治者的意识形态来束缚大多数人的思想。

目前人类面临的问题不再是单纯的技术困境，而是普遍的文化危机。当回首 20 世纪人类文化景观时，我们会深刻地感受到现代技术对文化世界的影响，人类自觉或不自觉地将技术理性扩张到了文化领域，文化的本真意义和生成来源无形地受到技术理性的遮蔽和破坏。霍加特以文化实践——文化作为人的实践活动——为根本思想，对现代性相对主义的文化危机进行了解蔽，目的在于回归文化的本质内涵，试图恢复文化主体的自觉性和自主性。

在面对均衡化、泛化的现代性文化发展趋势时，我们不禁要问，如果文化呈现为泛文化的发展，那么人们还会追寻文化的价值指标吗？相对主义主张文化生产是任意出现的，彼此之间并没有一个共同的标准，片面强调文化的均质化，试图利用文化之间的相对性来取消文化具有客观的价值标准，否认文化现象背后所产生的社会历史原因，否认文化现象之间的客观必然性。霍加特认为，在倡导文化多样性和丰富性发展的同时，并不意味复数的文化形式之间没有共同的价值标准，主张文化之间的共识性。为此，甚至有人说霍加特是一个"左派利维斯主义者"，实际则不然，这并不是说他想回到利维斯对绝对文化真理的固守，也不是说他的思想存在本质的断裂，而是他有一种破解现实社会问题的情愫，即通过作为实践的文化，发挥文化的主体作为和文化的价值标示作用，而不仅把文化作为知识的文化，在于实现文化的社会和政治功能，对精英主义文化进行扬弃，对相对主义文化进行批判。

为此，霍加特强调文化多样性发展的同时，提倡文化价值标示的功能，主张文化生成与文化的审美内涵、价值内涵、道德内涵的内在关联，以文化内涵的三个方面展开对相对主义的批判，主要包括以下几个方面：

第一，以恢复文化的审美内涵展开对相对主义的批判。现代性社会以现代媒体技术的发展为动力促进了相对主义的发展，突出表现为同质文化的形成。"同质文化"泛指将大多数人引向没有区别但频繁变化的文化，导致了文化的贫乏化、平庸化。在面对霍加特称为"棉花糖的世界"——新大众艺术包围的世界，大众文化呈现出不同的形式，"自动点唱机男孩"、轰鸣刺耳的酒吧，以及围绕着犯罪、幻想、性爱为主题的"火辣"杂志。这样一些空洞乏味的文化形式取代了人真实存在的生活世界。他认为在商品化的时代中，大众传媒竟然不惜一切代价努力取悦消费者和赢得更多的观众，其结果造成了浅薄琐碎、索然无味的文化特点。在霍加特看来，"好的文学作品强调世界的'庄严磅礴'，强调人类内心生活，即那种特殊的、个别的生活的重要性"①。相对主义试图消解文化的审美内涵，使文化的审美内涵趋于流行化和庸俗化。这样一来，文化不再具有精神升华的功能，甚至成为统治者阻碍人们认识现实世界的手段。霍加特试图恢复文化的审美内涵，他所倡导的文化在于能促使我们对现实世界进行反思，有助于提高我们对整体生活经验的思考，并帮助我们实现对真理的追寻。

第二，以文化的价值内涵对相对主义的批判。霍加特反复强调文学、艺术的使用价值重要性，反对文学、艺术为了交换价值而生产，试图恢复文化的价值标准。霍加特认为文化是无偿的，不应作为交换而生产。约翰·斯道雷对霍加特的这一观点评述道："这一视角强调的是'人的力量'，尤其关注能动的文化生产过程而非被动的文化消费过程。"②然而，在市场交换的过程中，文化的使用价值，即文化所包含的本真意义和价值就会被相对主义的暴政所吞噬。正如西美尔所述，"文化产品的内在价值承受着，将千差万别的因素一律转化为货币的痛苦"③。文化所崇尚的平等、自由、民主的价值理念全部一次被纳入了相对主义的价值秩序中。文化成为一种商品，它在大规模的生产中，变成了一个个被陈列于商品货物架的复制品。霍加特尖锐地批判了与现代化相生相伴的相对主义价值观。他认为文化的价值存在于现实的生活，它体现了人

① Hoggart R., *Speaking to Each Other*：*Volume Two*：*About Literature*，London：Penguin Book，1973，p. 12.

② ［英］约翰·斯道雷：《文化理论与大众文化导论》，常江译，46 页，北京，北京大学出版社，2013。

③ ［英］阿兰·斯威伍德：《文化理论与现代性问题》，黄世权译，35 页，北京，中国人民大学出版社，2013。

的生活方式、生产方式的价值理念。他倡导以人民为文化主体的文化实践活动，认为源于真实世界的文化才具有文化本真的意义和价值。在霍加特看来，文化价值的最终解放在于人民自主文化的觉醒。

第三，以文化的道德内涵对相对主义的批判。霍加特认为文化相对主义将"廉价俗丽的标准冠之以尊重公众趣味的堂皇借口，以此来掩饰他们对商业利益的追求"①。文化相对主义只满足于"人们需要什么就给予什么"②，而对文化应有的道德内涵全然不顾。一些哗众取宠的文化节目只是为了引人一笑，全然不顾节目的内容是什么，违离了文化的道德。相反，霍加特认为，"文学具有道德的教育作用。它的启示性意义在于贬低某些行为或赞赏另一些行为，在这一点上，它具有道德意志的引导作用"③。他特别强调优秀作品对人们的熏陶作用和激发人高尚情感的作用。人们积极向上的文化观，只有在参与健康有益的文化活动时才会形成。他认为文化的道德内涵不是简单地说教，而是以它自己特殊的方式对人类经验进行探索、再创造和寻求意义。他倡导现代性社会应当更注重情感教育，而非特定技术训练式的教育。霍加特对道德和文化之间相互关系的思考来源于具体的生活世界。他认为道德衡量标准不在于某一特权文化强加的意识形态，而是在具体的生活、具体的实践活动中自然地形成。

---

① Hoggart R., *The Uses of Literacy*：*Aspects of Working-class Life*，London：Chatto & Windus，1967，p. 157.

② Ibid.，p. 156.

③ Hoggart R., *Speaking to Each Other*：*Volume Two*：*About Literature*，London：Penguin Book，1973，p. 15.

霍加特曾对现代性社会给予描述："通过这样的方式，在这个恰似不会堕落的世界里，最终将建立一种物质主义，随之而来，灵魂失去了活力，并寂寞无声地松弛着人们行动的张力。"①目前，人类面临的不再是单纯的经济危机，而是普遍的文化危机。霍加特认为文化技术化的困境表现为，一方面，对工人阶级和普通劳动者的剥削和压迫已经不再是传统意义上的，经济、政治、道德、权利等直接的和赤裸裸的统治关系，而成为一种隐蔽的但又无处不在的相对主义文化的渗透，这种渗透不只存在于经济、文化、政治等某一领域，而是遍及人具体的生活世界。另一方面，人的异化不单纯只是劳动的异化，而成为包括精神世界在内的人的全面异化。在过去，无产阶级成为劳动的异化对象，但是对于现代社会来说，这种全面的异化不仅是被统治者的命运，连同越来越多的现代人同样在劫难逃，一同受到了大众文化的束缚，成为全面异化的、单向度的文化消费者。霍加特认为回归文化的本真意义——文化即实践，可以引导我们走出文化的困境。

从文化的本质生成来讲，文化不是技术给定的产物，而源于人的现实生活，是人在实践活动中积淀而成的结果。文化生成的目的不在于迎合市场和取悦大多数人，或成为现代科技簇拥之下的产业，而在于对人类内在本质的表达和解释，对人类自身的理解和诠释。相对主义的文化试图建构一种泛文化的概念，将文化从人的现实生活中抽象出来，使人们迷失于被虚拟化、美化的情景中。霍加特以文化实践为根据，试图恢

---

① Hoggart R. , *The Uses of Literacy: Aspects of Working-class Life*, London: Chatto & Windus, 1967, p. 133.

复文化的价值和意义，将文化的本质归因于具体的现实生活，从而重塑人们对文化生活的追求。将文化作为实践活动即意味着人在文化实践的活动中，实现对既定文化对象的扬弃，对文化进行塑造与再塑造。在文化中，人以实践的方式认识、创造文化对象，人作为文化主体从事文化活动。

由此可见，文化实践的意义在于它深刻地批判了技术理性之下相对主义的文化，带领人们走出文化技术化的阴霾，寻找到文化生成的原初动力在于人的实践活动。人们在面对琳琅满目的大众文化时，霍加特激发人们注重来自具体生活的真实、真切和真诚感。他反对通过现代技术，将文化锻造成大众娱乐的舞台。这样具有商品属性的文化、被同质化、平庸化的文化以满足市场中心论为原则。霍加特将文化与人的存在内在地关联在一起，任何一种文化都可以通过人特有的生活方式和实践活动加以理解。他进一步揭示出相对主义文化的虚假性，这一虚假性表现在维护统治阶级的意识形态，利用技术的优越性掩饰统治阶级对大众意识形态的束缚。他倡导文化的实践意义，将文化的生成和发展归为人的实践活动。这样一来，文化成为人自发、自觉的活动，为人的存在指引了包括精神存在在内的全面解放之路。

二、文化实践思想的形成路径

霍加特对文化实践内涵的思考和探寻，产生于"文化转向"或文化转变的关键期，处在与传统文化秩序的断裂和大众文化兴起的转折期，并围绕着这一时代命题展开对现代性社会的反思与批判。霍加特探讨的文化概念形成于现代化进程中，以不同形式的文化体验和文化参与为基础，将作为实际生活经验的文化融入文化研究之中。在这种新与旧的文化更替中，霍加特给予我们一种全新的文化思考方式，文化实践不仅仅是某一种秩序的存在，而且是建构合理文化结构、推动社会发展的有效途径。他试图将文化作为"解释世界"与"改变世界"有机体，而这种有机体的生成得益于文化实践的顺利开展。

（一）文化概念探究的两条线索

虽然霍加特没有像其他英国新马克思主义者，如威廉斯、伊格尔顿、霍尔那样对文化概念进行了多重意义的划分，但是在霍加特的文化解读中，对文化概念的探寻包含着两条线索，一条是广泛人类学层面的文化概念；另一条是具有价值判断意义的文化概念。尽管这两条线索存在于不同的思考维度中，但是两者共存于霍加特文化实践的命题之下，无论是霍加特对日常生活世界的反思，还是对文化研究的理论分析，文化概念两条线索的使用并没有严格的界限划分，而是彼此交错、相互融合的状态。

线索一：霍加特以人类学的意义展开对文化概念的探寻。诚如前面所分析的那样，霍加特对文化概念的思考更多地源于对现实文化生活的捕捉，以民族志的方法（或称为田野调查法），对文化现象做出描述和阐释。他以人类学的方式探讨文化，直面显而易见的日常生活，通过观察文化的现实经验，例如家庭结构、宗教仪式、求爱方式、态度的转变，使人们意识到和辨识出自我文化的独特性。从这些日常生活化的文化符号中，理解人类自身发展的现实状况。霍加特认为理解工人阶级文化的关键之处在于，以"极大地热衷于与人类生活状况最紧密的细节"，对于工人阶级文化而言，通常是"一种'展示'（而非'探索'），是对现存事物的呈现"。[①] 霍加特也着意遵循工人阶级文化的表达逻辑，以林林总总的日常生活事件来展示或呈现工人阶级文化的特质。而工人阶级的文化特质显然与他们的日常生活紧密关联，即文化内在于生活，生活依存于文化。例如，以"海滨一日"的经典例子，霍加特描述了20世纪30年代工人阶级的文化生活：

　　叮叮车启程了，穿越沼泽，驶向海滨，从那些瞧不起沙滩派对的人的家门前驶过，目的地则是司机幻想中的那个有咖啡、有苹果，甚至有鸡蛋烤肉大餐的地方。海滨到了，人们先是饱餐一顿，然后三五成群地各玩各的去了。谁也没有"离群索居"，因为无论在城里还是在海滨，大家都像亲人一样……逛商店，渴了就喝一杯，累了就坐在躺椅上吃冰激凌和薄荷糖。约翰逊夫人非要自己划船，干脆将上衣披进灯笼裤里；亨德森太太假装和管理躺椅的服务员套近乎，上个厕所也要插队；她们的举止引来大家阵阵欢笑。接下来，他们给家人买礼物，在饱享一顿丰盛的下午茶之后，就启程回家了。在回程路上，他们还不忘记停下来畅饮几杯。对于男人们来说，也许这一路要停上几次，只是为了喝酒；除了泡酒馆，还要买

① Hoggart R., *The Uses of Literacy: Aspects of Working-class Life*, London: Chatto & Windus, 1967, p. 86.

上一两箱酒带在路上喝。在穿越沼泽的时候，这帮男人简直玩疯
了，胡闹作一团，还肆无忌惮地讲着不大正经的笑话。司机师傅知
道自己的职责是什么，他平稳地驾驶着大巴车，将这群热情、狂
放、手舞足蹈的客人送回城里。临到目的地之前，车上的人会付给
他一笔可观的小费。①

从以上的例子可以看出，霍加特将文化与日常生活紧密地联系在一
起，把文化作为表征生活意义的方式，强调"自力更生"的文化、以自己
独特生活方式所生成的文化。

而另一种文化——日益兴盛的商业文化，霍加特对此深感忧虑：
"我们正在进入群氓文化时代；而在某种程度上，这种代价就是'属于人
民的'都市文化的毁灭。崭新的群氓文化远比被它赶走的那种'天然的文
化'更有害。"②霍加特认为工人阶级文化在遇到商业文化时代时，工人
阶级原始、淳朴的旧文化秩序成为有机社会没落的挽歌。商业化的文化
或称大众文化表现为："绝大多数的大众娱乐最后都成了 D. H. 劳伦斯
所言之'生活的敌人'。这种娱乐哗众取宠、道德低劣……既无法充实大
脑，又不能安抚心灵。过去那些催人奋进、促进和睦、内涵丰富的娱乐
方式渐渐枯竭，而现在的娱乐除了让人掏空腰包，一无是处。"③

在霍加特对两种文化分类进行人类学层面的描述中，可以看出，霍

---

① Hoggart R., *The Uses of Literacy: Aspects of Working-class Life*, London: Chatto & Windus, 1967, pp. 147-148.

② Ibid., pp. 147-148.

③ Ibid., p. 340.

加特所倡导的文化内涵源于人们内心对真实世界的呼唤，而非整齐划一、毫无特质的泛文化概念。文化应该表现出对生命的敬畏，是一个时代、一个群体、一座城市、一个民族心灵的篇章。在面对文化转型的过程中，霍加特意识到在商业文化的挤压下，尽管昔日工人阶级的文化已经日薄西山，但是，文化源于生活世界有意义的实践，不会因为时代的更替而不同。霍加特希望通过文化的实践意义，以及具体的文化实践活动，为现代性的文化发展起到涅槃重生的作用。

　　线索二：霍加特主张具有价值判断意义的文化。在对文化人类学意义考察的同时，霍加特认为文化具有价值标示的意义不能回避，"伟大"的文学作品崇高地体现了文化的价值含义，它能帮助人们敏锐地、诚实地探索和重建社会的本质和人类的经验。在他看来，"伟大"的作品通过创建一种秩序，承担一定的社会含义，有助于揭示社会价值秩序是否合理，是否符合人们的现实生活，并提出更加合理的新秩序。在霍加特看来，对于日益商业化的今天来讲，文化的价值内涵尤为重要。他反复重申文化使用价值的意义，反对文化为交换价值见利忘义的生产。霍加特试图通过文化实践活动，或"文化的用途"①所指称的那样，将文化作为

---

　　①　霍加特《识字的用途》(*The Uses of Literacy*)，学者们对此书标题的译法略有不同。南京大学的张亮教授将其译成《识字的用途》，可参见《从苏联马克思主义到文化马克思主义——英国马克思主义理论传统的战后形成》，载《人文杂志》，2009(2)。本人也采用了这样的翻译。但是，此书也被许多译者翻译成《文化的用途》，可参见罗钢、刘象愚主编的《文化研究读本》。另有少数人将其翻译成《文学的素养》。这体现出不同学者对"Literacy"和全书意义的理解。"Literacy"参照牛津词典、朗文词典第一个词条注解为"读写能力"，但是，诚然此书大量涉及有关文化的讨论，以《文化的用途》为名，也被一定的学者所接受。

可用之物，而非悬挂之物或被动接受之物。他主张提升文化实践者的文化素养，并恢复文化的价值内涵，从而有效地抵抗文化商业化的侵蚀。

有关霍加特对文化价值内涵的理解中包含着两层意义：一方面，强调文化的多元价值，例如工人阶级文化、通俗文化的价值；另一方面，关注"伟大"文学的审美价值维度。这两方面分别代表了人类对文化自由、平等的追求和文化价值判断的指引，从而建立一种双向维度的文化思考。正如鲍曼所指的那样，"文化既是秩序的工具也是失序的动因；既是一个过时的因素也是一个永恒的因素"①。文化不仅指向唯一、线性的文化秩序，而且是不同文化主体对文化的理解和创造的混合体，体现出文化价值的丰富性和多样性。同时，文化代表着一个时代的内在精神，这就意味着时代交错的文化变更，但是文化保留着永恒不变的因素，文化具有一定的传承性，人类古老文明所保留下来的世界文化遗产始终是人类文化的精髓和内在精华。霍加特正是看到了文化的开放性与超越性、内在尺度与外在延伸、共时性与历史性的多维度特征，从人的存在视角、人的主体能动性、人的实践性来探究文化的内涵和价值。

诚然，文化的现代性源于与宗教和神学世界的诀别，走向韦伯所称的认识——工具理性结构、道德——实践理性结构、审美——表现理性结构的三个层面的文化，文化规定性意味着统一性、大写文化的生成。而霍加特、威廉斯、霍尔都站在了文化多样性的立场上，试图使文化摆脱刻板化的认知和对日常行为的种种强制作用。霍加特以一种人类学的

---

① ［英］齐格蒙德·鲍曼：《作为实践的文化》，郑莉译，21页，北京，北京大学出版社，2009。

方式强调不同文化的特质，而非局限于某一文化特定的结构中，珍视源于普通人生活的文化价值。

如何针对现代性的文化特征进行有效的建构，而不仅限于阐释或表征？霍加特试图以文化实践反思现代性社会精英主义文化与相对主义文化之间的矛盾。文化实践思想将文化的两个含义归于一体，使人类生活实践方式的文化与人类追求文化价值标示的文化相结合、相统一，使得文化主体实现"自在"向"自为"文化活动的转变。在这一过程中，文化不再是僵化、既定的概念，也不是无价值判断的商业化产品，而是通过现实的文化实践活动实现对现存文化世界反思和再造，发挥文化实践主体的能动力量，建构人类真正理性价值的文化。

(二)文化实践内涵的双重视角

霍加特所指的文化实践强调文学与文化、文化与社会的关联，体现出文化的内在尺度与外在功能之间的张力，存在着整体与特殊、文学与社会的辩证意义。霍加特文化实践蕴含着双重视角的文化内涵，即文化作为"生活特质"分析与参与的视角和文化作为价值判断意义的视角。

视角一：文化作为"生活特质"分析与参与的维度。霍加特指出，"应该强调，我们现在所要考察的不是作家在其作品中用以探索社会的方式，而是直接和分散地对当时的各种问题，对其文化的'生活特质'所作分析的参与"①。这一维度又包含两个层面的意义，揭示了文化普遍

---

① Hoggart R. , "Contemporary Cultural Studies: An Approach to the Study of Literature and Society," in *Centre for Contemporary Cultural Studies*. University of Birmingham. Occasional Paper，No 6，1978，p. 1.

性和特殊性的辩证意义。

在霍加特看来，文化的普遍性和特殊性正体现了文化强大的包容性。他试图以文化的实践意义或文化的包容性打破知识分子的文化特权。霍加特以"人民的'真实'世界：来自通俗艺术的例证——《派格报》"为标题，探讨了通俗文化的意义和价值。霍加特将文化作为某一群体生活的表现。他认为"《派格报》之类的杂志"表现出"亲切备至的家庭魅力""反映日常生活细节""把人表现为人""感受到生活肌理的感觉"的特征。通俗文化"最强烈的印象就是它们非同寻常地忠实于读者生活的细节"①。霍加特试图以一种人种学的分析方式探讨文化世界，并结合现代休闲方式的变化进行社会意义的文化分析。他将文化的包容性作为理解或解释当代社会秩序的方式，开启了文学研究与其他表征社会意义的文化形式的研究。这样一来，具有实践意义的文化概念使工人阶级文化、普通人的文化位于总体的文化叙事之中，为普通人提供了彰显自主文化的平台。

霍加特关于文化实践思想的内涵，揭示了文化的普遍性与特殊性的辩证意义。文化的实践性代表了普遍意义的文化内涵，具有"类"意义上的普遍性，与人的存在相关的广义上的语词概念。这体现了文化的深层本质精神——文化解读人的存在本身，解读一个时代、一个社会的精神内核，体现了人的实践性、生成性、开放性的本质特征。霍加特所指的文化实践的这一维度体现了人自由自觉的实践活动，使文化作为人的生

---

① Hoggart R.，*The Uses of Literacy：Aspects of Working-class Life*，London：Chatto & Windus，1967，p. 91.

存意义之自我证明和自觉展示的过程。同时，文化的实践性又具有与生俱来的特殊性，人的实践活动并不会千篇一律，对于文化来说更是如此。文化具有的特殊性、实践性使得文化不能原封不动停留于传统学院式的话语殿堂，也不会存在于一种给定的理论形态或一种固定的文化模式中，而是以人的具体生活、价值的丰富、人的全面发展为依托展开。因此，普通人富有生命力、充满弹性的文化同样应该得到社会广泛地认可和珍视。

视角二：文化作为价值判断意义的维度。霍加特认为，"文学（以及其他表达艺术）是文化意义的载体，它有助于再现某类文化想要信仰的事物，并反映经验生活所关照的价值"①。他主张作为艺术的文化和作为实践的文化之间充满张力结构的关联。文化的价值内涵既不能停留于传统精英主义的抽象领域，对普通人的文化价值视而不见；也不能盲目为了工业化的文化扩张，割裂文化本应承担的价值与意义。

在相对主义的召唤下，现代性文化发展陷入极端怀疑主义之中，文化失去了价值判断的标准，造成了文化意义的混乱状态。在商业化的文化秩序中，一方面，文化的泛化迫使占有特权地位的文化、唯一大写的文化难以获得继续存在的可能，但另一方面，导致人们越发对传统文化、文化价值失去信心，驱使人们对文化产生疏离感和非真实感。

为此，霍加特特别关注文化的价值内涵，并力图重塑它，即文化"戏剧化展示了人们如何感受和延续价值的脉搏，尤其是价值背后的压

---

①　Hoggart R. , "Contemporary Cultural Studies: An Approach to the Study of Literature and Society," in *Centre for Contemporary Cultural Studies*. University of Birmingham. Occasional Paper, No 6, 1978, p. 19.

力和张力，有助于确定人们所信仰的'东西'"①。霍加特指出，由于艺术在自身中创造了秩序，它便有助于揭示一种文化中现存的价值秩序，这种揭示要么是通过反映，要么是通过拒绝现存价值秩序或提出新的秩序。在霍加特看来，文学的价值是可被工人阶级理解和感悟的，而不仅仅是习得而来的，因为文化的真正价值蕴含着解放人类生活的愿景。

同时，霍加特对商业文化的价值秩序进行了批判。他认为商业文化具有工序化、公式化的特征，使得文化本身自由、独特、丰富的特征消失殆尽。正如劳里·兰鲍尔写道："日常的城市生活中百无聊赖和流水线上的百无聊赖别无二致，无分彼此，就好像锁定在一个永远也不会有什么实质性的进步的无限系列中的两部分：它越是花样迭出，它就越是万变不离其宗。"②商业化文化改变了文化的价值秩序。随着交换价值的唯一性的出现，文化的审美价值、道德价值、教育价值成为文化价值的附属物，甚至可有可无。在此之下，精英主义的文化价值戒律被打破，与此同时，工人阶级文化、来自普通人的文化同样受到这股商业化热浪的冲击。不仅如此，整个文化世界、现实生活都被这股文化热浪所笼罩，每个人的日常生活都陷入生活程式化和标准化的程序中。

因此，霍加特对文化意义的探究不仅仅像人类学家那样（例如泰勒对文化的定义，只是将文化作为人类生活的表征系统），而是赋予文化

---

① Hoggart R. , "Contemporary Cultural Studies: An Approach to the Study of Literature and Society," in *Centre for Contemporary Cultural Studies*. University of Birmingham. Occasional Paper，No 6，1978，p. 19.

② ［英］本·海默尔：《日常生活与文化理论导论》，王志宏译，13 页，北京，商务印书馆，2008。

积极关照的功能，把文化视为参与与实践，将文化作为分类实践过程，以日常生活之中不同文化主体的主导性文化行为为研究对象，发挥不同文化主体的能动性和创造性。霍加特对文化理解更加突出文化为所有社会成员共有、共享、共创的意义，强调文化特质的同时，并不在意对文化价值判断的遗失，倡导人们在追求和向往人类美好文化生活所具有的内在一致性。

(三)文化实践思想的理论路径

霍加特所倡导的文化实践更是一种迈向日常生活的文化实践活动，无论他早期对文学的关注，还是中后期对大众媒体的分析，都基于一种批判基础上的实践，以重构和整合潜伏在日常生活之中的文化为批判武器。他辩证地思考了精英文化、大众文化与日常生活文化之间的不同和相互关系，将文学批判、文化分析的方法延伸到大众文化的分析之中。霍加特认为，"假使'高雅艺术'的语言和观众之间可以产生某种方法，那么它同样可以产生于其他类似关系中"[1]。他将文化实践作为理解社会生活的工具，探讨文化与生活之间的内在关系，使得文化生活化和生活文化化自然融合，书写出了一幅点染生活之美的文化实践画卷。因此，霍加特被誉为"第一位扩大包括流行文化和工人阶级文化批判参数的文学批评家"[2]。

---

[1]　Hoggart R. , *Speaking to Each Other*：*Volume Two*：*About Literature*，London：Penguin Book，1973，p. 31.

[2]　Owen S. , *Re-reading Richard Hoggart*：*Life*，*Literature*，*Language*，*Education*，Cambridge ：Cambridge Scholars Publishing，2008，p. 58.

文化实践思想是整个英国新马克思主义的核心思想之一，其中很多学者的思想理论都不同程度地体现着这一思想内核，因为他们"把现实的人作为研究活动的着眼点，把如何改善人的现实生存状况、改进人的生活方式和提高人的社会实践能力作为研究活动的目标指向"①。在对此问题进一步的分析之后，可以发现这些学者对"文化实践"的理解存在一定的差异。通过对比分析霍加特和霍尔的思想，可以凸显霍加特从日常生活世界的路径进行文化实践研究的独特性。

差异之一，不同思维范式的文化实践思想。霍加特对文化的思考更符合第一代新马克思主义思想家的思维逻辑，在经验分析的基础上，以"从下往上看"的思维范式探寻文化的内涵，将文化着眼于具体而现实的生活，并作为展现人类生存意义的凝结。不可否认，以霍加特、汤普森、威廉斯为代表的第一代英国新马克思主义者内部之间存在纷争。例如，威廉斯把文化作为整体实践，将文化归为具有社会总体性的范畴，汤普森却认为，威廉斯将文化等同于社会是极度危险的，并试图在经验基础上区分"文化"与"非文化"。对于霍加特而言，他恪守对伟大文学的诺言，主张以文学批评为起点的文化实践探究精英文化、工人阶级文化、大众文化，揭示文化与生活、文化与社会的内在关系。他们的研究总体呈现出对第二国际经济决定论的反对，强调文化在社会再生产中的重要作用，关注文化与社会总体性的问题。

对于第二代英国新马克思主义者的霍尔来讲，"结构"是其核心思想离不开的关键词，因为"从文化主义到结构主义、再从结构主义的马克

---

① 乔瑞金：《英国的新马克思主义》，2 页，北京，人民出版社，2013。

思主义到后结构主义和后马克思主义"①的霍尔文化研究的发展进程来看，其思想理路都与"结构"难以分离。霍尔在接受阿尔都塞结构主义的马克思主义之后，当代文化研究中心发生了结构主义的位移。"结构主义将生成意义的意指实践说成是一个结构的产物，或在任何特定的人之外的可预测规律。结构主义寻求存在于任何特定的人之外的文化和社会生活的约束模式。"②霍尔的文化实践思想是一种基于意指实践的文化实践。意指实践是指通过借助文化符号的语言和结构分析，强调意义生成的过程。

可以看出，文化主义与结构主义的文化实践理论有着明显不同之处。霍加特为代表的文化主义将文化意义的生成归为人类历史经验的产物，文化实践应该依照人类现实的生活经历。而以霍尔为代表的结构主义者，将语言看作是"物质"的，弱化了"物质"与"意识"之间绝对的、纯粹的对立关系，注重语言的深层结构，试图探寻先于人类经验的客观符号系统，使经验变成了结构的产物。在霍尔看来，文化具有建构现代世界的作用，经济、政治、社会都无法脱离文化与意识形态的作用。正如结构主义者巴特主张，"文本意义的把握，不是根据特殊人群的意图，而是作为一组意指实践"③。结构主义更加强调文化的客观认识，寻找存在于人类行动、经历之外的文化规律。同样，霍加特也强调文化的建构作用，但是，与之不同的是，他的文化建构思想特别关注普通劳动者

① 张亮：《理解斯图亚特·霍尔》，10页，北京，北京师范大学出版社，2016。

② ［英］克里斯·巴克：《文化研究：理论与实践》，孔敏译，15页，北京，北京大学出版社，2013。

③ 同上书，17页。

的文化实践和文化经验，试图重塑和提升底层人民的文化意识和文化能力，激发以底层人民为主体的微观革命，从而建构理想社会主义社会。对于霍加特而言，历史、生活、经验之外的文化规律并不存在，反而，他更加强调历史、生活、经验与文化之间密不可分的相关性。

差异之二，不同途径的文化实践思想。霍加特基于日常生活经验探究文化实践的意义和价值。他从自身工人阶级的生活经历汲取力量，试图改变精英主体对文化的霸权地位。在他看来，文化的用途"不在于制定规则或抽象化意义，而在于对某一时刻、地点、人物所产生的感觉、情感、思想进行戏剧化的表达和'向外展示'。为达到戏剧化的展示，它（文化）渴望借用启示性的例子，用细微的姿势打开想要表达的意义和结果。它不是漫无目的的行动和改革；它首要的目的是在短暂的平静中，让人们更多地了解那些已经存在和被他人掌握的经验，以抵御无序情感和外部干扰"[1]。霍加特接着指出，"我不是说每个人都必须阅读最佳作品，但是值得关注的是，通过以往的阅读经历和形成一般性观点的过程中，应该努力挖掘有利于我们理解自身经验的东西"[2]。可以看出，霍加特文化实践的目的在于使人们获得更为丰富的日常经验。与此同时，霍加特对目前具有鲜明现代性特征的日常生活文化做出分析，认为文化研究需要与社会学家建立联系，原因在于仅用文学批判的方法很难谈论清楚有关语言的"花招"、语言的"剪切"、外部压力对文本作用的影响，需要做出更多层面的分析和阐释。

---

[1] Hoggart R. , *Speaking to Each Other*: *Volume Two*: *About Literature*, London: Penguin Book, 1973, p. 233.

[2] Ibid. , p. 234.

霍加特认为，商业文化的兴起正是对人们日常生活经验的摧残。他写道，"'毫无意义和琐碎的'好奇心越来越多地被唤起。但是这里却越来越缺少生命的质感。然而这一点对于读者而言也许是最糟糕的。人们不可能积极地享受这些。因为这里不会提供给人们任何参与的机会，也不会做出任何积极的应答；因为这里没有读者的要求，也没有为读者提供可提供的东西。我们正处在一个苍白的半明半暗的情感区，在那里没有任何冲击、惊恐、威胁，同样也没有任何挑战，不会给予喜悦或唤起悲伤，既不辉煌，也不痛苦，只有不断滴滴答答的灌装牛奶，它暂时缓解了人们自发产生的饥饿的痛苦，但是拒绝给人踏踏实实饱餐一顿的满足感。"①霍加特正是在汇集现实的人的日常生活和调动经验生活的真实情感中，试图恢复取自日常生活文化实践的作用，并以此作为拯救日常生活碎片化、文化商业化的法定。

对于霍尔而言，文化实践更多地涉足于文化政治，具有明显的文化政治学的特征。需要指出的是，霍加特的文化实践思想是一种深入生活的文化、内在于生活的文化，但是这并不代表霍加特的文化实践思想与政治之间毫无瓜葛，他所倡导的文化政治，是一种自下而上的文化政治，是一种内在于生活的政治，以底层人民为主体的微观政治实践。在受到葛兰西"市民社会"思想的影响之下，霍尔认为霸权"在文化研究领域扮演了一种开创性的角色"②，霍尔在中心时期的文化研究选择将政治带入文学领域，并随之产生了"身份"政治学、非政治的社会认同、文化政治学、话语政治

①　Hoggart R. , *The Uses of Literacy：Aspects of Working-class Life*，London：Chatto ＆ Windus，1967，p. 195.

②　张亮：《理解斯图亚特·霍尔》，24 页，北京，北京师范大学出版社，2016。

学、语言的政治意义等有关文化与政治的研究。因此，霍尔的思想有着鲜明的政治性，使文化研究走向了更加浓厚的文化政治学的研究。

相比于霍尔来说，霍加特在对政治问题的关涉时，将目光投向普通人的日常生活，是一种以底层人民为主体的微观政治，揭示蕴含在生活之中的微观权利，并试图从寻常百姓的日常生活中寻求自我发展之路。霍加特的文化政治思想主要集中于《文化与国家》《相对主义的暴政：当代英国社会的文化与政治》《两个世界之间：政治、反政治和非政治》等著作中，他始终以文学批判为开端，以此深入文化实践，直至以整个社会实践为理论线索，以提升底层人民的文化素养为核心，以建构理想社会主义为目的指向。霍加特文化政治思想涉及了文化与阶级、文化与社会、文化与国家等层面的文化政治学问题。从某种程度上讲，霍尔在接任当代文化研究中心的主任后，是对第一代英国新左派，特别是霍加特文化政治诉求进一步的延伸和拓展，将霍加特所关注的微观文化群体或底层人民，以文化政治的视角从身份政治、种族、移民等将其细分化与具体化，是对萌芽状态的霍加特亚文化思想的继承与发展。

差异之三，不同知识分子类型所预设的文化实践思想。葛兰西将知识分子分为"传统意义的知识分子"和"有机的知识分子"，而霍尔毫无疑问可归为第二类，因为他明显具有这类知识分子所具有的特征，即"这类人与阶级或事业紧密相关，而这些阶级或事业则使用他们来组织利益、赢得更多的权力、获得更多的控制"①。霍尔认为，"文化研究知识

---

① Said E.，*Representations of the Intellectual*，The 1993 Reith Lectures，New York：Vintage Books，1994，p. 4.

分子的行为'好像'他们是有机知识分子，或希望有一天他们能成为有机知识分子"①。

然而，对于霍加特而言，笔者认为他是一位夹杂在两者之间的知识分子，他可称得上是一位"传统意义的知识分子"，因为作为一名文学系的教师，他始终保留着对传统优秀文化的一片赤诚和忠贞不渝，正如欧文所指，"霍加特首先是一名文学批评家，而且始终保持着对优秀文学的热爱之情"②。但与此同时，他又是一位公正不阿的"有机的知识分子"，因为他"主动参与社会"③，试图改变现有的社会状况。他认为学校应当承担双重责任：一方面，学校有义务使学习者从被操纵的语言束缚中解脱出来，使他们具有一定的判断标准和独创见解，而这些能力可以通过阅读优秀文学作品来获取；另一方面，学校必须与当代社会相联结，而不要禁锢在象牙塔的世界。他认为学校教育需要与大众文化紧密相连，并以此勾画文化研究首要解决的问题，"关于作家和艺术家所处环境和资金问题的分析；关于不同形式、不同层次文化接受者，无论是'普通读者'还是'知识分子'的特征分析；关于舆论的导向者、具有影响力的传播媒体、区分书面语和口头语相关机构的研究；关于商业化对文学、艺术的影响；关于作家与读者、作家与舆论机构、传统艺术与流行

① ［英］克里斯·巴克：《文化研究：理论与实践》，孔敏译，434 页，北京，北京大学出版社，2013。

② Owen S., "Richard Hoggart and Literature." in Sue Owen, ed. in *Re-reading Richard Hoggart: Life, Literature, Language, Education*, Newcastle: Cambridge Scholars, 2008, p. 59.

③ Said E., *Representations of the Intellectual*, The 1993 Reith Lectures, New York: Vintage Books, 1994, p. 4.

艺术，以及作家、政治、权利、金钱之间的相互关系的思考"①。霍加特是一位保守的革命者，因为他以一种革命者的姿态站在学术研究的前沿，勇于提出自己的观点，直言不讳地表明自己的态度，然而，在对人类生活的敬畏方面，在对社会发展的审慎的态度方面，他又是一个保守者。尽管在他的一生当中，不断地引起一些议论、争议甚至是质疑，然而他却始终保持着那份知识分子本性中的真。

并且，霍加特建构文化研究的初衷就在于以文化的批判性实践，探究文学与文化、文化与社会之间的辩证关系。霍加特寻求人类文化合力，将传统文化精品与工人阶级文化深度融合，这种融合不同于文化的同质化或同一化，而在于通过有效的文化实践，回答新情况出现的新问题，进一步深入文化生成的机制，关注文化的内涵和本真，从而探寻人类共同的文化发展之路。

总而言之，在英国新马克思主义文化实践的道路上，霍加特作为工人阶级文化"一线"的宣传者和组织者，心系人民，以切实提高工人阶级文化素养为目标。霍加特文化实践的核心思想都难以与普通人和日常生活相分离，因为他认为文化一旦离开生活就会落入抽象的存在。虽然霍加特并没有像霍尔那样书写波澜起伏的文化政治实践，但是霍加特以迈向日常生活世界的文化实践，为工人阶级播撒文化的种子，从深入生活的微观文化实践活动，引导工人阶级善于学习，积极开展微观主体的自主实践活动，使工人阶级挣脱横亘在他们心头的精神枷锁，让阳光消融

---

① Hoggart R. , *Speaking to Each Other: Volume Two: About Literature*, London: Penguin Book, 1973, pp. 240-241.

冰雪，让人民拥抱希望。正是在这样的理念指引下，霍加特日常生活世界的文化实践思想意义深远，寻找到了人类文化幸福之花的真正圣水，使普通人看到了文化的希望，感到了文化的温暖。可以说，霍加特迈向日常生活世界的文化实践具有彪炳史册的贡献。

三、文化实践思想的理论内核

霍加特文化实践思想的形成，首先源自他对"文化"概念的重新界定和解读。他在继承和发展马克思主义实践哲学思想和文化理论的基础上，从实践唯物主义的视角对文化的概念、意义和价值进行了新的认识和思考，成为其核心思想的关键组成部分。从实践唯物主义视角对文化观念的探寻，打开了研究文化的新视野，使文化摆脱了形而上学的和脱离于人的现实生活的观念和形态，让文化的本性即人的生活本性得到彰显。文化实践思想为文化的认识取向、方法途径和价值旨归获取到了动力源泉，为进一步发挥文化在社会结构中承担的作用提供了理论依据。

在有关文化的思考中，文化所指代的"意义""内涵""价值""意味着什么"远比文化本身的定义更加重要。正如戴维·钱尼所述，文化转向代表"赋予意义"。霍加特正是以形容词的文化或复合词的文化——如"工人阶级的文化""精英文化""大众文化""生活文化""文化实践""文化的价值"——聚焦现代性社会的文化问题，而在这些复合词中，"文化实践"无疑代表了霍加特对文化诸如此类前缀的提要钩玄。

如前所述，对文化实践思想的研究是霍加特文化研究的着眼点和内在基石。通过从文化实践出发阐释文化的内涵，以及对精英主义文化、相对主义文化批判的论述，总体上体现出霍加特文化实践的基本思想。霍加特强调日常文化的实践意义，将批判的矛头对准了僵化、固定化、同一化的文化模式，寻求文化生成的本源和文化内在的动力机制，即文化实践作为文化发展的途径，其目的在于优化文化结构、促进文化主体进步。

(一)核心理念：作为人自发、自觉活动的文化

霍加特文化实践思想的核心理念在于以人类生生不息的文化实践活动，探究文化的内涵和文化生成的问题。

在对文化现代性的追问中，文化被圈定在既定的范围和主体中，或将文化作为同一化的过程，文化丧失了原有的主动性和创造性，变成了僵硬化的或静态的形式。霍加特面对现代性社会出现的文化新变化和新境遇，探寻文化发展的新思路，以深入生活的方式探讨人类的生存与发展，开拓出以人类实践为根本的文化新视野。

正如马克思指出的那样，旧唯物主义的主要缺陷是，"对对象、现实、感性，只是从**客体**的**或者直观**的形式去理解，而不是把它们当作**感性的人的活动**，当作**实践**去理解，不是从主体方面去理解"[①]。霍加特提出文化实践思想，正是对马克思实践观的进一步深化和发展。一直以来，"大写的"文化始终坚持的一个原则就是要将日常生活拒之门外。在他们看来，文化是高雅的、唯美的，而日常生活是世俗的、平庸的，只

---

① 《马克思恩格斯选集》第 1 卷，54 页，北京，人民出版社，1995。

有脱离于日常生活的创造，才能称之为文化。但是，霍加特试图将日常生活纳入文化研究的范围之内，文化研究的对象面向现实的人的生活。这样的文化理解改变了人们对日常生活的看法，让人们认识到平凡的日常生活也并非平凡，来自日常生活的文化能够反映真实的人的世界，这样的文化才更有意义和价值。在霍加特对文化的理解中，认为不同群体通过不同的实践活动所形成的整体生活就是文化。

可见，霍加特所理解的文化内在于人的生活，与人的生生不息的实践活动密切相关。他认为文化不是静止的、固定的，而是与人的现实生活、人的实践活动一同自发地相互联系和发展。只有在人的实践活动中，文化才能不断地创新与发展，才能显现文化存在的意义和价值。文化不应以观念的形式存在，不应以一种孤芳自赏的姿态游离于现实生活之上，它应当成为人的现实生活的有机组成部分。霍加特试图摆脱文化的传统束缚，其宗旨在于强调文化不应满足于对文化的解释和说明，而应立足于现存的世界，即人的实践活动，文化生成是为了人的生存和发展。霍加特强调要在现实生活中，"认识文化"、"实现文化"和"改变文化"。

马克思曾经写道，"**真理的彼岸世界**消逝以后，**历史的任务**就是确立**此岸世界的真理**"①。马克思试图将我们从"彼岸世界"带回"此岸世界"，即人的现实生活。霍加特在延续着马克思矢志不渝的事业，将"彼岸世界"的文化带回到"此岸世界"的文化，回归生活世界的文化。作为"文化研究之父"的霍加特，并没有陷入对文化本身的研究，而是深入探

---

① 《马克思恩格斯选集》第 1 卷，2 页，北京，人民出版社，1995。

讨文化的用途和功能，帮助人们回到文化的"此岸世界"。如何实现这种转变呢？霍加特以实践的过程去看待文化。他认为精英式的文化一味强调文化本身的意义是无谓的，只有加入人的活动，文化才不会成为僵化的、无生气的产物。

霍加特认为文化与日常生活世界具有密不可分的相互关联，即日常生活化的文化与文化化的日常生活之间的关系。在他看来，日常生活化的文化将文化从抽象化、规定化的宏大模式走向日常生活世界微观形态的文化，把文化作为生活化的文化符号。而文化化的日常生活在于文化具有"赋予"的意义，日常生活通过文化生活、文化实践获得意义和价值，表明日常生活并非平淡无奇，日常生活同样充满了文化和艺术，并且人们在各自的日常生活中，诉说着自己向往和追求的某一类文化生活。日常生活的意义和价值同样可以通过文化实践得到进一步的彰显。霍加特将文化还原为社会实践，在社会变迁与文化的互动中，揭示文化发展的社会逻辑和社会功能。

首先，文化的生成是对具体现实生活的客观联系。霍加特以 20 世纪 20—30 年代工人阶级的生活为材料，深入观察客观的现实世界，从内部真实的世界出发，挖掘文化与社会的关联。在对文化概念的考察中，他避开对文化面面俱到的定义，而转向真实世界的琐碎小事。他采用了经验归纳的民族志研究，而非抽象概念的自身演绎和空洞的文字游戏，力图用深入生活的观察探讨文化的本源。

其次，文化具有社会价值功能。一直以来，"文本中心论"在英国传统文化理论界占据主导地位，突出表现为以利维斯为代表的细读派。他们提倡作品内部地深入分析，但忽略了文学产生的社会历史条件。霍加特认为，虽然文学会采用丰富的修辞手法，但是它扮演和探讨了最贴近人类生活的本质。文化不能孤立地存在，它同人类的物质生活、政治生活一样，存在于万事万物普遍联系的世界中。

再次，人的丰富性体现了文化的丰富性。霍加特将"普通的"生活列入文化研究思考的范围，使文化呈现丰富性和多样性。他倡导文化的积极意义，即将文化视为人的实践活动，注重文化的参与性。但是，传统理论者往往沉迷于追求乏味而空洞的理论，对生动丰富的日常生活世界不屑一顾。霍加特意识到来自人民生活文化的意义和价值，推动文化从原先单一、孤立的状况朝向丰富、多样的态势发展。

最后，注重文化价值标示的作用。霍加特认为通往文化之途是多元的。这就意味着文化价值具有多元性。然而，霍加特并不认为文化的多元价值与文化评价的合理性之间存在不可通约性。虽然不同文化、不同个体、不同时代存在不同的价值理念，但是在这些不同的价值理念之间存在可被人们相互理解的共通东西。他认为文化价值中存在客观的价值，反对相对主义文化的价值中立，批判一切判断都是相对的、主观的文化价值观。

总之，文化实践思想的核心理念在于它深刻地批判了传统文化生成的旧秩序和相对主义文化的运行逻辑，并寻找到了文化生成的原初动力在于人的实践。在以文化成为人自发、自觉的活动为核心理念的文化实践思想中，为人的存在提供了包括精神存在在内的全面的解放。文化不再专属于精神生产领域，使精神生活与物质生活不再具有永恒的分离和对立关系。无论是传统文化，还是相对主义文化都建立在文化主体与文化客体给定的基础之上，将文化与实践处于一种相互对立的关系中，停留于文化对象对文化单向度的理解和生产，并没有从人的感性活动、实践层面看待和创造文化的意义和价值。霍加特从文化实践的角度，把文化在本质上当作实践活动，在文化实践的过程中产生特定文化语境中的文化主体和文化客体。

(二)内在机制：具有内在规定性和动态性的实践系统

霍加特文化实践思想的内在机制在于以文化实践为基石，探究文化主体、文化客体、文化与生活、文化与政治、文化与社会之间的相互关联。

文化实践凸显出文化生成的整体场景，文化不仅作为一种表征系统，更是一种具有内在规定性的实践系统。霍加特认为文化无论从生成的各要素，还是生成的过程都具有复杂性，不能简单地或割裂地看待文化。他以文化实践作为文化研究的基石，探究文化生成的内在结构和各组成要素之间的相互关系。文化生成具有整体性。在霍加特全新的文化生成系统中，文化、文化主体、文化客体之间不再是某种支配与强制的关系，而是一种自然的生成过程，彼此之间的作用力是如此的微妙，体现出文化各要素之间充满内在张力，而又共生的关系。文化实践构成了一种双重权利，即文化内在规定性与文化个体生命力的辩证统一的合力。

霍加特文化实践思想产生于多种文化观念相互冲突、碰撞的阶段。现代性的文化存在两条发展路径；第一，以启蒙运动为标志的现代性社会依靠科学的途径实现与蒙昧、无知、神话的分离，将科学、理性作为理想社会发展的目标和动力，文化的科学化、唯一性随之生成；第二，在现代性的特征，即资本逻辑运行之下，文化被程式化和标准化，文化整齐划一而又残断零碎地笼罩着人们的日常文化生活。

霍加特采用人类学的方式和民族志的研究方法，以工人阶级文化为例，构建文化的实践本性，从而有力地批判了精英主义者的文化特权。同时，霍加特认为当一种文化权威性消失殆尽之时，相对主义文化就会乘虚而入，带来了文化意义的混乱状态，文化价值普遍性就会丧失，花样迭出、百无聊赖的商业文化深刻地影响着工人阶级的日常生活方式，工人阶级自生的文化、工人阶级内部的文化价值判断受到商业化的威胁。在对现代性文化危机做出分析时，霍加特另辟蹊径，从工人阶级读写文化的经验视角，展开对文化现代性悖论的思考，这表现为以下两个方面：

霍加特以文化实践，或钱尼所称一种"新的文化话语革新"的方式，为文化思维范式转向提供了关键性作用。他从文化实践的角度批判了文化作为精英主义者的特权领域，认为特权文化或等级文化阻碍和限制了文化的实践功能。正如钱尼对霍加特文化研究的分析，他认为霍加特首先确定了精英主义者掩盖作为实际生活经验的文化，即生活文化所包含的各不相同的视角和方法。钱尼十分肯定霍加特对文化研究做出的开拓性贡献，其中一方面就在于霍加特为工人阶级文化提供了一个展示自我文化的平台。而这一平台的意义不可小觑，它将一直以来文化评论界和精英主义者，对工人阶级文化所持有的傲慢态度暴露无遗。霍加特借助人种学的分析，把工人阶级的生活方式、休闲活动作为社会意义的文化学分析。这样一来，开辟了文化研究朝向文化差异性、多样性的关注。

同时，霍加特对大众消费社会伴随而来的工人阶级文化新变化做出分析和对比，表达了对工人阶级正在消失的文化生活的追念。霍加特探寻特定社会的工人阶级文化，以工人阶级的实践活动和生活方式展开分析，关注生活经验和日常生活的表达。他经常使用"健康""衰退""改善""恶化"来标记文化间的冲突和张力，对文化进行病理学的分析和诊断。霍加特认为虽然工人阶级生活的总体质量较之于 20 世纪早期有明显的改善，但是他更为关注工人阶级群体意识和社会实践。在霍加特看来，工人阶级目前处于"失去行动张力"的状态，工人阶级特定生活方式不是在改善而是在恶化。霍加特引用托克维尔一句话，"通过这样的方式，在这个恰似不会堕落，但使灵魂失去活力，并寂寞无声地松弛行动张力的世界中，最终可能建立一种有效的物质主义"①。令霍加特感到遗憾的是，在文化商品化的影响下，文化批量性的生产使得文化成为一种消费行为，文化原有的自主性、能动性、价值选择一起被湮没在同一化、同步化、别无二致的文化生产流水线上，工人阶级作为文化主体分类实践的组成部分，文化原本的动力正在消失，像一根失去弹性的、松动的弹簧一样，工人阶级的文化自主性、能动性正在衰退。

基于对文化危机的分析，霍加特试图通过文化实践的方法或途径，将人类所创造的一切文化成果，无论是精英文化还是工人阶级文化，传递给社会所有成员，使文化成为人类的共享资源，搭建了不同群体之间文化交互的平台。在这里，不同文化共同发展，彼此之间相互理解和包容。霍加特以文化的实践意义探讨文化生成的来源，揭示深入人类生活的价值作为文化客观价值的重要性。霍加特始终认为工人阶级文化所具

---

① Hoggart R., *The Uses of Literacy：Aspects of Working-class Life*，London：Chatto & Windus，1967，p. 127.

有的植根于工人阶级真实本性之中的价值，既不会因为精英主义的强势文化或鸽笼似的学科定位而不复存在，也不会因为经历相对主义文化的侵蚀而灰飞烟灭，工人阶级的文化价值正是通过其自身的文化实践才得以生生不息。因此，霍加特以工人阶级文化的新变化为切入点，对精英主义文化、现代性相对主义文化进行批判，试图寻求解决文化危机的途径和方法——聚焦建构性的文化实践思想，使得文化得到真正意义上的发展，即文化主体进步、文化结构优化、文化成果丰富。

霍加特把文化看成是生成的，是有机文化系统，而非僵固不变。文化生成的过程是诸多要素之间相互作用、相互依存、共同形成的，体现着整体性的特征。文化的生成即产生、发展和超越都以人的存在和活动为起点，以改善人的生活和获得自由为旨归。通过对文化生成机制的阐述可以看出，以提升人们认知、审视和改造世界的能力，唤醒人民的文化意识，求得人类的自身解放，是文化实践的根本任务。

因此，霍加特文化实践思想的内在机制在于以推动文化发展和促进文化主体进步为关键所在。霍加特不仅引领人们走出对文化原有认识的误区，打破了传统文化根深蒂固的旧秩序，将文化从狭隘的含义中解放出来，而且对传统学界一直以来所公认的具有"合法性"和"权威性"的概念和认知结构产生了根本性的挑战和颠覆。他赋予文化更为广阔而丰富的价值和用途，从文化实践的视角，认识、审视、改造世界，为理解和建构人类社会提供了全新的思维范式。霍加特并不是把人的文化实践活动和文化的规律性相对立，相反，真正源于生活的文化实践深刻地体现了文化的本真意义和价值，顺应着历史的发展，并变革现存世界。与此同时，文化丰富性的发展并不意味着文化价值的混乱与模糊，文化实践观承认多元价值并非指代所有价值是相对的和主观的，文化的多元价值存在客观价值，对自由、平等、正义、博爱的追求始终是文化永恒的价值目标。这些文化价值蕴含在人类的真实本性之中，代表着那些不可能被轻易放弃的价值。

为深入理解霍加特文化实践的内在机制，笔者在本书中试图从文化实践的主体维度、文化实践的客体维度、文化实践的话语特征、文化实践的社会关联进一步做出分析，并深度剖析霍加特对文化内涵的理解和诠释，对文化实践的思想作出总体性和结构性的分析和阐释。由此分设四章内容对霍加特文化实践思想进一步展开说明。

文化实践四个方面的探究，并不是孤立、单一的不同部分的组合，而是相互统一构成了文化实践的内在有机体，文化实践的主客体指向和确立是研究文化实践话语特征的基础和前提，反过来，文化实践话语特征则是变革文化实践主体和变革文化实践客体的关键因素，并为两者的变革提供了具体途径和方法；同样，文化实践的主客体的所指是文化实践社会关联的根本前提，是文化社会意义彰显的基础，通过对文化实践社会意义的探寻，即文化与生活、文化与权利、文化与社会之间的相互关系，使得文化实践主体的主体性意义和文化本真内涵的价值意义得到进一步升华，促进文化模式的升级和文化社会结构的优化，提升文化主体能力和合理建构理想社会。

(三)基本特征：文化实践的辩证内涵

霍加特文化实践思想的基本特征呈现出以唯物辩证法为核心特征，在文化实践的基础上，彰显文化的特殊性与普遍性，强调文化主体与文化实践之间的双向互动过程，以及文化自身内部的张力结构。

由于文化自身内涵的丰富性和活动方式的多样性，在对文化内涵的追问中，具体呈现出以下几种解读方式：作为具体的文化形式，即指"从艺术到绝大多数日常事件都包括在内"[①]；作为人类学意义的文化，代表了整个生活方式的总和[②]；作为思想理论或价值观念，是指"在一切文化现象中都体现出某种为人所承认的价值"[③]。从以上三种文化内涵的解读中，可以看到，文化既是一种整体性的存在，又是一种深入日常生活具体的存在。在 20 世纪初，有关文化的辩证法研究得到了丰富的发展，主要体现在：法兰克福学派的文化的审美辩证法、英国新左派的大众文化辩证法、东欧新马克思主义的具体辩证法，都不同程度地体现了文化的辩证意义和价值。霍加特将文化作为一种有意义的实践，以文化实践的视角，在特殊与一般、经验与理论之间不断徘徊，体现出文化内涵的辩证意义。他所关切的不是文化自身的演绎逻辑，而是通过深入分析文化的辩证内涵，关注人的发展、社会的发展。

霍加特对文化内涵的辩证法解读，既不同于法兰克福学派从文化审美的维度，以"否定的辩证法"[④]，对大众文化进行批判；也不同于东欧

---

①　Williams R.，*The Analysis of Culture*，John Storey（ed.）. Harlow：Pearson Education，1973，p. 37.

②　[英]爱德华·泰勒：《原始文化》，连树声译，桂林，广西师范大学出版社，2005。

③　[德]李凯尔特：《文化科学和自然科学》，涂纪亮译，21 页，北京，商务印书馆，1986。

④　[德]阿多诺：《否定的辩证法》，张峰译，1 页，重庆，重庆出版社，1993。

新马克思主义"确定性之反面"①的辩证法；同样，不等同于英国新左派自身内部"大众文化与政治的辩证法"②。霍加特以文化实践为基石、以从下往上看为研究视角，寻求文化生成的真正动力，体现出文化内涵的辩证意义，即探讨文化的普遍性与特殊性、彰显文化的主体性和文化自身的内部建构作用。

在文化的定义与构成中，主要存在两种分歧：孤立特指的文化和联系发展的文化。其中，孤立特指的文化代表着理想形态的文化。就英国来讲，文化一直以来被看作精英主义者的专属地，它保持着固定的句法模式、文体风格、价值判断和价值秩序。以阿诺德、利维斯为代表的精英主义者将文化视为形而上的、观念形态的产物。他们认为文化专指人的精神生活，而文明特指人的物质生活，并提出了少数人的文化与多数人的文明的观点。这种传统意义的文化加深了文化与文明之间的二元对立。并对后世文化研究产生了旷日持久的影响。然而，以霍加特为代表的第一代新左派对传统意义的文化产生了质疑，他们开始深入思考文化的概念、内涵与价值问题。他们试图从现实生活寻求对文化思索的答案。他们指明了文化研究的基本宗旨，即不是为了文化本身而研究文化，而是要关注文化的社会功能，将文化作为解决现实问题的有效途径。霍加特作为这场革新的关键人物，反对精英主义一味地固守传统文化观的殿堂，提出了文化实践的思想，使文化的内涵和意义发生了深刻

---

① 李宝文：《具体辩证法与现代性批判——科西克哲学思想研究》，41页，哈尔滨，黑龙江大学出版社，2011。

② 李凤丹：《大众文化与政治的辩证法——英国文化马克思主义的发展主线》，载《北方论丛》，2009(1)。

地变化。

霍加特可谓是对孤立文化批判的先驱者。在接受马克思主义理论在英国真正意义传播的洗礼之后，他对孤立、特指的文化观心存疑虑，文化是形而上的、唯一的？文化究竟如何生成？工人阶级没有文化吗？这些问题成为他文化思考的逻辑起点。他在英国具体的社会历史背景下，试图探讨文化与现实生活之间的辩证关系，以联系、发展的辩证思想来诠释文化。霍加特认为文化绝非主观臆想和抽象的精神活动，因为它存在于纷繁复杂、普遍联系的现实生活中。正如恩格斯所述："当我们深思熟虑地考察自然界或人类历史或我们自己的精神活动的时候，首先呈现在我们眼前的，是一幅由种种联系和相互作用无穷无尽地交织起来的画面。"[①]同样，霍加特认为世界是运动、变化和联系的，文化亦复如是。它不是静止、孤立的，而是来自真实的对象世界。他将文化与现实联系在一起，认为文化生成源于生活，并随着现实生活的发展而发展。相反，孤立文化的倡导者，例如利维斯、阿诺德等人企图维持他们在文化中的特权地位，以大写的、权威式的文化来掩盖现实生活的文化，漠视文化的复杂性和联系性。霍加特在对传统文化批判性的反思中，摒弃文化作为纯粹的、超越世俗的产物，辩证地处理社会存在与社会意识之间的关系，认为文化是在实践的基础之上将社会存在与社会意识相互统一。霍加特文化实践思想的辩证内涵具体表现为以下三个方面：

第一，文化的普遍性与特殊性。霍加特对文化内涵的理解包含着经验的直接性和文化规定性的一种张力结构。在这种文化内涵的解读中，

---

① 《马克思恩格斯选集》第 3 卷，359 页，北京，人民出版社，1995。

文化既代表了普遍意义的人的生活方式，又强调了文化自身内部规定性的发展，汇聚了文化普遍性与特殊性之间辩证统一的关系。

霍加特试图在英国具体的社会历史背景之下，探讨文化与现实生活之间的辩证关系，研究文化与文学、文化与社会之间的相互关系。在两卷本著作《对话》中，"关于社会"和"关于文学"体现文化向外的延伸和向内的挖掘。霍加特对《德伯家的苔丝》的分析，认为哈代将"他的注意力集中于细节"，提供了"生活的肌质感"①。霍加特试图将文化从主观臆想和抽象的精神活动，置于纷繁复杂、普遍联系的现实生活之中，显示出文化独特的社会功能。霍加特认为虽然文学采用丰富的修辞手法，但是它扮演和探讨了最贴近人类生活的本质。文化不能孤立的存在，存在于万事万物普遍联系的世界中。文化的普遍性并不代表泛文化，同一性的文化，而应力图展现文化的多样性、具体性。无论是精英式的文化，还是相对主义的文化，都遏制了文化多样性的发展，精英文化将文化固封于特定的范围，使得普通人民对文化望而生畏。同样，相对主义文化的商业化、同一化的模式看似为所有民众提供了一种文化平台，实际上，这种程式化、同一化的文化平台禁锢了普通人对文化的自主追求。

第二，彰显文化的主体性。霍加特以文化实践为基石，强调文化发展与文化主体能力之间的辩证关系。文化主体与文化实践之间构成双向互动过程，即在文化实践的过程中提升文化主体能力，与此同时，伴随文化主体能力的提升，反过来促进文化有效发展。

---

① Hoggart R., *Speaking to Each Other*：*Volume Two*：*About Literature*，London：Penguin Book，1973，p. 25.

　　文化体现了人们对客观世界的认识、思考和追求。在物质社会生产过程中，文化主体能动地创造属于自身的文化。霍加特以文化实践的视角分析文化的主体性，以生动、真实的生活实例再现工人阶级文化，使工人阶级切身感受到文化与现实生活的关联，自发地产生阶级认同、文化认同，注重共同经历和感受，获得文化归属感。霍加特试图构建一种共同认可、共同追求、共同享有的共同文化，从文化实践的意义建构文化共同体。所谓文化共同体绝非发展同一的或同质的文化，而是不同文化之间和谐共存的状态。文化的多样性、丰富性就在于不断打破现实世界的某种垄断，尊重文化的差异性，使人们在各自不同的文化生活中确定自我存在感和阶级意识。霍加特所建构的文化共同体不同于政治层面僵化的组织形式，也不同于市场经济下的交换形式，而是将文化从本质上看成是人的实践过程，探讨人的基本生存状态，以及人与世界、人与社会的基本关系。

　　第三，文化自身内部的张力结构。霍加特强调文化自身内部的发展和文化主体意识的真正解放。霍加特文化思想揭示了文化与实践的本真关系，文化不是形而上的产物，它来源于现实的生活，蕴含了人的实践活动的丰富性。在这样的文化理解中，普通人不再只是文化的接受者，而成为文化的创造者和参与者。霍加特试图寻求的文化救赎既不受精英文化威胁，也不受商业化大众文化支配，而是源于人民内部的文化实践。在霍加特看来，文化的生成不在于外部的教化或外部力量的强制，因为这些只能作为文化发展变化的条件。虽然现代性文化出现了严重的问题，但霍加特并没有完全陷入文化的悲观情绪之中。他试图解开文化困境的谜团，认为工人阶级文化具有一定的"恢复力"，应当从工人阶级内部解读文化，而这种内部就源于现实的生活。

霍加特对文化内涵的辩证法解读，不只在于满足对文化的解释和说明，而是立足于现存的世界，即人的实践活动，将"认识文化""实现文化""改变文化"相统一。从霍加特的文化思想来解读文化的辩证意义，是对特权文化的反驳，也是对现代性社会相对主义的反思。他想要实现的就是将不同文化主体的文化形式与文化之间存在的共识性联系在一起，使文化以一种辩证的姿态给不同文化主体提供一种文化多样的"共存性"。他的文化实践思想，一方面，体现了文化内容上的辩证关系，既非孤立大写文化的单一性，也非相对主义的均质性，而是强调文化之间的差异性，同时也注重文化的统一性；另一方面，体现了文化主体与文化客体的辩证法，将文化作为人的实践活动，不存在纯粹的文化，需要到人的文化实践中寻找文化的基石。

（四）目的旨归：文化革新对理想社会的建构

霍加特文化实践思想的目的旨归在于达致文化实践基础之上的文化批判与文化建构的融合。文化实践不是单纯意义上的文化批判，而是由文化批判所引发的文化政治学的批判，是以文化变革带动整个社会变革的批判，是始于文化实践的社会主义建构的批判。同时，基于文化实践的文化建构不是社会制度一时一刻的改变，而是深入微观文化主体思想意识变革的建构，触发整个社会思维方式、实践方式、运行方式变革的建构，始于自下而上、由内而外微观革命的建构。霍加特文化实践思想的目的旨归具有批判与建构的双重特征。

面对第二次世界大战之后英国福利国家政策与"福利制社会"相对稳

定的发展期时，霍加特并不满足英国现有的社会结构，也不赞成已有的现实的各种社会主义的社会形式和制度，而是倚重马克思主义基本立场，推动马克思主义理论的本土化。他分析了现代性社会潜在的巨大危机和与生俱来的内在悖论，以"文化转向"或所谓"文化中心"为契机，把对文化问题的关切作为指向现代性社会的利剑，力图实现由文化变革所引发的一种具有联动效应的社会变革，即文化主体意识的变革、文化实践方式的变革、社会管理方式和政治制度的变革，以及整个社会思维方式和运行机制的变革，使之最终达致由内而外的真正意义上的社会变革，从而建构理想社会主义社会。

霍加特提出了一种推陈出新的文化批判思想。他面对现代性所造就的社会，既不同于法兰克福学派那样，一味地将大众媒体看成是文化毒瘤，对现代性社会彻底拒绝，也没有如传统左派那样，留恋于昔日英国的大国地位而不能自拔，对第二次世界大战后资本主义社会的阶级和社会结构的迅速变化无所适从，而是从微观层面对现代性社会进行解读，并由此深入整体的现代性社会批判与建构之中。下面借助亚里士多德的"四因说"，即"质料因""动力因""形式因""目的因"，来分析霍加特文化实践思想的目的旨归，即文化变革引发具有联动效应的社会变革。呈现为如下四个方面：

第一，文化变革的"质料因"。微观文化主体和文化所指对象，即变革文化主体和文化对象的指向推动社会公平、正义的发展。霍加特认为，文化的不平等是权利、物质分配、社会等级、教育理念、法律法规、社会秩序等一系列不平等的综合再现。但与此同时，他又指出，文化的运行方式并不同于政治、法律、教育等自上而下的规则和秩序，因为文化无法脱离人的生活而存在，无法形而上的抽象存在。文化内在于每一位微观文化主体的现实生活。

霍加特以推陈出新的文化批判为着眼点，在扬弃利维斯主义的文本自律论的基础上，将利维斯的文学批评方法传授给工人阶级，致力于第二次世界大战后成人教育，推动工人阶级获得文化实践的力量。目的在于，一方面，通过提升工人阶级的自主实践能力，恢复工人阶级日渐淡漠的阶级意识，将他们从"无阶级"差别社会的误区中唤醒过来，使工人阶级成为变革社会的真正力量。另一方面，变革文化对象的所指，使文化从作为精英主义者一家独大的精英文化，迈向工人阶级可以与之分庭抗礼的文化共享舞台，使文化从大写、唯一、中心化、线性化的模式，转向小写、多样、非中心化、弥散化的轨迹发展。这样一来，使文化对象从形而上的抽象概念指向了现实的人的日常生活。文化主体和文化对象得到了深层意义的变革，得到双向整体式的发展和跨越。霍加特的日常文化批判促进了文化的公正发展，使文化真正成为"民有、民享的存在"[①]，推动了整个社会公平、正义的发展。

霍加特倡导的由文化实践所引发的文化变革，首先引发文化主体的变革，使得文化主体从文化精英者的专属指称转向普通人民在内的不同文化实践者的总称，将文化主体从商业文化营造的同质化的大众群体转向具有文化批判能力、自主实践能力的文化实践者。同时，霍加特发起的文化变革，又是一场文化对象所指的变革，将文化对象从抽象的审美文本走向日常生活文本，使文化从"彼岸世界"的文化带回到"此岸世界"

---

① 乔瑞金：《英国的新马克思主义》，28 页，北京，人民出版社，2013。

的文化，回归于生活世界的文化。霍加特的文化变革是一场具有深层意义的变革，是与每一位微观文化实践者息息相关的文化变革。

第二，文化变革的"动力因"。文化实践在于变革文化存在方式，以作为实践活动的文化观念，促进整个社会民主化进程。霍加特将文化实践作为变革社会的突破口，强化文化的实践意义，从而变革精英主义文化对整个英国文化的操纵。一直以来，权威知识的生产系统将文化鸽笼式地分布在既定范围之中，特定社会精英者的思维理念和实践方式成为文化唯一聚焦的对象，文化被精确化和权威化。这种大写的、单数的文化悍然位于普通大众文化生活之上，文化此时成为一种权力的象征。然而，实践维度的文化内涵，就使得文化被分解成一个个小写、具体、复数的文化，将文化的内涵延伸为普通人日常生活和生活经验的再现和表达，把文化看成不同文化主体的分类实践，在思维方式上根本性地改变了文化的界定和意义。

文化实践思想试图转变现代性的群体文化行为。按照资本逻辑发展的商业文化，利用同一化、线性化的手段，将普通人作为实现文化工业发展的重要消费对象，普通人成为被动的、无意识的文化群体，进行着无特质、无差别的文化行为。而文化实践关注文化主体的能动性，以提升普通人的实践能力为核心，保持文化发展的多样性，强调文化的特质和肌理。

文化实践思想冲破了精英主义者对文化狭隘、片面地强调，使文化从一种虚无的、唯心主义的存在迈向了现实的、唯物主义的存在。同时，这一思想改变了第二国际奉行的经济决定论，将文化从作为经济的附属物转向了文化的社会建构功能。文化不再是经济关系之下的衍生物，而是变革社会的关键力量。文化实践思想在于强调文化的物质属性和精神属性的并存关系，发挥文化主体的能动作用，使人与物、人与人之间单一的经济关系，转变成人与生活、人与文化、人与社会整体而多样性的文化关系。

文化实践的目的旨归在于改变人的生活，建构合理、有序、公平、正义的社会，共筑适合人类共同发展的理想社会主义社会。霍加特力图建构理想状态的社会主义社会，而这一过程就需要通过文化实践改变普通人的思想意识，提升普通文化实践者的实践能力，变革原有的思维方式，直至达致整个社会的变革，建立"公平可致的理想社会"[①]。

第三，文化变革的"形式因"。文化运行机制在于变革文化传播秩序，并使之成为社会积极发展的"活性剂"。霍加特借助文化主体实践方式的变革和思维方式的变革，推动整个社会由内而外深层意义的变革。在霍加特看来，资本主义发展至今，社会变革的关键问题已经不再是经济匮乏、物质短缺的问题，社会矛盾主要体现在权利与财富分配的集中化和特权化。他力图打破社会权利和财富的不平等，变革社会以资本逻辑为核心的旧秩序，建构适合人类社会发展的始于文化批判的社会新秩序。而这种新秩序在于，通过包括以微观文化实践者、普通人为主体的微观革命，强调人的精神世界与物质世界的双重变革，而不仅仅停留于机械般的社会机构或社会体制的改革，是一种自下而上的始于心灵的变革。

为此，霍加特为通达人类心灵的变革，开启了一条文化实践之路，

---

① 乔瑞金：《英国的新马克思主义》，33 页，北京，人民出版社，2013。

改变文化运行的旧秩序，建立文化运行的新秩序。而这条文化实践之路具体表现为以下三个层面：

层面一，强调文化生成与现实生活的结合。文化实践在于让普通人认识到自我文化存在的价值，珍视源于日常生活实践凝结而成文化的意义。文化实践使普通人拥有理想，因为理想是一个社会的精神支柱；同时，让普通人切实感受到社会主义的实践存在于现实的日常生活，文化实践可以让普通人从中汲取共筑理想社会的智慧和力量，使人们感受到现实的日常生活实践蕴含着建构理想社会的信念。

层面二，将科学的文本阅读方法传授给普通文化实践者。霍加特为普通人提供了具体的文本阅读方法，为普通人提升文化能力提供了有效的途径，而这种文本阅读的方法不仅适用于传统意义的文学文本，还包含了电影、电视、广播等各种形式的文化文本，同时，还指向了意义深远的生活文本，是霍加特所称的成熟文化实践。

层面三，建构健康、良好的媒体新秩序。霍加特面对文化技术化的迅速发展，在认识到技术力量给文化带来负面效应的同时，他深感技术本身无对错之别，问题的核心在于如何正确发挥技术的力量，如何建构健康、良好的媒体秩序，从而推动文化合理地发展，让技术成为社会发展的积极因素，使技术的发展真正成为人类福祉。为此，他撰写了大量的有关建设健康、有序的大众媒体的报告。霍加特对大众媒体持有一种批判基础上的建构态度，挖掘大众媒体具有的潜在能量和抵抗性因素，强调建构健康、合理大众媒体的新文化秩序，突出文化主体的实践性和自主性。

第四，文化变革的"目的因"。社会主义主体的全面发展在于，变革文化价值观有效提升社会主义主体能力，共筑社会共同体。对社会主义的国家制度来讲，霍加特不满现实已有的各种社会主义制度，例如，20世纪50—60年代各种社会主义制度，包括苏联社会主义形式、欧洲大陆的社会主义形式、以伯恩施坦为首的第二国际议会道路，以及德国民主社会主义党，同时，他也不是要走向后现代，建立所谓后现代的国家或者社会，而是要建立属于英国新左派自己的社会主义社会形式，而这种社会主义是以马克思科学的社会主义思想为基础，结合英国的实际，寻求能够超越现实的现代性或替代现代性的一种精神、一种制度、一种思想理念。

霍加特以文化实践为立足点，力图实现文化实践的目的旨归，即由文化实践引发整个社会的变革。他强调文化主体的文化实践活动，发挥文化主体的自主性和创造性，将提高微观文化主体的实践能力为己任，从而改变现代社会的行动方式和思维方式，激发文化主体思想意识的转变，引发真正意义上文化变革的联动效应，最终达致现代社会制度、人实践方式、人思维方式的变革，建立一个开放的、动态的、自主的、共同参与的、价值体系不断丰富的"自由人的联合体"，共筑维护人类共同命运的社会共同体。

尽管文化被认为是世界上最难定义和诠释的概念之一，但是一直以来，学者们都在乐此不疲地探讨"文化究竟是什么？""文化的主体是谁？""文化的价值和意义又在何方？"等一系列文化问题。尤其是今天，当我们面对以市场为导向"相对主义"文化的盛行和大量良莠不齐文化的涌现时，如何看待文化的新变化，如何在当代现实的语境下来解读文化似乎成为我们亟须解决的问题。霍加特的文化实践思想对以上问题给予了全新认识和理解，并为我们提供了一种新的思考方式。

在此所要研究的主要内容是对霍加特文化实践内在总体纲要进行分析。其一，分析了霍加特文化实践思想的起因。霍加特依据第二次世界大战之后英国具体的社会发展现状，分析了现代性社会潜在的巨大危机和现代性与生俱来的内在悖论，提出了一种推陈出新的文化批判思想。这种推陈出新的文化批判思想针对现代性所造就的两种文化场——精英主义文化秩序、相对主义文化秩序——进行了深刻地批判，在此基础上，提出了以文化内涵的日常生活化为基础，强调文化的实践意义为核心的文化批判。其二，着重分析了霍加特文化实践的形成路径。他在对现代性的文化悖论进行文化批判的过程中，以文化实践思想阐释文化的内涵和意义。霍加特文化实践思想包含了对文化概念两条线索的探讨和对文化内涵双重视角的解读，实现了文化解释世界和改变世界的内在统一。其三，系统分析了霍加特文化实践思想的理论内核，主要表现为：以人生生不息的文化实践活动为核心理念；在对两种文化观批判的基础上，以文化主体、文化客体、文化实践方式的紧密关联达致整体性的文化生成为内在机制；以唯物辩证法为核心的基本特征；以消除异化、变革社会为目的的旨归。

总而言之，本章集中阐释霍加特文化实践思想的内涵、价值和意义，以及解释后设章节四种理解模式的缘由。为进一步深化对霍加特文化实践思想的外延研究，后设章节分别从文化实践的主体维度、文化实践的客体维度、文化实践的社会关联，以及文化实践思想的话语特征，探讨由文化实践所引发的文化变革，达致整个社会变革的意义和深远影响。

第三章 | 文化实践的主体维度

　　文化实践的主体维度是霍加特探寻文化实践内涵的重要构成，是实现文化实践目的指向的出发点，也是由文化变革引发整个社会变革的文化实践的关键因素与核心所在。霍加特探究文化实践的主体维度，以工人阶级阶级意识的流失为问题指向，以变革文化主体的所指为发端，将提升普通人的文化素养作为着眼点。通过微观文化主体的文化实践，变革文化内涵使之成为人生存本性和精神本性的凝结，变革实践方式使之成为普通人把握自己命运能力的实践活动，变革思维方式使之成为所有降生世间的人享受同等权利为基本前提的思考，变革社会运行机制使之成为以适合人类共同发展为目标的理想社会的建构。所有的变革都是以人的现实问题为起点，以人的实践活动为依据，以人的自由全面的发展为目的的变革。

一、文化实践的主体内涵

由于文化内涵的不同解读，致使文化主体的指向大相径庭。霍加特在对文化主体附属地位的批判中，通过深化文化的实践内涵，使文化群体向文化实践主体进行转变，由此确立了文化实践的主体指向，即指现实生活中的普通文化实践者。

(一)文化主体地位的确立

在第二国际的影响下，马克思的思想被片面地归结为经济基础与上层建筑之间简单决定论的关系。同样在此影响下，英国执行了共产国际奉行的"阶级对抗"的路线，结果造成对自身发展的严重伤害。受到经济决定论的影响，文化被狭隘的理解成为经济关系之下附属的存在物，文化与现实生活相分离，完全成为一种精神生产，忽略了文化在社会运行中的功能和作用，从而导致人与物的关系的片面强调，漠视了人的主体能动性，使人成为简单的物化主体。

英国新马克思主义关注包括文化在内的多元社会的发展。霍加特、威廉斯等强调文化的社会功能，从单一的武装暴力革命转向总体性革命。在面对 20 世纪现代性社会诸多问题时，他们力图从深入生活的方法，找到一条真正理论联系实际的新途径。他们敏锐地洞察到，20 世纪社会问题的核心不再是单一的社会经济生产的问题，而是普遍的文化问题。因此，他们对现存社会展开了全面的文化批判，从文化的层面进行了大众文化批判、意识形态批判、现代性社会批判等多维度的文化批判。他们不再像正统马克思主义者仅关注国家政治权力的运作，而是以人的生存和社会的发展为出发点和落脚点，思考文化的内涵和外延，思考经济、政治、文化之间的相互关系。

霍加特强调文化的实践过程，反对机械的经济决定论。他并不否认历史过程存在着决定性的因素和基本的发展规律，但是需要辩证地看待经济基础和上层建筑之间的关系问题，需要冲破这种单一的决定关系。他认为文化与经济之间存在更为复杂的相互关系，文化不是单一的被决定的力量，而是人们在文化实践的过程中，将社会存在与社会意识相互统一的过程。

诚如霍加特所述，"对文化研究来说，选取了非常平凡的工人阶级群体，通过描述他们的居住环境和人生态度，尝试再现他们的生活氛围和品质"[①]，他视角下的文化概念不是单纯独立于人类生活活动之外的模型，而是在人类不断地实践活动过程中所积淀下来的稳定的生活方式。霍加特以工人阶级的文化生活为例，指明文化即代表了不同群体、不同时代、不同地域中人的实践模式，它内化于人的生活，并自发地表现出某一群体的文化特质和文化精神。以霍加特为代表的第一代新左派"颠覆了教条主义马克思主义的经济还原论幻想，证明现实的社会是实践基础上生产与再生产出来的文化整体，无法截然分割为所谓的经济基

[①] Hoggart R. , *The Uses of Literacy: Aspects of Working-class Life*, London: Chatto & Windus, 1967, p. 19.

础与上层建筑，并开辟了文化研究的社会主义左派新方向"①。虽然不可否认经济基础对文化的决定作用，但是人的存在不仅在于发现规律，还在于能动的创造，而文化实践就为人能动的选择和创造留下了余地。

实际上，在霍加特看来，文化和实践是同一个过程。霍加特不是将文化与实践看成两个相分离的过程，也不是把文化生成中的某一个理论拿到实践过程中去验证。他以人的实践活动为轴心定义文化。文化主体和文化客体都不再是既定的对象或某种关系的附属物，应发挥文化实践的创造本质。人不只是劳动生产的主体，以及文化生成的旁观者和追随者，而且还是文化生成的主体。只有成为文化创造的主体，才能真正成为历史的主体。唯有这样，每个人才会真正担负起文化的使命和责任，才不会把文化的问题推给特定必然性的规律，推给文化的制定者。霍加特强调 20 世纪人类面临的社会矛盾突出地表现在文化层面，揭示了现代性社会从文化层面对人全面的统治。因此当面对文化出现的新境遇时，如果还将社会进程停留在"经济—上层建筑"的模式中，忽略文化在内的总体性的社会问题，就会导致对人的现存状况和社会现实问题认识的偏离。

(二)工人阶级作为文化实践的主体

英国新马克思主义将阶级问题作为理论研究的重要主题，以历史、文化、意识形态的视角展开对阶级问题的考察，体现出与传统马克思主义仅从经济和政治层面对阶级问题分析的不同。霍加特从文化的维度，展开对工人阶级的探讨。首先，他面临着两个挑战，即工人阶级有没有

---

① 张一兵：《当代国外马克思主义哲学思潮》，420 页，南京，江苏人民出版社，2011。

文化和如何诠释工人阶级的文化。霍加特从文化实践的视角，展开对工人阶级文化的思考，不仅有力地论证了工人阶级文化的价值与意义，而且阐释了工人阶级作为文化实践主体的意义，实现对工人阶级文化的重释。

在对"阶级"问题探讨时，英国新左派坚持马克思阶级理论的基本立场，关注新时期"阶级"问题的新变化，探究现实社会生活"阶级"问题的核心矛盾。英国新左派表现出与第二国际对此问题的不同认识，突出表现在从阶级与经济、阶级与政治斗争单向度的思考，转向阶级与文化、阶级与意识形态、阶级与社会关系多维度的研究。第二次世界大战后英国社会反映出更为复杂的社会变化，出现"无阶级的神话"，资本主义社会出现了新的情况和新的形式。这种新形式具体表现在大众媒体、公共教育和消费主义对阶级意识的影响作用。这样一来，英国新左派结合第二次世界大战后工人阶级社会生活的新变化，发觉"无阶级"社会的幻象是造成工人阶级阶级意识淡漠最为重要的原因。

对英国新左派而言，阶级问题不仅是经济关系之下阶级之间的矛盾冲突问题，而且是关涉整体社会生活与阶级之间的关系问题。因此，英国新左派以"文化主义的整体化"建构新的政治观点为着眼点，从文化的角度探究阶级的问题。《识字的用途》针对第二次世界大战后英国"无阶级"社会的现象，探究了工人阶级文化在商业文化的影响之下的变化，揭示现代性社会"阶级"问题的核心不再是单一层面的经济斗争的问题。《文化与社会》也在探讨工人阶级的文化与工人阶级的态度问题。同样，霍尔在 1958 年《大学与左派评论》上发表的《无阶级感》，围绕着传统阶级感的断裂，揭示了经济关系之下的阶级地位与阶级意识之间的关系，强调阶级意识的重要性。另外，汤普林在《英国工人阶级的形成》中深度研究了阶级产生的问题，并指出"阶级是一种文化的和社会的形成"①。可见，英国新左派对阶级的讨论不同于第二国际思考，对阶级与政治的关系朝向了微观化和多维度的思考与探寻中，建立了有关阶级与文化的一种微观政治思想。

另外，在回顾英国新马克思主义对马克思主义阶级和阶级斗争理论的发展历程时，虽然其内部存在很大的纷争，呈现出不同的发展轨迹，主要体现为两种观点：第一代新左派霍加特、威廉斯、汤普森分别从现实生活、生活方式、历史经验中恢复工人阶级的主体地位，并认为工人阶级自身存在改变现实世界的力量；第二代英国新左派结构主义的代表安德森、霍尔持有不同看法，他们认为英国工人阶级先天无力，缺乏革命意识，必须引入欧洲式的革命来发动社会革命。总体上，两种观点都趋向于对阶级与阶级意识的关注，体现出微观政治学的特点。

在探讨阶级的问题时，霍加特注重从文化实践对"工人阶级"形成的探讨，从文化与社会层面思考阶级的形成，关注阶级经历形成的阶级意识。在霍加特看来，工人阶级的形成跟工人阶级日常生活水乳交融，在关涉工人阶级的问题时离不开工人阶级现实生活。在阶级经历与阶级意识关系的分析中，汤普森曾对此进行过区分，"阶级经历主要由生产关系所决定，人们在出生时就进入某种生产关系，或在以后

---

① Thompson E. P., *The Poverty of Theory and Other Eassys*，London：Merlin Press，1978，p. 295.

被迫进入。阶级觉悟是把阶级经历用文化的方式加以处理，它体现在传统习惯、价值体系、思想观念和组织形式中"①。霍加特虽然没有像汤普森那样，对阶级经历与阶级意识关系加以区分，但更加关注在现实生活中，通过共同的阶级经历或阶级经验，而结成的阶级感受和阶级意识。

在对工人阶级阶级意识形成的探讨中，霍加特着眼于现实的日常生活，以现实工人阶级的生存环境和物质条件为基础，从工人阶级生活的内部出发，将日常生活文本作为工人阶级阶级意识的重要来源。霍加特认为在日常生活中，具体的日常空间环境和日常文化语境使得工人阶级感受到了"我们"与"他们"的不同，在"我们"世界的确认中，工人阶级阶级感得以形成。正如汤普森所述，"一批人从共同的经历中得出结论，感到并明确说出他们之间有共同利益，他们的利益与他人不同时，阶级就产生了"②。同样，霍加特特别关注工人阶级在共同经历以及现实的文化实践中，获得的阶级内部的认同感和阶级之间的差别感，力图揭示"无阶级社会"对工人阶级所产生的幻象，揭露同质化的商业文化对工人阶级阶级意识淡漠的危害。

需要指出的是，霍加特对工人阶级形成的探讨，源于对第二次世界大战之后工人阶级阶级意识淡漠的思考。如何恢复"失去行动张力"工人阶级阶级意识成为摆在霍加特面前首要解决的问题。霍加特结合现实发展的具体语境，将目光聚焦于文化，认为文化是变革工人阶级阶级意识

---

① ［英］E. P. 汤普森：《英国工人阶级的形成》，钱乘旦等译，2 页，南京，译林出版社，2001。

② 同上书，1—2 页。

问题的关键因素。英国新左派思想家反对"经济基础—上层建筑"的二元模式，将社会发展看成是一个有机整体。在"社会存在—社会意识"关系中，汤普森强调两者的"辩证互动关系"①，加入"经验"的作用，使得社会存在与社会意识之间产生互动关系。对于霍加特而言，强调"文化实践"对搭建"社会存在—社会意识"的桥梁作用，主张文化对象和文化主体之间"实践"作用的内在关联，使得文化主体意识与文化生产深度融合，以文化实践为轴心促进社会整体协调运行。

霍加特坚持自下而上的批判维度，把社会变革的主要推动力放在工人阶级的身上。霍加特以个人经验为基础，对战前工人阶级童年生活的详细描述，以及第二次世界大战后文化变迁的分析，采用生活写作的方式对工人阶级进行解读。这一过程不是简单地对工人阶级文化得出某个具体的结论，而是将工人阶级作为整体和动态的存在。霍加特认为工人阶级的形成是一个文化与物质结构相互作用的过程，从文化生活"内部"的阶级分析并不局限于某一特定的结构之中。文化维度的阶级分析并不排斥经济因素对工人阶级的形成作用，但也并不把它作为唯一的标准。

另外，在对工人阶级概念进行梳理时，"愤怒的奖学金男孩"是其中不可忽视的问题，是工人阶级社会历史变化的积极而巨大的力量。20世纪 50 年代文化与政治的关系越发引人关注，在某种程度上，文化正在挑战原有社会结构，改变着阶级构成。"真正'阶级内部的运动'源自

---

① Thompson E. P., "The Peculiarities of the English," in *The Socialist Register*, 1965, 2, p. 351.

于受教育的机会"①，奖学制度设立使得很多工人阶级有机会感受到其他阶级不同的生活经历。威廉斯认为，公共教育开创了"一个新的和不断扩张的阶级"②。此时，最为显著的例子就是"愤怒的年轻人""奖学金男孩"的出现，他们从小成长于严格的英国阶级体制之下，但是通过学校教育之后产生了一种文化上的错位感和混沌感，开始对原有社会结构、阶级构成表示不满。

"愤怒奖学金男孩"的出现成为第二次世界大战后英国社会特有的社会现象，同样也是多数新左派学者的成长经历，他们共同发起了对精英主义文化权威的挑战。"奖学金男孩"的问题成为探究文化与阶级、文化与政治关系的一个切入口，从另一个侧面反映出经济问题已不仅是阶级问题唯一的聚焦点，阶级的特征更为重要还来自阶级的态度和意识。而"奖学金男孩"的出现有力地证明了，即便良好教育可以让他们的物质生活有很大的改观，但是由于阶级认同性，他们不自觉地对现有经历与来自工人阶级的背景进行对比，产生一种叠加效应的强烈冲击。他们不但不会沦为精英主义的随从，反而会更加深刻地意识到精英主义文化是维护阶级等级的有力工具。

这些"奖学金男孩"从个体的生命力和普通人的真实生活，寻求文化的真谛和阶级存在感，使文化成为社会变革的推动器。像霍加特、威廉斯一样的"奖学金男孩"都在试图恢复他们成长于其中的工人阶级的具体生活和历史语境，强调形成于工人阶级内部生活的文化。实际上，这些"奖学金

---

① Chun L.，*The British New Left*，Edinburgh University Press，1993，p. 44.

② Williams R.，*The Long Revolution*，London：Pelican Books，1961，pp. 148-149.

男孩"所探寻的文化之路，正是对他们亲身文化实践过程的真实反思。"奖学金男孩"的经历是文化实践的现实例证。同样，英国新左派正是在经验式的论述中，形成了自身独具特色的阶级理论。

更为重要的是，霍加特认为，当第二次世界大战后英国工人阶级的现实生活有所改善时，关于社会阶级的问题出现了新变化，尤其表现为工人阶级阶级意识的淡漠。为此，霍加特分析了"无阶级社会"的现象，从现实的工人阶级的实际生活入手，试图破解"无阶级社会"的假象。

在谈到何谓工人阶级时，霍加特从"无阶级社会"展开对这个问题的回答，他写道：

> 人们常说，目前在英格兰没有工人阶级，一个"不流血的革命"正在发生，它正在减少社会的差异，我们大多数人居住在非常平坦的平原，较低的中产阶级成为中产阶级。在一定的语境下，可以看到这一陈述的真实性。我并不想低估最近社会的变化和这种变化的程度。但是，我们需要重新审视这种变化，因为它特别影响了工人阶级。我们只需再次阅读来自世纪之交的社会调查或小说。在一定程度，我们可以感受到工人阶级在很多情况下，获得了比以往更多的权利和财产，更重要的是他们不再觉得自己是"低等秩序"中的一员，而觉得他们属于其他阶级。每一个人都认为自己处在高于"低等秩序"的秩序中，每一个人在这种世界判断的方式中充满着优越感。①

---

① Hoggart R., *The Uses of Literacy：Aspects of Working-class Life*，London：Chatto & Windus，1967，p. 1.

　　首先应当表明的是，霍加特对当时工人阶级物质生活的改善并无质疑。正如弗兰西斯·马尔赫恩在《一种福利文化？——50 年代的霍加特与威廉斯》中所写的那样，20 世纪 50 年代早期资本主义已经结束，新型工业组织形式的出现、信息技术的变革、消费文化的兴起促使阶级文化随之衰退，"'无阶级'是对这一过程的深度描述"①。但是，是否工人阶级的社会地位发生了真正意义上的改变，是否人们已经普遍生活在一个其乐融融的"无阶级社会"？显然，霍加特给予的答案是否定的。在他看来，这种"无阶级社会"的幻象对工人阶级有着巨大的危害，不但不会有助于工人阶级自我意识的提高，而且会促使工人阶级阶级意识的逐步丧失。

　　霍加特从文化实践的角度，诠释了真实的工人阶级生活，认为"对'工人阶级'做出更加具体的定义是非常必要的"②。他首先分析了目前几种对工人阶级误读的现象：

　　第一种，浪漫主义作家造成的误读。在霍加特看来，浪漫主义者极力打造工人阶级田园诗化的文化样态，对后工业化时代的工人阶级文化完全持否定态度，过于强调"外部力量"对工人阶级文化的负面影响，造成了文化的悲观主义。他指出，"尽管对工人阶级现代性病症的分析，很重要的一部分来自社会外部分析，但是对工人阶级文化诊断不能完全依靠外部的分析，因为工人阶级文化始终保留着自身价值的东西，并存

---

　　① 弗兰西斯·马尔赫恩：《一种福利文化？——50 年代的霍加特与威廉斯》，黄华军译，载《马克思主义美学研究》，2002(1)。

　　② Hoggart R.，*The Uses of Literacy：Aspects of Working-class Life*，London：Chatto & Windus，1967，p. 1.

在一定抵抗外部干扰的力量"①。霍加特认为，浪漫主义对工人阶级的分析缺乏对其自主性的认识。他倡导将工人阶级文化看成是一种自主实践的活动过程，主张从内部寻求自我反抗和自我觉醒的力量。

第二种，历史学者的误读。霍加特认为，历史学者对工人阶级的描述通常是一种引人入胜的非客观陈述，因为他们只是片面选取工人阶级的运动史，这样一来，这种历史的呈现方式往往会遮蔽大多数工人阶级日常生活的本真样态。在霍加特看来，"这些历史学者高估了工人阶级的政治活动。他们缺乏对工人阶级草根情结的认知"②。在霍加特眼中，这些缺乏基层生活经历的历史学者，并没有真正体验过工人阶级生活，难以体会工人阶级具体的生活状况和真正的所思所想。

第三种，社会调查式的误读。在社会学家对工人阶级的描述中，确实涉及工人阶级的生活特点，但是总会使人们"产生一种外来者审视的沮丧感"，因为，"他们提供给我们的是一种社会学式方法，以各种统计数据累加在一起的工人阶级形象"③。霍加特认为，数据统计学的方式给人一种含糊不清的印象，虽然这种方法抛开外部作用的影响，深入工人阶级的生活，但是这种方法体现的是一致性的工人阶级形象，并没有深度挖掘工人阶级具体的风俗礼仪、语言习惯真正代表意义，呈现的仅是一种数量关系。

无论是精英主义者对工人阶级文化的歧视，还是浪漫主义者对工人阶级文化空洞的美化；无论是历史学家过于强调工人阶级的政治诉求，

---

① Hoggart R. , *The Uses of Literacy: Aspects of Working-class Life*, London: Chatto & Windus, 1967, pp. 1-2.

② Ibid. , p. 3.

③ Ibid. , p. 4.

还是社会学家对工人阶级计量方式的统计学研究，都不足以深入工人阶级的生活和工人阶级内在于生活的文化。霍加特进一步做出分析，"确定谁是'工人阶级'作为《识字的用途》开篇首要调查的问题是因为，有关工人阶级的出版物远远超出了我对工人阶级亲密的认识；事实上，到目前为止，这些出版物趋向于'无阶级的'读物，存在于整个社会之中，并影响着所有的阶级"①。由此看出，在现代社会中，文化整体处在大众读物、大众媒体的包围中，这些方式精心营造着社会的"无差别"感。霍加特之所以选择工人阶级作为研究对象还有另外一个原因，就是因为"大众"一词在受到大众读物的影响之下变的含糊不清。他认为，必须要找到一个焦点，即工人阶级，目的是用"工人阶级"来区分与商业化之下的"大众"和"普通人"的不同，将"工人阶级"作为广大无产阶级的先锋力量。霍加特反对大众出版物对无阶级社会的迎合，通过对工人阶级生活态度的分析，力图唤醒工人阶级共同的生活品质和精神追求。

那么，究竟工人阶级是怎样的？霍加特通过对上述三种误读的分析，从文化视角为我们勾勒他亲身经历的工人阶级生活样态。他围绕工人阶级"家""炉火""'他们'与'我们'""人民'真实'世界"的通俗读物、"民谣"等主题，具体再现日常生活中的工人阶级，在现实的生活中显现工人阶级文化的特质。这种文化视角的工人阶级呈现方式，改变了传统阶级分析的宏大的和固定化的研究模式与路径，变革了传统理论对工人阶级的界定，展开了文化视域下阶级分析的新图景。同时，这种呈现方式又是一种双向互动

---

① Hoggart R.，*The Uses of Literacy：Aspects of Working-class Life*，London：Chatto & Windus，1967，p. 5.

式的过程，这为文化研究带来了新的契机，以关注日常生活的文化思考打开了文化研究的新视野。在更加资本逻辑化的文化秩序中，文化呈现市场化的排序、技术化的生产、新媒体的传播、大众化的消费，文化主体必然经历着新身份的考验。此时，工人阶级是否等同于大众？大众文化指代的究竟谁？难道工人阶级被大众群体吞噬了吗？

霍加特采用历史和社会科学的方法，对"大众"这一含糊其词的说法进行了分析。他认为"大众"一词泛泛而谈地定位人的归属，将工人阶级归为芸芸众生的一部分，从而否认不同主体间的文化多样性和丰富性。在这一看似没有明显政治压迫的大众文化中，工人阶级文化正在消失殆尽，工人阶级的主体意识也随之钝化。为此，霍加特试图以个人经验为基础探讨具体工人阶级的文化生活，通过这样的方式真实再现工人阶级的存在状况。霍加特以及同时代的威廉斯、汤普森都以各自工人阶级背景为例，揭露了学术话语对工人阶级分析的局限性和片面性。

霍加特从内部分析，即以"独特的生活方式"作为分析工人阶级的重要来源，反击对工人阶级普遍化、一般化的认识。他坚持工人阶级文化的复杂性和多样性，强调文化实践对工人阶级主体意识塑造的重要意义，并以自身经历、理论研究、实践论证证实了"工人阶级文化是未来英国社会最佳的基础"[1]。因此，"文化研究将工人阶级作为主要的研究对象，展示了工人阶级文化的独特品质，并得到广大社会的认同"[2]。

---

[1] Hoggart R. , *First and Last Things*, New Brunswick: Transaction Books, 2002, p. 119.

[2] Farred G. Cool L. , "The Organic Links Between Cultural Studies and Scrutiny," in *American Journal of Histories and Theories*, Vol. 17, No. 2, 1996, p. 10.

这样一来，为文化多元化的发展奠定了基础。霍加特以不落窠臼的思想表达出真实的工人阶级生活状态，化寻常为卓越，体现出工人阶级特有的文化品质。他力图对这个束缚人的社会进行解放，彻底将日常文化生活注入解放人类社会的愿景中。

（三）实现群体文化行为向主体文化实践的转变

霍加特试图转变现代性的行动方式，从群体文化行为到主体文化实践。现代性的文化特征突出地表现为一种文字经济的运行方式，以文化价值全然等同于交换价值为依托，不断借助"同一化、同质化"的手段进入普通民众的文化系统，将普通人变成文化的他者。现代性的行动方式以群体文化行为为特征，文化主体失去了自主性和创造性。文化经济对文化主体，特别是底层文化实践者有着文化颠覆的倾向。霍加特试图转变现代性的群体文化行为，恢复文化主体的文化实践性。

现代性的群体文化行为主要表现为：精英主义的文化强权行为和商业文化同质化的行为。霍加特针对现代性群体文化行为探寻解决途径。霍加特对精英主义的文化观持一种辩证的态度，首先否定了精英主义的文化"不宽容"，立足于文化实践，为工人阶级文化进行辩护，使文化版图标注了工人阶级应有的位置。另外，霍加特用"扬弃"的方式，批判性地继承了利维斯"文本细读"，并提出了"品质阅读"和"价值阅读"的有效阅读方法，为工人阶级文化植入关键的文学批评方法。就商业文化而言，霍加特将此类文化统称为"加工文化"，这类文化"从来没有构想个体，只有群体、典型观众和身份团体"①。他认为文化商业化的发展必然导致相对主义的暴政，相对主义的文化特点表现在：数量化、无休止的变化、同质化、意指性，为挑战人类无限的欲望，商业文化不惜余力地追求抹去一切价值观的现代性生活。正如霍尔所述，"现代性理念最核心的就是坚信每样事物都注定会被加速、被溶解、被取代、被转化、被转型"②。霍加特分析了现代性所造就的两种文化场之后，迫切要求"识字的民主"。

在对文化作为实践维度的阐释中，霍加特强调了广义的、整体意义的文化，将文化作为一个社会的整体生活方式，是在各种艺术形式中表现出来的社会信仰、态度和倾向。广义上的文化内涵，包含了文化内在于生活的品质，以及生活文化化的建构过程。在此，文化松散地记录了一个时代、一个民族、一个阶级和一个地区的方言、习俗、信仰、生活风格、集体记忆的集合。

同时，霍加特也强调了文化"生活特质"所蕴含的"特质"层面的意义，文化既可作为普遍意义的存在，也可作为一种特殊性、差异性的概念。文化代表着对某一"生活特质"参与，暗含着与其他"生活特质"的不同。在霍加特对工人阶级的文化特质或"生活特质"的分析中，就曾写道："绝大多数工人都对群氓文化'避而远之'；他们生活在别处，凭直觉行事；他们有自己的习俗，十分依赖口头文化的传统；他们的主要文

---

① Hoggart R. , *Speaking to Each Other*：*Volume Two*：*About Literature*，London：Penguin Book，1973，p. 130.

② ［德］哈贝马斯：《文化现代性精粹读本》，周宪译，43页，北京，中国人民大学出版社，2006。

化形式是神话、谚语和仪式。"①从另一个侧面可以看出，文化代表了一种特殊性，而这种特殊性的存在、一种文化特有的标识来源于不同实践者具体的文化活动。正如鲍曼在《作为实践的文化》一书中写道："对于文化现象的每一种分析似乎都必须考虑所有经验上的特殊实践这个普遍的前提。"②霍加特关注文化主体的文化实践，认为文化实践"寻求一种新的整体性，追踪蕴藏在似乎未充分发展（刚刚出现）生活细节的模式或运动"③。他把文化作为"解释世界"与"改变世界"的有机体，使文化朝向多样性与理性化并存的有机方向发展，而这种有机体的生成得益于文化实践的顺利开展，并成为构建合理文化结构和社会发展的有效途径。

在此问题上，威廉斯也探究了整体性与实践的问题。但是，威廉斯侧重于研究整体性与实践的可变距离。在他看来，实践的可变距离是由特定的社会关系决定和支配的，在现代社会中，这种社会关系更多地表现为经济关系，即资本主义的生产关系。威廉斯进一步指明，在资本主义生产的逻辑中，资本辐射的有效距离和辐射程度是不同的，这就意味着，实践所具有的决定性、自主性、特殊性会有很大的差异。"文化实践距离中心经济关系越近，后者将越多地直接决定它。文化实践离核心

---

① Hoggart R., *The Uses of Literacy: Aspects of Working-class Life*, London: Chatto & Windus, 1967, p. 33.

② ［英］齐格蒙德·鲍曼：《作为实践的文化》，郑莉译，219 页，北京，北京大学出版社，2009。

③ Hoggart R., *Speaking to Each Other: Volume Two: About Literature*, London: Penguin Book, 1973, p. 21.

资本主义生产过程越远，就越能够自动运作。"①威廉斯在探讨实践的可变距离时，关注到了资本主义生产关系对文化主体自主实践的控制力，预设着这样一种可能性，文化实践得以有效施展，或者达到文化实践的最大距离，在于尽可能摆脱文化工业化、文化产业化、文化商品化发展序列所设置的文化活动。在威廉斯看来，日常生活凝结而成的文化活动，远远比消费大规模生产的文化产品更具有自主性和实践性。可以看出，霍加特与威廉斯在对待日常生活凝结而成的文化活动时具有一致的看法，都将日常生活文化作为体现和实现微观文化主体自主性和实践性最有效的文化。

但是，对于霍加特而言，他更加关注文化实践所追求的"一种新的整体性"。现代社会的实践方式表现对精确定义的追求，在这种追求中，多样性的存在必然遭到遏制。正如鲍曼所指，现代性意指一种实践过程，"为根除矛盾性而做的努力"，"是一种精确界定"和"征服"②。在现代性所造就的两种文化场中，无论精英主义的文化，还是商业化所营造的文化目的都在于扼杀文化多样性和多元化的发展，在于"征服""精确界定""秩序化"文化的边界。而霍加特所推行的文化实践，强调自主实践对这种"精确"作用力的反作用，对于文化"征服"和权威认证的不妥协，为推行文化民主和社会公平公正的运行而做出巨大贡献。文化实践在为多数人赢得文化权利的同时，通过实践的力量，使文化实践者自

---

① ［英］克里斯·巴克：《文化研究：理论与实践》，孔敏译，57 页，北京，北京大学出版社，2013。

② ［德］哈贝马斯：《文化现代性精粹读本》，周宪译，101 页，北京，中国人民大学出版社，2006。

主、自省地反思和甄别形式迥异的文化，形成文化价值判断的有效途径。文化实践代表文化共同体的栖息地，是多样性文化发展得到保障的动力源泉，同样，文化实践思想也是文化价值判断和文化秩序合理建构的内在机制，而非外力或某一特定秩序的强加，为书写多样化与理性化并存的现代性篇章提供了一种双向建构的思路。

总体而言，霍加特不仅将文化作为解读现代社会的突破口，而且试图转变现代性的行动方式，实现群体文化行为向主体文化实践的转变。

(四)人民是文化的创造者

霍加特对唯物史观持有坚定的信念，并从其基本理论出发来研究和理解文化，他一方面批判了以利维斯为代表的文化精英主义的主体思想，另一方面也批判了以阿尔都塞等为代表的文化无主体理论，倡导文化是人的基本实践活动，是生成的过程，而文化创造的主体是人民。

霍加特、阿尔都塞都认识到了文化与个人生活经验的密切相关性，而两者却有截然不同之处。阿尔都塞在《一封论艺术的信——答安德烈·达斯普尔》中，显示文化对个体经验的关注，对"主宰个人和社会群体思想的观念和表征系统"[①]颇具洞见性，突出文化与意识形态的复杂关系。然而，阿尔都塞所建立的文化与意识形态的关联具有形而上的抽象外观。他认为，"主体范畴构成一切意识形态，但同时……只有当一

---

① Althusser L.，"Ideology and the Ideological State Apparatuses," in *On Lenin and Philosophy and Other Eassys*，London：New Left Books，1971，p.149.

切意识形态具有把具体的个人'构成'主体的这一作用(作用规定了意识形态)限定在这个范围内，主体范畴才构成一切意识形态"①。"主体范畴"意味着"具体个人"的抽象化，体现出形式与结构的优先性。阿尔都塞进一步把历史过程无主体的观念发挥到极致，"历史是无主体的过程。……无论这主体是绝对的(神)，还是仅仅是人类的"。② 阿尔都塞过于强调社会历史的必然性和社会结构的客观性，以及人的行为受其所在结构支配的必然性，忽视了人的多样性和丰富性。但是，霍加特探寻了文化丰富性与内在规定性的辩证关系，凸显出人的具体性和社会发展总体趋势之间的有机结合。霍加特探究了文化的特殊性与一般性的内在张力结构，文化的特殊性尤其表现在文化与文学，特别是伟大文学之中。相比之下，阿尔都塞并没有把人的生活、情感、思想考虑在内，忽略了人的能动性和目的性。而在霍加特看来，文化体现了人们对客观世界的认识、思考和追求，文化的主体——人民——在物质社会生产过程中，积极能动地创造属于自身的文化，并对虚假意识产生自主判断和反抗。

　　霍加特认为，文化生成的主体是人民，也包括社会精英。在英国的文化思想传统中，以利维斯为代表的主流思想把文化创造的主体局限于少数精英分子，意指在传统的文化谱系学中，将没有达到精英群体标准的人视为"缺少文化"，按"文化水平"将人分为"有教养的"或"无教养

---

　　① ［法］阿尔都塞：《列宁与哲学》，杜章智译，189 页，台湾，远流出版事业有限公司，1990。

　　② 同上书，190 页。

的",并认为"文化应掌握在少数人手中"①。他们对工人阶级的生活经常持鄙视的态度,频繁使用"粗鄙、低级、琐碎"等来描述工人群体的文化。

然而,伴随 19 世纪工业化的发展,产生了新型的工业资本主义生产关系,使文化生成发生了新的变化,其突出的特点就是通俗文化的出现,一举打破了传统文化谱系学的范畴。现实文化场景的转变,虽然也促使精英主义者看到在大众识字能力和大众媒体的发展之下,"文化使得普通人受到歧视要困难得多","彼此之间标志性的东西已经转移,区别和分割线已经模糊,界限都消失了"②,但他们始终认为"半文盲的公众正在干预图书市场,并威胁少数人的判断能力",这样的"文化前景很黑暗"③。尽管当时精英主义者已经感受到了通俗文化的威胁,但他们竭力维护旧的秩序,维护精英主体的地位,试图将文化掌控在自己手中,成为自己的拥有物,按照他们的主体意识去"占有或挥霍,控制和改变,想象和塑造"④文化。

实际上,第二次世界大战以后,英国社会呈现出整体上升的繁荣景象:"巨大的城市工人群体开始离开黑暗、肮脏的穷街陋巷,他们生活

---

① Leavis F. R. , *Cultural and Environment* , New York: Greenwood Press. 1977, p. 3.

② Leavis F. R. , Thompson D. , *Mass Civilization and Minority Culture* , New York: Palgrave Macmillan, 1933, p. 31.

③ Leavis F. R. , *Fiction and the Reading Public* , London: Peregrine Books, 2000, p. 146.

④ [英]齐格蒙德·鲍曼:《作为实践的文化》,郑莉译,38 页,北京,北京大学出版社,2009。

的经济状况得到明显的改善，加之教育体制的重大改变促使他们获得过去难以想象的视野。"①在这样的时代背景下，工人阶级创造文化的热情高涨起来，通俗文化开始流行，形式更加多样，对传统文化的反抗更加强烈。霍加特敏锐地看到了这一变化，他从唯物史观的视角认识到随着社会生产力的发展，文化与社会之间会产生新的共变关系，生产力的发展会带动社会区域、社会结构、文化变异等不同社会关系的改变。

基于文化的丰富性与内在规定性的辩证关系，霍加特看到了人的存在和社会发展总体趋势之间的有机结合。他从文化的特殊性与一般性的内在张力结构看到，文化的特殊性尤其表现在文化与文学，特别是伟大文学之中。他强调实践的文化，突出文化与生活世界、文化与社会之间的直接相关性，特别关注工人阶级的文化创作，认为他们在俗语、绰号以及幽默的话语中，反映了他们的生活经历、共同情感、爱恨情仇以及对现实的各种压制的反抗，体现了文化的能动性和目的性。

另外，霍加特的文化主体思想从感性的人的活动、从主体方面去理解文化，认为文化的生成不能脱离人的现实的活动，文化是从事实际活动的人、现实历史的人的感性活动。在此意义上，通过文化活动的生成，使得文化成为所有人都可以从事的活动，从而令普通人真正成为文化的主体。同时，霍加特推崇马克思的历史主体思想，将"文化"词源学意义的耕种和衍生意义的精神活动结合起来，在文化唯物主义的意义上提出了文化主体的概念，认为文化不仅包括物质生活还包括精神生活，

① Hoggart R. , *Speaking to Each Other*：*Volume Two*：*About Literature*，London：Penguin Book，1973，p. 29.

文化主体不仅包括物质生活的创造者——一线的产业工人，同时包括了精神财富的创造者——知识分子、艺术家、创作家。实际上，随着社会的发展，劳动变得更加复杂，不能将劳动简单地划分为物质劳动和精神劳动。霍加特将文化所代表的双关意义作为整体研究，提出文化主体是人民，具有很重要的意义。因为他的这一思想对现代社会有很强的解释力，并塑造出具有重大影响力的主体。随着社会经济的发展和教育总体水平的提升，社会关系结构发生了一定的变化，普通人成为物质生产和精神生产的关键力量。霍加特敏锐地认识到文化作为实践活动，体现为物质和精神的活动，而在这种活动中人民成为文化实践的主体。

因此，霍加特倡导"文化实践的主体是人民"，不是简单地恪守诺言，而是长期对文学研究、大众文化、大众媒体进行深入的调查和研究，为人民提供了更加广泛地参与文化实践的方法和途径。然而，"就一切文化而论，主要的社会主义的实例是，大多数人的生活都已经并且仍然被大多数艺术的选择性几乎给全部忽视了"[①]。霍加特认识到："在发达的现代社会中，文化把我们引向某一类人所设定的圈套，我们在日常生活中读到的都是某一特殊的诉求。无论是广告商、商品推销员，还是政治家都试图劝说我们接受他们的观点，不给我们自己得出观点留有机会。"[②]人们的生活充满了虚假的、不真实的文化，真正属于人生活世界的文化在被漠视。霍加特对工人阶级文化充满信心，以捍卫者的姿态

----

① 乔瑞金：《英国新左派的社会主义政治至善思想》，载《中国社会科学》，2014(9)。

② Hoggart R. , *A Sort of Clowning*：1940-1959, *in A Measured Life：The Times and Places of an Orphaned Intellectual*, London：Chatto & Windus, 1994，p. 130.

为工人阶级文化辩护。霍加特以普通人作为文化主体的文化，积极鼓励普通人对文化的创作意识和批判精神，倡导回归生活世界的文化，坚信人民是社会历史的创造者，是社会历史的推动者。

二、文化实践的主体意识

霍加特指出主体意识是动态的，在某种程度上是不稳定的，在任何给定的条件下，主体意识可以再生产。"一个复杂、承载价值的社会结构必然与不同个体的价值和心理活动相互作用。"[①]这一观点揭示出意识的产生和转化过程。霍加特反对"无缝式"的叙事结构，所谓无缝式的叙事结构是指，在叙事结构中尽量避免不同阶级文化意识形态之间的张力结构，以同一化的表述打造不同读者对同类文化产品的无差别感，例如同质化的文化节目。霍加特认为资本主义的剥夺方式不单是对民众政治权利的掠夺，同样也是对文化权利的侵占，资本主义社会所打造的文化占领着几乎所有的文化空间，企图吞噬和瓦解底层人民的自主意识。霍加特力图让普通人意识到，现代社会资本主义不断利用商业文化，掩饰现实社会阶级之间的矛盾冲突，以虚假意识欺骗和压迫底层人民，使普通人的阶级意识逐渐钝化。为此，霍加特寻求意识生成的本源，即文化实践激发每一位微观文化主体自觉和自发的文化意识，从而捍卫微观文

---

① Hoggart R. , *Contemporary Cultural Studies: An Approach to the Study of Literature and Society*, in Centre for Contemporary Cultural Studies. University of Birmingham. Occasional Paper, No. 6, 1978, p. 19.

化主体本应属于自己的文化权利。

（一）文化主体意识的现实困境

霍加特倡导发挥工人阶级的自我意识，注重提升工人阶级价值判断的能力。他试图以工人阶级"拥有的方式"审视社会，从而建构工人阶级的主体意识。这种"拥有的方式"也就是自审意识，是主体意识形成的重要构成。霍加特认为工人阶级所"拥有的方式"具有连续性和传承性，但是大众文化的时代正逐渐摧毁工人阶级传统的生活态度和主体意识，出现了主体意识的"断裂"，即"旧"态度和"新"态度的冲突。

其一，"旧"态度留存着质朴的主体地位和自立的主体意识。在霍加特看来，20世纪30年代的工人阶级是"乐观的存在主义者"，虽然生活拮据，但是他们在日常生活实践中拥有独立自主的观念、思维方式和行为方式。此时的工人阶级具有强烈的阶级意识，在"我们"和"他们"世界的区分中，获得主体地位的自我确认。霍加特指出，在以家庭和邻里关系为中心的工人阶级中间，他们以经验主义的方式认知世界，形成对日常生活朴素的所思所想，在日常生活中随时随地都可以发觉工人阶级自发形成的思想意识。霍加特以工人阶级为例，突出工人阶级特有的观察方式和价值判断方式，强调工人阶级之间共同经验和感受的作用。他认为工人阶级以自身的方式，将这些共同的经验和感受构成工人阶级群体约定俗成的价值体系。虽然工人阶级自发形成的态度和感受常常是零碎的、含糊的和片段式的，甚至有时会出现前后不一致的观点，但是这些却体现着工人阶级对主体地位的自觉认识。霍加特跟随工人阶级日常行为的足迹，探究工人阶级主体意识的形成。例如在霍加特的描述中，工人阶级生活在辨识度很高的房屋里，因为这些房屋有着明显的工人阶级特色；他们的工资是按周结算的，不能称之为薪水。对于多数家庭来讲，每周收入 9～10 英镑，而且没有其他额外的收入；工人阶级的孩子通常就读于普通中学，就业方向大多是技工、普通劳动者，他们几乎都有过学徒的经历；从他们的话音中可以听到浓郁的地方口音，而且他们中间有着一整套特定的习惯用语。从这些具体的生活和经历中，工人阶级自发产生共同的交流方式、行为习惯、价值系统。

　　同时，霍加特分析了"工人阶级中间微妙的变化和阶级内部的差异"①，认为工人阶级主体意识的建构，不是简单地将工人阶级进行统一化、一般化的叠加，而是在工人阶级具有的生活特质中，探究工人阶级自发形成的阶级意识和价值系统，他们以自己特有的方式去观察、审视社会。正如威廉斯的"情感结构"②，"一种文化上的假设，实际上源于一种试图理解一代人或一个时期的这些因素以及它们的联系……起初它比对社会的更为正式的结构化的假设要单纯一些，但是它对于文化的实际范围的描述是更为充分的"③。威廉斯的"情感结构"与霍加特的观点存在某种相同之处。他们都认为对理解某一群体的意识形态而言，日常生活的共同经验和感受更为重要。

　　其二，"新"态度缺乏主体的使命意识，"犬儒主义"随之出现。虽然

---

　　①　Hoggart R. , *The Uses of Literacy*：*Aspects of Working-class Life*，London：Chatto & Windus，1967，p.7.

　　②　从 20 世纪 60 年代到 70 年代，威廉斯思想存在一定的变化，受葛兰西文化霸权的影响，从文化总体性向文化权利的转变。

　　③　Williams R. , *Marxism and Literature*，Oxford：Oxford University Press，1977，p.133.

霍加特认为，工人阶级的明确的政治态度、政治目的和自我觉醒意识并不强烈，但是这并不是说他低估了工人阶级的价值；而是因为在通常情况下，尤其是大众读物，它们过于夸大某些少数工人阶级的特征，以偏概全地代表所有工人阶级的态度和行为。

霍加特认为工人阶级的实际情况并非如此，应该从那些被大众媒体所抛弃的工人阶级本质，即工人阶级的具体生活，去寻找工人阶级态度的核心，而非大众媒体对工人阶级强加的样子。在霍加特看来，工人阶级的态度体现在他们对工作、婚姻、家庭，习以成俗的看法和一尘不缩、照例下去的行为之中。霍加特并不一一列举这些工人阶级的某种观点和态度，而是说明这些态度形成于工人阶级内部的实际生活，同时，在这些微小的生活事件中，尽显工人阶级的态度和观点。霍加特以他的祖母为例，生动描写了"旧"的态度，"她保留着富有生命力的精神，语言的活力、偶尔农民式的幽默，她有着她的孩子所没有的力量，因为她的孩子正朝着复杂而又城市化的'松软'的东西走去"[1]。新的态度表现在，"拒绝相信任何价值，因为，所有的价值都是可被怀疑的"[2]。工人阶级产生了一种愤世嫉俗而又缺乏责任感的态度。工人阶级对这样一个"金钱包裹的世界"失去信心，并在这样的世界里"自我沉迷"，对改变现状缺乏热情。工人阶级原先朴素的进取意识，变成了冷淡主义，"所有

---

[1] IHoggart R. , *The Uses of Literacy：Aspects of Working-class Life*，London：Chatto & Windus，1967，p. 10.

[2] Ibid. , p. 211.

的价值均等，不存在真正的价值"①，工人阶级的反抗意识、社会道德意识逐渐缺失。

在大众文化的糖衣世界，工人阶级的态度发生了新变化。霍加特认为工人阶级在商业文化的簇拥下"乐于从外界世界寻求乐趣"，但是他们对这样的世界又产生了一种"不信任和缺乏尊重感"②。于是，"积极的犬儒主义"在工人阶级中间随之出现。所谓"积极的犬儒主义"是指，"这种犬儒主义以自我保护为目的，而非一味地顺从"③。在面对这个"棉花糖"世界时，他们并没有产生"理性的怀疑"，而是单纯意识到这里隐藏着"欺骗"。于是，他们产生了一种"没有张力的怀疑"，而"怎么都行""那又怎样""有什么用呢""谁会在乎"如此之类成为工人阶级的口头禅，"厌倦"的情绪、消极的人生观和价值观包围着失去主体意识的工人阶级。

其三，"新"与"旧"的态度对主体精神的不同理解。工人阶级"旧"的态度主要基于"设法生存，无关好歹"的原则，他们往往是一些凡夫俗子，但是，这些人身上却有着使人着迷，甚至令人震撼的特质。在霍加特的描述中，这些人常常"会和自己的同伴聚在一起"，他们像"未经打磨的钻石一样，却有着金子般的心"，他们有"无懈可击的机敏和不受影响的坚定智慧"，他们敢于"尝试"，热情地赞颂他们钦佩的价值观，"开诚布公的交流方式""与邻为善""寻找光明""伸出援手"

---

① Hoggart R.，*The Uses of Literacy：Aspects of Working-class Life*，London：Chatto & Windus，1967，p. 211.

② Ibid.，p. 214

③ Ibid.，p. 210.

"不高傲不自大""诚实"等品质都会在工人阶级的身上显现。但是，随着大众出版物和娱乐业的发展，工人阶级原有的"旧"态度正在悄然地发生变化，商业化的价值观向人们展示着"傲慢""野心""胜过你的了解""急功近利""炫耀性消费"①的世界，并试图邀请工人阶级加入到"棉花糖"的新大众艺术的世界中，为工人阶级营造出大众娱乐享受主义的温床，工人阶级原有的特质变得"松动"。工人阶级原有的阶级意识受到商业文化自我放纵的邀请变得岌岌可危，原先的传统美德沉溺于玩世不恭的态度。

(二)虚假意识对文化主体意识形成的阻碍

关于"意识形态"的表述，在马克思的著作集中于"意识形态家""意识形态的表述""意识形态的阶层""意识形态的阶级"之中②，对于"意识形态"的概念并没有明确加以论述。从以上由"意识形态"派生出来的复合词可以看到，马克思更多地将"意识形态"限定在"为统治阶级所有""替统治阶级服务"的语境中，从批判的角度论证"意识形态"的内涵。

但是，有关"意识形态"的理论并没有像马克思当时所限定的语境那样就此收场，众多理论家从不同角度对马克思"意识形态"理论进行了激烈的争论。其中，第二国际的马克思主义者考茨基在对"意识形态"分析

① Hoggart R., *The Uses of Literacy：Aspects of Working-class Life*，London：Chatto & Windus，1967，p. 127.

② 参见《德意志意识形态》《法国的阶级斗争》《剩余价值理论》《资本论》《共产党宣言》。

时，涉及"意识形态的上层建筑""意识形态的机构""意识形态的要素"，在这一过程中，"意识形态"一词的语义逻辑发生了很大的变化，"意识形态"概念正在被中立化，并非马克思对其所设定的否定语境。列宁把"意识形态"概念的肯定意义传播开来，并作为俄国无产阶级夺取政权的有力武器，使阶级斗争与肯定意义语境下的意识形态相结合。

20 世纪 20 年代兴起的西方马克思主义致力于对马克思意识形态理论的研究。卢卡奇以《历史与阶级意识》奠定了他对意识形态问题的基本观点，其中"意识形态"一词被用于"工人阶级的意识形态""资产阶级意识形态"①，他将"意识形态"同时指向工人阶级和资产阶级，作为一种阶级斗争关系的存在。葛兰西在对意识形态分析时，所称的"有机的意识形态"更是把意识形态作为一种社会行动的指南，并最终形成他最为著名的"文化霸权"理论。从"意识形态"含义的变化来看，不同于马克思原有对"意识形态"否定意义的用法，而是更加突出意识形态的积极作用。

霍加特对意识形态的分析具有第一代英国新左派共同的特征，即对经验意识的关注。同汤普森一样，以阶级意识作为阶级形成的标志，注重英国工人阶级的经验意识。从霍加特对意识形态批判的分析中可以得知，他所指的意识形态涉及：情感、思维、态度、习惯、价值的问题。霍加特对工人阶级面对现代性文化新秩序所产生的文化疏离感和失序状态进行了深入分析。工人阶级传统文化秩序在受到现代性文化秩序的威

---

① ［匈］卢卡奇：《历史与阶级意识》，266—267，317，353 页，北京，商务印书馆，1999。

胁时，工人阶级一度陷入文化的无序或失序状态，"无序的主要征兆是，当我们不能适当地解读特定的情境，以及在可供抉择的行动中不能作出选择的时候，我们所产生的那种极度的不适应"①。

在对意识形态的分析上，霍加特着重从意识形态的批判维度对资产阶级意识形态进行批判，从"意识形态"的否定意义着手，从文化维度对"为统治阶级所有""替统治阶级服务"的意识形态进行批判。虽然霍加特对"意识形态"的批判更多集中于文化层面或微观层面的批判，与马克思从社会历史发展宏观层面的分析有所差异，但是他对意识形态的关注，十分符合马克思对这一概念提出的原初语境意义，即对资本主义社会的批判，对资本主义意识形态的批判。霍加特对意识形态没有做过任何明确的定义，而是从虚假意识形态揭示意识形态的负面效应。他从文化层面对资本主义意识形态进行了批判，表现为以下三个方面：

批判之一，对文化教化的虚假意识的批判。马克思曾指出"消灭阶级教化"②的思想，对于现代性社会而言，这种阶级教化正在向文化教化延伸，从"把人变成为机器的训练"③转变成对某类文化被动接受的教化训练，使人成为全面异化的人。在精英主义的价值秩序中，精英主义者否认工人阶级文化的存在，认为工人阶级文化是无意义的，甚至具有危害性，将工人阶级视为文化毒瘤、害群之马。精英分子认为有价值的东西是少量的，而且是少数人的。正如利维斯所写的那样，公认的价

①　[德]哈贝马斯：《文化现代性精粹读本》，周宪译，95 页，北京，中国人民大学出版社，2006。

②　俞吾金：《意识形态论》，79 页，北京，人民出版社，2009。

③　《马克思恩格斯全集》第 4 卷，485 页，北京，人民出版社，1958。

值是以少量金子为基础的一种纸币。这些精英主义者毫不掩饰他们对精英文化的眷恋和爱慕，将人类所有的美好的事物、民族的意识、美好生活的标准都给予少数派——精英分子。精英主义者否定工人阶级的文化价值，同样在否定工人阶级的价值。

霍加特反对利维斯等精英分子以文化教化的方式，规定、限定普通人民对文本选择、文本阅读、价值判断、文化方式的自我反思与自主意识。霍加特认为，事实上，精英主义者在全然不了解普通人的生活和对普通人的文化没有做任何考察的情况下，以单向度的思维规定文化的内涵、意义和价值，并以文化教化的方式对普通人自主意识的形成进行操控。精英文化的教化功能束缚着文化主体自主性的形成。由此想到，黑格尔在《精神现象学》提到的"自我教化"，即指"自我意识在它本有的性格和才能的力量所许可的范围内尽量把自己变化得符合于现实"。可以看出，黑格尔所述的"自我教化"是以自我意识为前提和基础的。但是，精英主义的教化方式远远不同于黑格尔所指的自我教化，而是将主体自我意识的环节删减、去除，偏向于主体意识的外化。

霍加特批判文化的教化功能，认为文化精英正是利用他们在文化上的优势地位，美化统治阶级带有欺骗性的意识形态，并削弱了普通人的自我意识。文化精英主义者犹如马克思所称的"意识形态家"的作用，正在编造对文化的幻想，并以此作为自身的谋生手段。霍加特反对强硬化和外部植入式的教化作用，注重工人阶级自身具有的情感经验、思维方式、风俗习惯，将主体意识回归生活，强调经验生活对意识形成的内力作用。

批判之二，对文化价值无涉的商业文化虚假意识的批判。商业文化以资本增值为唯一标准，文化、艺术的审美价值受到商品交换价值的影响而失去了光芒。在人们忙碌于对丰裕物质的追求时，价值被文化商家整齐划一地转化成了一个又一个货币单位，文化成为商品，变成了数量化的结果。而文化的真正价值在于对人本质的探寻和呈现人的类本质意义，但商业文化的价值秩序显然有悖于文化的本真价值。霍加特认为商业文化之下隐藏着相对主义的危害，他对这种同质化的意识形态进行了深刻的批判。他认为文化价值应当具有指向性，否则民主主义就会被滥用。"这是真实的……自觉地发现我们自己的规则会更好，而非教会或国家的强制。但是恰恰就在这些民主国家里，这种开放性全然被那些隐藏着不可告人秘密的人随意滥用，这样不会给我们带来安身之处，更别说帮助我们发现我们自身的信仰。我们被大量相互冲突但又似乎和谐的声音所包围，实际上，每一次文化消费都蕴藏着他们蓄谋已久的想法或隐藏着某一特定价值信仰。所有人——政治家、广告商、小报黑客和许多其他人——都感兴趣于：他们能够提供具有压倒性力量的生活方式，认为现代性文化趋向代表了所有现存的和即将产生的品位，并控制着社会运转的车轮。这种开放性变成了各种情绪的混乱场，选择变成了一种突发奇想。但在深层意义上来讲，这些都是他们的或他们让我们接受的东西。"①霍加特强调价值判断的重要性，提出文化价值中立、价值泛滥都是对个体价值的误导，倡导个体自主的价值判断，而价值判断的基础或抗干扰性就来自个体的现实生活。霍加特批判文化"万事皆可"（any-

---

① Hoggart R. , *An Imagined Life: Life and Times*, *Vol. III*: 1959-91, Oxford: OUP. , 1992, p. 240.

thing goes)的思想，提出解决文化价值问题的关键是提升工人阶级自我意识武装自己，并树立对流行文化的操纵和相对主义的暴政的批判意识。

批判之三，对大众媒体虚幻主体意识的批判。霍加特认为，在现代性的当下，文化以便捷的方式、直白的语言、平铺直叙的叙事结构为特点，使现代主体产生视觉幻想，并使他们沉迷其中不能自拔。商业文化具有虚幻主体意识的危害，使现代主体对媒体科技化的虚幻语境流连忘返，产生一种身临其境的幻觉。商业文化的操纵者正是借助文化的传播功能，用一种隐性机制消解现代主体的自我意识。霍加特认为，在商业文化的趋势下，传统工人阶级特有的开放性和自主性变成了被动地接受，"最重要的是，你无法抗拒，就像一块在水中的石头，它阻碍着水的源头或者将其分流"①。霍加特提出工人阶级需要有自主价值判断的能力，否则就会被那些提倡放弃价值判断的民粹主义者所利用，因为民粹主义者以徒有其表的方式，道貌岸然地鄙视下层人民的生活，实际上，他们以一种同质化、泛化的意识剥夺下层人民的自主权，以同质化的商业文化消解文化主体的自主意识。

霍加特认为，"大众说服者"企图利用现代化的大众媒体，从不同角度宣传某一特定的意识形态，并将这种意识形态从外部植入微观文化主体原有的文化意识和价值判断中，进而对原有自主意识进行蚕食。无论是文化精英者的文化教化，还是商业文化的文化同质化，都在于借助特

---

① Hoggart R. , *An Imagined Life*：*Life and Times*，*Vol. III*：1959-91，Oxford：OUP. ，1992，p. 242.

定的意识形态收编微观文化主体自主性。在对精英主义文化教化的虚假意识批判、商业文化同质化的虚假意识批判，以及大众媒体虚幻主体意识的批判进行深刻分析时，霍加特认为无论是精英式的教化、文化商业的同质化，还是大众媒体的幻境感都不同程度地阻碍了普通人自我意识的形成和价值判断。他试图通过有效的文化实践方式，使普通人意识到文化教化与自主意识、媒体传播与现实生活之间的差别与距离，使人们意识到无论是精英文化的统治者，还是商业文化的操纵者都是在借助文化的教育和传播功能，用一种隐性机制消解微观文化主体的自主意识。

在面对微观文化主体处于自我文化颠覆的危机时，霍加特以主体介入的方式，以历史生活更为亲密的表述形式——自传体，探寻虚假意识形态对工人阶级生活的影响，反观现代性文化权利的运行方式，试图寻求消解统治阶级文化霸权的突破口。这一关键性的力量来源于意识形态批判，或他经常提到的"以我们自己拥有的方式去审视"。霍加特认为，我们内心深处的态度和意识必然受到自身生活经历的影响。他试图从统治阶级虚假意识形态的角度，介入对文化主体意识的分析。霍加特认为，微观文化主体的自主意识具有恢复性，其关键之处就在于文化实践地有效展开，通过文化实践对被编译的文化产品进行"深度"解读，使得所有埋藏在文化背后的褶皱显现出来。

(三)文化主体意识的实践来源

霍加特对文化生成的哲学思考基于马克思历史唯物主义的语境，既不同于阿尔都塞脱离现实生活的意识形态，也不同于利维斯所认为的片面化和精英化的意识形态，而是坚守人的一切社会意识都是对社会存在的反映，在此基础上他提出了文化主体的意识存在于现实生活中的思想。

首先，霍加特主张文化主体的文化意识在文化生成的过程中至关重要。文化主体的主体意识是对文化主体地位、主体能力、主体价值的一种自觉意识，是"重建人类生活本质的共同感受"①。霍加特断言文化主体的意识并非是精英化和斗争化的意识，而应把它归结为人们在日常生活中逐渐形成和共同建立的观点和态度。他认为精英文化的主体意识表现为在权力关系之下，精英主义者将不同文化进行一种固定化和鸽笼式的分类，使文化主体意识到文化的等级性。他们用文化的等级性强迫人们接受文化的主体应是少数的精英分子，提倡精英文化的价值和意义，同时对底层人民文化竭力贬低。精英主义所营造的意识形态是在传统文学批评家对"伟大作品"经典化的过程中建立起来的。精英化的文化秩序设置了价值评判标准所尊崇的参照点，划定了"权威"知识的范围，这样一来就完全摈弃了人民源于生活的文化创造。霍加特通过观察人们日常生活的文化，包括居住环境、家庭结构、宗教礼仪、日常服饰等，让我们直面显而易见的日常生活，从中认识到普通人文化的独特性。他使人们意识到习以为常的日常生活其实也并不寻常，意识到普通民众文化的可贵之处，意识到文化是人类实践活动的凝结。

其次，霍加特揭示了相对主义对主体意识形态的危害，力图恢复文化主体意识的本真来源。他认为，文化主体意识的不确定性和断裂性，

---

① Hoggart R., *Between Two Worlds*: *Politics*, *Anti-Politics*, *and the Unpolitical*, New Brunswick: Transaction, 2002, p. 131.

其原因在于"一个开放的、充满商业诱惑力的社会正在兴起，它极大地助长了相对主义的发展，使消费者无休止地面对品味、态度、假设的变化"①。在他看来，相对主义是这个时代的病症，它以追逐最大的市场利润为唯一的发展动力，这一特征不仅渗透于经济领域，而且蔓延到包括文化、政治、教育等多个领域。相对主义利用外部植入式的文化，给人们营造"无阶级文化"的世界，而来自生活世界普通人的"经验和感受"正在逐步消失。面对商业机器和意识形态机器的统治，试图用同质化、一致化的文化取代来自人们实践经验得来的文化。霍加特认为："相对主义的蔓延某种意义上是对价值判断和道德判断的逃避。"②

在霍加特称为"棉花糖的世界"中，对于工人阶级来讲"一切都是以金钱和商业为目的的欺骗"③，他们表现出对现存社会极大的"厌倦"情绪和对社会问题的漠不关心。在相对主义的暴政之下，追求最新的变化即是最好，过去的价值标准不再符合当下的时宜。霍加特敏锐地洞察出相对主义的危害，希望重塑工人阶级的理想和追求，认为工人阶级精神生活的本质体现在具体的现实生活中。相对于琳琅满目的大众娱乐生活来讲，工人阶级更看重真实、真切和真诚的日常生活。工人阶级对大众娱乐缺乏信任，他们真正的归属感来自现实生活的共同经历和感受。工人阶级在面对大众娱乐带来的变化时，并不是"一味地接受这种无限的

---

① Hoggart R., *A Sort of Clowning*：1940—1959，*in A Measured Life*：*The Times and Places of an Orphaned Intellectual*，London：Chatto & Windus，1994，p. 127.

② Hoggart R., *The Tyranny of Relativism*，London：Transaction Publishers，1997，p. 3.

③ Ibid., p. 214.

开放，他们认识到了社会的变化，但是他们以自己的方式进行调整，而不是被这种变化任意击退。他们的抵抗比我们通常所知的更有力量"①。霍加特认为工人阶级具有自身文化的"恢复力"。这种"恢复力"在于激发工人阶级具有文化的特质，即工人阶级对生活世界的自我认识和创造。

再次，霍加特强调文化主体意识的传承性。一直存在于工人阶级"旧"的态度果真被"新"的态度全然取代了，还是只是新变化的一种表象。霍加特给予的答案是，"旧"态度并没有想象的那么脆弱，它仍是工人阶级寻求自我意识和恢复自省性的动力源泉。在文化变革的过程中，生活态度至关重要。霍加特认为，"'旧'的态度并不仅存于中年人或者是更年长的一代人，同样也构成了大多数年轻人生活中与生俱来、不可或缺的存在"②。对于新与旧的态度来讲，并不意味着这两种态度完全意义的转变。工人阶级仍然保留着他们对某一事物的喜好、偏爱和习惯，就像在工人阶级看来"罐装的鲑鱼比新鲜的鲑鱼更加美味"一样，阶级意识有一定的传承性和连续性。因为"态度的转变历经社会生活的方方面面是十分缓慢的，态度转变必定要纳入现有的态度，首先，是在'旧'态度基础上的新呈现形式"③。霍加特认为，个体更容易存在于一种没有意识张力的"精神气候"中，原因就在于"旧"与"新"态度的变化是一种混合状态，虽然"旧"态度在中年人身上会表现得更为明显，但是新

---

① Hoggart R., *The Tyranny of Relativism*, London: Transaction Publishers, 1997, pp. 196-197.

② Hoggart R., *The Uses of Literacy: Aspects of Working-class Life*, London: Chatto & Windus, 1967, p. 9.

③ Ibid., pp. 36-37.

的变化他们也在接触，与此同时，年轻人也会清楚地记得他们父辈的态度，能够识别出"旧"与"新"的不同。

最后，霍加特借助"新"与"旧"文化的对比恢复文化主体的主体意识。他通过调动所有年龄层工人阶级的记忆，将"旧"态度与"新"态度进行对比，唤醒工人阶级对这种变化的敏感性，使工人阶级意识到这种态度的改变，意识到来自工人阶级自身的传统美德和"旧"态度的宝贵之处，并传承工人阶级父辈们留下的内在特质。他促使工人阶级自我反思这两种态度的不同，而不是无意识地存在于一种精神气候中，从而排除外来植入式的新价值取向的干扰，树立批判资本主义腐朽的精神。霍加特通过有效的文化实践，倡导工人阶级朝向更加积极生活态度的转变，促进工人阶级道德情感、价值选择和文化态度的形成，加强工人阶级在日常生活实践中辨别是非的能力，并推进群体意识的发展。

霍加特始终把"文化主体的意识存在于生活中"这一思想贯穿于文化研究之中，开创性地把日常生活列入文化研究思考的范围。霍加特不仅为读者提供了提升文化主体自主意识的文本阅读方法，而且倡导人们关注主体意识本真来源的日常生活，诸如服饰礼仪、语言习惯等。他认为这些丰富的文化符号和文化现象集中体现了人们主体意识的自觉形成，蕴含着人们在日常生活结成的经验和态度。

三、文化实践的主体视域

从尼采的"上帝已死"到福柯的"人之死"，从"主体形而上学"到"主体间性"的转向，哲学的主体性问题似乎走到了尽头。科学、语言和逻辑上升为主体，人的主体性正被消解。但人类世界绝非由抽象的、纯理论的科学、语言和逻辑构成的，它脱离不开人的世界和人的存在。霍加特从文化实践的维度，倡导回归人的文化。当面对鲜活的人的生活时，文化实践思想呈现出更加现实而深远的意义和价值。

（一）从人的存在理解文化

霍加特从人的存在理解文化，探究文化生成的生命意义。他从人类学的维度探究文化的生成就在于打破传统文化对个体生命的限制，使得普通人的命运得到解放和获得自由。霍加特把文化作为表征生活意义的方式，强调"自力更生"的文化，强调以独特生活方式生成文化的价值。

文化一直以来被文化精英主义者所操控，精英文化主义者始终在扼杀文化生成价值的多样性和丰富性。不仅如此，精英主义者利用文化的强势地位，把文化精英者的单一价值作为文化的价值，武断地干涉和强制普通人的文化自由。霍加特认为文化不是精英主义者的专利，文化的生成源于生活，文化具有生活的肌质感。霍加特关注人的生活世界，从人的现实生活探寻文化生成的意义和价值，以文化实践为基石。他认为对文化价值的追求不是一种形式或意愿，而是一种实质性的求索。

在霍加特看来，文化不是单纯而抽象的产物，而是具体体现了人本质的活动，蕴含了人本质的丰富性。他并不把文化归为上层建筑，或作为与经济基础相对的产物，而看作人在实践过程中将社会存在与社会意识相统一的过程。文化实践从人的存在理解文化，即指不同社会群体或社会阶级在具体的日常生活实践中形成对对象世界的认识和创造，文化实践的意义不只是在于把文化作为单纯意义的文化来思考，而是在于深入探讨文化与人的发展，文化与人的解放的问题。霍加特不是在探寻某一文化的特质，而是透过文化现象彰显着人生命的意义和价值。在这样的文化理解中，普通人不再是文化的接受者，而是成为文化的创造者和参与者。人是现实的存在，必定与其他的存在者有一定的联系。在人与人的交往中，彼此形成一整套约定俗成的体系。文化实践可实现这一体系的高度凝练，它体现存在者存在的价值和意义。

从人的存在理解文化就要求文化的认知方式和表达方式的改变，从原有形而上的、抽象的方式转向对人真实存在表达方式的关注，以使得文化逻辑和生活逻辑相互统一。文化不能缺少生活感和生活底蕴，单凭主观臆造和虚幻构想替代真实的生活，只会产生晦涩难懂和不知所云的东西。只有从人内心深处的生活出发创造和理解文化，才能够引起人们思想的共鸣。反之，追求烦琐而形式化的语言只能成为束缚人们思想的枷锁。乔恩·尼克松指出："霍加特很少使用专业用词，事实上，他的用词是极其常见的词语。"①柯里尼（Collini）对霍加特写作特点的分析给予的评价是，"口语化和具体化的表达，很少使用隐喻和比喻之类抽象的修辞手法"②。就霍加特的文体特征来讲，他习惯采用通俗明白、言简意赅的语言，一方面，可以使人们意识到看似平实、庸常的日常表达

---

① Nixon J., The Legacy of Richard Hoggart: Education as a Democratic Practice. in Owen S., ed. *Re-reading Richard Hoggart: Life, Literature, Language, Education*, Newcastle: Cambridge Scholars, 2008, p. 31.

② Collini S., Critical Minds: Raymond Williams and Richard Hoggart, *Essays in History and Culture*, Oxford: Oxford University Press, 1999, p. 219.

实际上蕴含着丰富的内容和高明的智慧；另一方面，表现出霍加特对推行"知识话语民主化"①始终如一地坚持。

文化的本质精神不仅仅作为人类抒发情感和表达自我的方式，其宗旨在于人的解放和人的自由，从人的存在理解文化，并最终建立"自由人的联合体"。深入人的存在理解文化才有意义和价值。

(二)从人的实践本质创新文化

创造文化并不只是为了自我欣赏的审美满足，而是为了推进人的自我发展和提升人的生活质量。在更高的目的旨归层面，则是为了"克服资本主义社会的现实异化，使人从支离破碎的境况中解放出来，做有意义的工作，过有意义的生活"②。

马克思真正意义上的格式塔转变始于实践哲学的开启，揭示出人具有现实而具体的实践主体性。他指出，"从前的一切唯物主义(包括费尔巴哈的唯物主义)的主要缺点是：对对象、现实、感性，只是从**客体**的**或者直观**的形式去理解，而不是把它们当作**感性的人的活动**，当作**实践**去理解，不是从主体方面去理解"③。马克思实现了从人的实践活动理解现实世界的实践哲学。对于文化生成问题的理解，长期以来局限于精英化、抽象层面的思考，文化的创造仅限于少数文学文本，同样文化的创造者也是少数文化精英，寻求的是一种脱离人的实际生活的发展。长

---

① Bailey M., Clarke B., and Walton J., *Understanding Richard Hoggart: A Pedagogy of Hope*. Oxford: Miley-Blackwell, 2012, p. 36.

② 乔瑞金：《英国新左派的社会主义政治至善思想》，载《中国社会科学》，2014(9)。

③ 马克思、恩格斯：《费尔巴哈》，83 页，北京，人民出版社，1988。

期以来，文化一直被视为形而上的、观念形态的产物，有着自身规范化和标准化的认知体系。在这种体系中，处于中心地位的文化主体以符合自身利益的意识形态操纵着整个人类的文化世界。这样的文化与生俱来就带有两面性，即主动性和被动性，针对文化精英者呈现出积极而开放的一面，而对于普通人而言结果却相差甚远。

霍加特文化实践思想的形成是对马克思实践哲学的进一步继承和发展，将文化的生成与创造从人的实践活动、人的主体性方面去理解。他冲破了固有文化概念的樊篱，认为文化是人的实践活动，文化不仅是精英主体的享有物，而且普通人也有自身的文化，同样是文化创作的主体。霍加特通过探寻文化生成的过程，赋予文化更为宽泛的意义和价值，揭示了文化的主体存在于不同生活实践形成的文化中。在他看来，文化主体更确切地应称为文化实践的主体。

对此问题，霍加特提出文化生成应该既不受精英文化强加的威胁，也不应受商业化文化的支配，倡导具有真正意义的文本创造取自人民的实际生活。文化创造的本源来自文化实践主体的实践活动。但是在现代社会中，资本构成了现代社会的本质，资本家为了追求更大的利润和获取更多的资本，仅关注商品生产的交换价值，而商品的首要属性即使用价值并不是商品生产的重点。资本操控的文化生产忽视了从人们真正的生活需求出发去生产产品的前提，使得人生活的价值、人劳动的价值在于围绕不断追求更多资本为核心目的。正如马克思劳动异化理论所揭示的那样，人成为异化的人。在这种以追逐资本为目的生产关系中，劳动者丢失了自我，失去了自主性，丧失了尊严，人成为大规模生产中的一个附属品，生产线上的活机器。

从文化实践的角度，霍加特探讨了工人阶级真实的生活，对日渐消散的工人阶级阶级意识深表忧虑，试图将工人阶级从"无阶级社会"的迷雾中解脱出来。他着重分析了一直以来对工人阶级主要的几种误读，从内部溯源了工人阶级日常生活的全景。他依据现实的生活，将"他们"与"我们"的世界进行对照，体现出工人阶级生活态度的中心，即凝结于现实的日常生活世界。霍加特以文化内涵的实践意义，对工人阶级文化特质进行了诠释，展现出工人阶级文化的质朴和特有的文化肌质，彰显出工人阶级文化的价值和意义。

更为重要的是，霍加特赋予了文化新的用途，将文化作为解放人类社会的现实力量。他力图变革文化主体的所指，将文化作为不同文化主体的实践活动，揭示出文化生成的真正来源和动态性特征。他开创性地将改变文化主体的所指，作为深入社会和变革社会的力量，冲破了由精英主义者把持的一家独大、单调僵化的文化，使精英主义"大写单数的文化"向微观文化主体丰富多彩"小写复数的文化"迈进。霍加特倡导文化的多元价值和文化作为价值判断的双重意义。他不仅突出文化价值内涵的重要性，而且强调文化的社会实践功能。

作为英国新左派文化研究的开创者，霍加特聚焦人道主义的价值观，倡导新文化生存方式，强调普遍的民主和人民更为广泛的参与社会公共事务。他尝试打破传统的文化分析方法，把文化实践纳入文化研究主要分析的范畴，从而开创了独特的理论话语，赋予文化更为宽广丰富的价值和用途。他的文化实践思想引起并促进了英国左派对文化研究的转向，迎来了文化研究的繁荣期。

(三)从人的全面解放导引文化发展方向

在对共产主义社会的构想中，马克思、恩格斯提出："代替那存在着阶级和阶级对立的资产阶级旧社会的，将是这样一个联合体，在那里，每个人的自由发展是一切人的自由发展的条件。"①在这里马克思强调了全人类的解放和建立自由人的联合体的意义，从"类"的意义上实现人的全面解放，这里不仅包括了绝大多数的无产阶级，还包括资产阶级在内的解放。同样在霍加特看来，"人的解放"是大多数人的解放，是人民的解放。而精英主义者竭力维护的文化是少数人的文化，他们通过文化来压制多数人的自由，从而维护统治阶级的利益。精英主义者强调少数人的发展和自由，迎合资本主义社会人的极端片面的发展，利用文化来维护少数人的幸福和自由，维护旧的文化秩序。而霍加特站在使多数人幸福的角度，将人们从专制、压迫的力量中解放出来。

霍加特敏锐地觉察到文化日益成为一种商品生产获取更多商业资本的危害，以交换价值为主导地位使文化本真意义丧失的危险。他主张文学、艺术作品使用价值的重要性，反对以交换为目的的文化生产。他强烈反对把文化作为当权者统治人民的价值判断和自主意识的工具，也反对文化价值自由和无涉的观点。他所支持和倡导的是文化实践者自主文化判断的能动性和树立文化审美价值的双向发展，构建以解放人类生活为目标的文化发展之路。他倡导以人的全面解放指引文化的发展，从而恢复文化发展的价值理念，维护文化的审美标准，捍卫普通人的文化价值。霍加特认识到文化的价值在于它所承担的社会意义，正确指向的文化实践方式有助于揭示社会价值秩序是否合理，是否符合人们的现实生活。

---

① 《马克思恩格斯选集》第 1 卷，294 页，北京，人民出版社，1995。

第一层，人的解放是物质生活和精神生活整体的解放。马克思在《论犹太人问题》中写道，"政治解放本身还不是人类解放"，因为"还是任凭私有财产、文化程度、职业……来表现其**特殊**的本质。国家远远没有废除所有这些实际差别，相反地，只有在这些差别存在的条件下，它才能存在"。① 在马克思看来人的解放不仅仅是政治上的解放，同样包括文化上的解放。霍加特正是对马克思思想的继承和发展，认识到特别是在物质生活高速发展的今天，人们在物质生活方面的不平等不再表现得那么尖锐。霍加特意识到随着物质生活和教育条件的改善，人们的阶级意识变得淡漠，甚至安于现状，这正是资本主义意识形态对人们思想侵蚀的结果。霍加特重申人道主义的价值观，从文化的角度提出人全面、自由的解放，提倡人的平等不仅仅是财产平等，更应当有表达自我意愿和思想的平等。霍加特试图通过文化实践使人们从物质生活和精神生活中得到整体意义的解放。

第二层，霍加特提倡的人的解放是"类"意义上的解放。西方马克思主义者，特别是法兰克福学派也关注到资本主义社会正在以大众文化和意识形态作为新的统治工具来操控人民，但他们更加强调个体的人的自由解放问题，保持个体的自由和尊严问题，以个体的幸福为准则，进而批判西方社会的一体化的思想。霍加特则不同，他更强调"类"意义的解放，是全人类意义上的解放。他提出了文化共同体的目标，即人类通过文化建立共同体，有共同的文化标准、文化追求，从而达到公平、有序、合理的社会，实现"类"意义上的解放。

可以看出，霍加特所主张的正义社会就在于让更多的人感到快乐和

① 《马克思恩格斯全集》第 1 卷，427 页，北京，人民出版社，1956。

幸福，他从文化的视角，以"类"的意义提倡人的解放，使人们认识到不仅精英文化有意义，同样普通人的文化也具有意义和价值。霍加特将"精英主义"与"精英文化"区别对待，指出文化实践的目的不是把"精英文化"或一个时代优秀的文艺作品消除掉，而是把这些人类文明的共同文化成果从少数人的手中解放出来，变成全社会人民共同参与的文化。他认为文化的多样性、丰富性就在于能够打破现实世界的垄断，使人们通过各自不同的文化特质确定自我存在感。伴随社会物质生活和精神生活的发展，人们将重塑和创作新的文化内容和形式，例如以日常生活为素材创作而成的歌曲、民谣、舞蹈，从而彰显普通人在生活实践中表达自我的存在或者与物化世界进行斗争的精神。

正如英国新马克思主义所倡导的那样，社会主义的核心价值不是确保每个人得到他们道德上的东西，而是创造出一个共同体，建立一个具有内在特质的共同体文化，而文化共同体"是一种兼容了诸多'不同'的共同，是一种异质的和谐共存状态，绝非一种同质的同一状态"①。霍加特倡导文化是平常人的观念，就是要打破精英文化与普通人文化的界限，提倡精英文化与大众文化共存，使一切文化成果为人们共同享有、共同创造，最终建立文化的共同体，实现人的全面解放。

文化实践主体问题是霍加特文化实践思想的核心所在，贯穿于他整个学术思想的脉络之中，是其思想产生的发端、关节点和目的指向最为重要的部分。在霍加特的学术研究中，关于精英主义文化观的批判、文本阅读的有效途径、跨学科的研究方法、成人教育与文化研究的关系、

---

① 乔瑞金：《英国的新马克思主义》，38页，北京，人民出版社，2013。

对现代传播媒介的批判、文化政治实践、对相对主义暴政的批判等主题，都集中体现了他对文化主体问题的探究。与此同时，他对文化与阶级、文化与文学、文化与社会等重要关系问题，也主要围绕着文化主体的维度展开研究。更重要的是，霍加特文化实践引发整个社会变革的目的主要诉求，就在于一系列关涉文化主体整体意义的变革，即唤醒文化主体的主体意识、提升文化主体的实践能力、变革文化主体的思维方式，从而建构理想社会主义社会的新主体。

本章阐释了霍加特文化实践思想最为倚重的问题之一，即人类追求文化的本质旨归指向何处。在霍加特看来，文化究其本质而言，是对人生存意义的关怀。本着这一文化理想信念，霍加特探究了文化与阶级的关系问题，一方面，精英主义者对文化绝对持有，将工人阶级文化排除在文化版图之外；另一方面，"无阶级的"现代性社会正在用同一化的手段干扰工人阶级主体意识，使工人阶级主体意识陷入"失去张力"的危机之中。霍加特要为工人阶级文化辩护，竭力摆脱精英主义文化秩序所限定的文化等级关系，以及相对主义对工人阶级文化的侵蚀。他倡导微观主体的文化实践意义，为工人阶级自主文化实践寻找有效途径，使工人阶级看到自身文化的曙光。

在整个霍加特文化实践思想中，文化主体问题一直是备受关注的核心问题。文化实践思想变革了文化研究的主体指向，提供了变革文化主体意识的有效手段，从人的存在出发理解文化，以人的实践本质创造文化，从人的全面解放指引文化，为最终实现人整体意义的解放获得现实力量。不仅如此，在对文化实践主体进行变革的同时，使得文化实践对象产生了变革，实现了文化主体与文化客体双向意义的变革。

第四章

文化实践的客体维度

　　应该说，文化实践的客体维度是霍加特文化实践思想另一个重要的组成部分。文化究竟指向什么？是"自律论"的文本还是新科技打造的文化符号，抑或直接将文化的指代性悬置起来，所有的一切都可冠名为文化？伴随启蒙运动的兴起，现代性的诞生，对理性的追求成为这一时代的主旋律，文化呈现出科学化、理性化、普遍化、世俗化的现代性特征，文化对象隶属于形而上的、宏观的、大叙事的文化样式，但是霍加特的文化实践思想则不同于以往追求宏大的、泛化的、总体性的文化模式，而是呈现出五彩缤纷的微观形态的文化样态。霍加特将文化作为人类实践活动对象化的过程，以深入生活的方式探讨文化，文化实践的对象指向具体而丰富的现实生活。

文化实践所涉猎的对象十分广泛，文化生成与变革的目的不在于以特定的文化价值判断来区分文化的高雅低俗，而是以现实生活细致的事实为基础，探讨人的本质和社会的本质。霍加特认为文化必然与人的现实生活密切相关，深入探讨了生活化的文化与文化化的生活之间的关系。同时，文化实践不是简单地将文化指向生活，而具体体现为以下三个方面：其一，文化实践以文学研究为起点，探讨文学的社会属性，形成了跨学科的文化研究，探讨了作为文化现象的艺术与作为艺术现象的文化之间的辩证关系。其二，文化实践侧重从具体化、多元反抗性、复杂张力结构分析文化的丰富性，体现出微观形态的文化特点。其三，文化实践的文化表征具体体现为：生活态度勾勒文化生成与变革的雏形、日常行为体现文化生成的运行方式，体现出文化实践对象是不同历史活动的积淀和当下多元文化的混合物。

一、超越传统文化的研究客体

文学研究或称为文学批判在整个霍加特的思想中占有举足轻重的地位，因为它不仅是文化研究的起点，而且始终是文化实践关注的焦点。一直以来，文化被圈定在文学、艺术、宗教的范围。柏拉图、亚里士多德、普罗提诺都试图探讨作为艺术文化的抽象理论。在启蒙运动的大背景下，人们试图寻求理性之光来驱散宗教的愚昧和封建主义的特权。"作为文明的同义词，'文化'属于启蒙运动的普遍精神。"[①]文化成为关于普遍人性的

---

① ［英］特瑞·伊格尔顿：《文化的观念》，方杰译，9页，南京，南京大学出版社，2006。

某种宏大的、一贯的叙述，众多学者对文化的现代性嬗变产生疑虑，从文化批判的视角关注现实的社会问题。

文化批判并不是从霍加特开始的，早在20世纪20、30年代西方马克思主义的创始人，例如卢卡奇、葛兰西等，他们就已从文化的视角展开对社会的反思与批判；20世纪40—50年代出现的法兰克福学派更是以文化批判作为标志性特征而享有盛名。然而，自20世纪50、60年代开始，以霍加特为代表的英国新马克思主义者没有停留于为了批判而批判的理论研究，而是转向了文化的具体指称，深入更加微观的层面来透视文化和审视社会。霍加特的这一思想不可能孤立的存在，它是在特定的社会历史语境下形成的，这一语境具体体现在文化呈现出现代性嬗变。霍加特试图以文化实践立足的对象——具体的现实生活——为基础，探讨现代性文化特征，文化实践的对象实现了文学批判到文化研究的深层跨越，而这种跨越的意义非同一般，它实现了文化研究对象的转变。"它对很多学者理解整个人类社会关系产生了重大的影响力，对现代性社会定义和构建权威知识的理论架构提出了巨大挑战"①。霍加特对现代性表现出的大叙事的文化、规定性的文化有所不满，试图以文学研究为文化研究的开端，尽显文化的多样性和复杂性。

(一)文化现代性的嬗变

面对不同文化观念相互碰撞、相互融合的文化现代性的嬗变，霍加

---

① Owen S.，*Richard Hoggart and Cultural Studies*，New York：Palgrave macmillan，2008，p. 88.

特以深刻的洞察力反思现代文明的进程，深入分析了文化的复杂性、历史连续性，并积极应对文化现代性呈现的新变化。

尽管文化一词自古存在，但对文化规定性的反思却是伴随着现代性产生而出现的。在现代性社会，文化具有现代性的内涵，体现出科学性、普遍主义、真理性、人性一致性、世俗性的特征。在霍加特看来，文化有着历时性的特征，文化的内涵会随着时代的发展不断深化，文化的现代性嬗变并不是整齐划一的，它包含着冲突、矛盾、对立、反抗和融合，是一个非常复杂的历史过程。

在霍加特看来，现代性的矛盾性具体表现在两个方面。一方面，现代性在于书写大写文化或高级文化绚烂的篇章，指向威权文化行为或称为文化精英所创作的文化；另一方面，在现代性所营造的文化商品化的时代中，按照资本逻辑的发展，以数量而非品质优先的文化生产，正向人们打开了一个文化价值无涉的社会，呈现出高级与低级无差别的同质化过程，使文化具有价值指标的作用不值一提。精英文化与商业文化之间的矛盾正体现出了文化现代性的特征。霍加特认为精英主义者以文化"不宽容"的态度，排斥文化多样性的发展，将文化的范围、内容、形式严格限定在他们所认可的范围之中，对底层人民的文化，特别是对现代性随之产生的大众文化要求去合法化。另外，"资本主义是现代性的名称之一"①，现代性的运转呈现出资本逻辑的运行，而现代性的文化也难以幸免，必然受到资本逻辑的支配。文化工业化、文化产业化、文化

---

① ［法］让-弗朗索瓦·利奥塔：《后现代性与公正游戏——利奥塔访谈》，谈瀛洲译，147 页，上海，上海人民出版社，1997。

商品化成为现代性文化运行的总体方式。霍加特提出精英文化与商业文化之间的矛盾正体现了文化现代性的特征。

针对文化现代性的嬗变，霍加特认为文化持有的描述性和评价性的特征不能舍弃，对文化的理解应包括描述性和评价性两方面的意义：一方面，所谓描述性就是文化对当时某一社会生活、社会现象尽量力求客观反映或再现；另一方面，文化具有评价性的特征不是简单机械地陈述，而体现着一定的文化态度，对某现象应持有一种明确的态度。现代性的两种文化观都在扼杀文化本应具有的特质。精英主义的文化试图遏制普通人自我文化的表达，用他们特定的文化描述方式或呈现方式定夺工人阶级的文化价值。而商业文化企图忽略文化的评价性特征，营造文化价值无涉的假象，文化生成成为商品生产，失去了文化原有的本真价值。

对于现代性与生俱来的矛盾性，很多英国新左派的学者从不同角度对此做出过分析。其中，威廉斯从意识形态的角度对现代主义进行了分析与批判，认为现代主义"较少的是一个知识的问题，而更多的是一种意识形态的看法"[①]。他从历史的维度，分析了现代主义的发展状况，并得出结论：现代主义存在一个内在的悖论，即现代主义在其边界没有被确定之前，具有无限的创造性和广泛的覆盖性，但是一旦现代主义的边界被确定下来，现代主义就会"耗尽它的'创造力'"[②]，同时也丧失了"批判资本主义的能力"[③]。威廉斯指出，随着现代主义日渐清晰化和固

① ［英］雷蒙德·威廉斯：《现代主义的政治》，阎嘉译，49 页，北京，商务印书馆，2002。

② 乔瑞金：《英国的新马克思主义》，19 页，北京，人民出版社，2013。

③ 同上书，20 页。

有模式不断确定之后，现代主义体现了对人类思维方式和行动方式的束缚，成为控制普通人思想意识的工具。

霍尔从政治、经济、社会、文化多重维度对现代性进行了探究，并提出了现代性多重建构的理论。霍尔认为，政治、经济、社会、文化是现代性社会形成的一组"马达"，这组"马达"推动传统社会向现代性社会过渡，并塑造了现代性社会的基本形态。在霍尔看来，这种发展是一种进程而非是一种实践，"因为尽管进程是由个体的和集体的社会人的活动组成的，社会转型的运作是在多个扩展了的时间维度内进行，有时看起来是独立运作"①。霍尔对现代性社会的理解已经包含了结构主义的特征，包括了现代性社会的活动过程、活动产物和结构在内的分析。与此同时，霍尔洞察到了现代性所存在的悖论，"把'现代'当做过山车一样变化与进步的观念包含了一个悖论。在'现代'成为'现代'的那一刻，它所具有的歧义性也变得十分明显。现代性越显得无畏、无休与创新，它的问题就越大。它越是把自己当做人类成就的巅峰，它阴暗的一面就越明显"②。

可以看出，在英国新马克思主义对现代性的思考中，无论霍加特对现代性内在矛盾性的分析，还是威廉斯从意识形态的角度对现代主义的探究，以及霍尔多重维度对现代性的研究，他们始终立足于文化视域的现代性解读，探究了现代性的悖论问题。霍加特的文化实践思想是基于批判基础上的重构。他通过对精英主义固守的文化阵营的批判，实践英

---

① ［德］哈贝马斯：《文化现代性精粹读本》，周宪译，44 页，北京，中国人民大学出版社，2006。

② 同上书，52 页。

国新左派早期对工人阶级文化辩护的发端。

毋庸置疑，英国文化底蕴深厚，与其经典文学所取得的辉煌成就是分不开的。英国文学史的长河，最早可追溯到 5 世纪的盎格鲁-撒克逊时期。20 世纪英国文坛涌现出一大批文学巨匠，对英国乃至整个世界的文化发展具有举足轻重的作用。在这样的历史背景下，以利维斯为代表的精英主义者把文化等同于高雅的文学艺术，将文化的主体视为精英阶层，认为文化是少数人的精神活动，使文化变成了孤立、特指、形而上的产物。在面对大众文化的兴起时，精英主义者竭力维护旧文化秩序。

但与之不同的是，随着 20 世纪 30 年代马克思主义理论在英国真正意义上的传播，第一代新左派的代表人物霍加特受其影响，反对精英主义的文化观，试图打破原有旧秩序的文化，为工人阶级的文化辩护。他试图在英国具体的社会历史背景之下，揭示现实生活与文化生成之间的辩证关系，形成了完全不同于英国传统的文化思想。他以联系、发展的辩证思想来诠释文化，使得自下而上的普通人文化的思想呼之欲出。

(二)对文本"自律论"的扬弃

霍加特所探讨的文化对象产生于现代化的语境，他首先针对新批评所奉行的文本"自律论"提出批判。他并不赞成新批评对文本片面化的"内部研究"，即仅仅重视文本结构、语言分析等作品的形式因素，而忽视文本具有的社会意义和价值，同样忽略社会、历史对文本创作的影响。霍加特深刻地领悟到作为文化现象的艺术与作为艺术现象的文化之间的辩证关系。在此基础上，我们可以体会到霍加特文化实践思想的价值和意义。

　　新批评初步形成于 20 世纪 20 年代，在 20 世纪 40、50 年代曾显赫一时，对英美现代文学批评有一定影响力，以 I. A. 理查兹(I. A. Richards)、威廉·恩普森(William Empson)、F. R. 利维斯(F. R. Leavis)为代表。他们主要受到来自理性化、科学化的世界图景的影响，强调专注文本内部的科学分析。他们力图仅"为艺术而艺术"，完全脱离文本与现实生活、作家、历史、文化、社会的联系，并孤立地对某一作品或文本进行分析，试图尽量避免文本与其他外部的联系。正如对新批评影响很大的艾略特所述："文学就是文学，而不是别的什么……如果你仔细阅读佩特《文艺复兴》里的著名片段，你就会明白佩特所谓的'为艺术而艺术'其实是在说艺术可以成为其他一切事物的替代品，是生命而不仅仅是艺术中一切情绪和感觉的供应商……我们应该提醒自己这样一个简单的真理，文学从本质上来说就应该是文学，一种能给人带来纯化和理智化快乐的方法。"①

　　霍加特认识到了新批评的局限性，并没有将文本"自律论"作为文本研究的唯一原则，因为就艺术而谈艺术，无异于故步自封、作茧自缚。霍加特另辟蹊径，在关注文本的内在品质的同时，同样强调文本的社会属性不容忽视。

　　就文本的生成来讲，霍加特认为任何艺术作品都不会独立存在，总会处于某种社会关系中。他强调，"一部艺术作品，无论如何拒绝或忽

---

　　①　Eliot. T. S., *The Cambridge History of Literacy Criticism. Volume VII*, Cambridge: Cambridge University Press, 2000, p. 55.

视其社会，它总是深深植根于社会之中的。它有其大量的文化意义，因而并不存在'自在的艺术作品'那样的东西"①。正如马克思在《德意志意识形态》中写道："思想、观念、意识的生产最初是直接与人们的物质活动，与人们的物质交往，与现实生活的语言交织在一起的。……表现在某一民族的政治、法律、道德、宗教、形而上学等的语言中的精神生产也是这样。人们是自己的观念、思想等等的生产者……"②毋庸置疑，文学艺术具有相对独立性和自身发展的规律性，但是一个时代现存的社会运行方式、生产体制必将决定、制约着文学艺术的内容和风格，文学艺术也总是再现或反映人们在现实生活过程中的生活状况。霍加特认为文学艺术作为现实的存在物，我们无法离开具体的社会生活，抽象化、一般化地谈论它。而新批评强调文本自身客观性、规律性，主张"非人化"的理论。例如，"诗不是放纵情感，而是逃避情感，不是表现个性而是逃避个性"③。他们认为只有这样才能达到艺术的完美境界。如果按照新批评提出艺术作品"非人化"的逻辑思考下去，我们不禁要问什么样的作品能够真正达到"非人化"的程度？什么样的作者能将个人的情感、经验完全抛在脑后，创造出具有艺术感染力的作品？显然，新批评所认为的完全客观化、"非人化"的文学艺术只是一种痴人说梦的空想。

马克思无论对社会的批判，还是对社会历史理论的分析，都以现实

①　Hoggart R. , Contemporary Cultural Studies: An Approach to the Study of Literature and Society, in Centre for Contemporary Cultural Studies. University of Birmingham. Occasional Paper, No 6, 1978, p. 19.

②　《马克思恩格斯全集》第 3 卷，29 页，北京，人民出版社，1960。

③　艾略特：《传统与个人才能·"新批评"文集》，32 页，赵毅衡编选，北京，中国社会科学出版社，1988。

的人为基础。艺术文学更是如此，它离不开人的世界，是人在对象化的过程中呈现、创造出来的。文学艺术真正的生成来源于社会历史运行的现实基础，来源于现实的人的生活。霍加特饱含深情地写道："我珍重文学，因为它以这样一种方式——特殊的方式——探索、再创造、寻求人类经验的意义；因为它探索（个体的人、群体的人、与自然世界相关的人）经验的多样性、复杂性、奇异性；因为它再造经验的本质；因为它充满公正的（这里特别强调）热情（而非有意讨好、抱歉、攻击），追求自我探索。我珍重文学，因为它们可以借助语言与形式之间特有的关系，支配……戏剧化它们的观点，使人们在其中可以洞察生活中所有无助、忠诚、渗透。"[①]霍加特一席话，道破了文学的真谛，揭示了文化生成与变革的真谛，文学的意义不在于文学自身的演绎或流于表面文学分析，而在于探讨人的本质和社会的本质。

就文学艺术的解读来讲，霍加特认为："文学虚构与认识、'真实'之间的关系难以置信地复杂。在某种意义上讲，它从来不可能被确凿地加以证实或'证明'，而只能被体会到。"[②]这说明文学作品与科学语言不同，充满了多义性、不确定性、复杂性，这就会产生或激活每个解读者对文本各不相同的理解。因此说"《诗》无达诂"，即"《诗》无定形，读《诗》者亦无定解"，对文学艺术的鉴赏会因人而异。对于新批评来讲，

---

① Hoggart R., *Speaking to Each Other*: *Volume Two*: *About Literature*, London: Penguin Book, 1973, p. 11.

② Hoggart R., *Contemporary Cultural Studies*: *An Approach to the Study of Literature and Society*, in Centre for Contemporary Cultural Studies. University of Birmingham. Occasional Paper, No. 6, 1978, p. 12.

它确实提供许多不同的文本阅读方法，但前提条件是把目光从作家、读者与作品之间的关系中移开，而停留、固守于文本的细读与研究。新批评以"细读"的方法阅读文本，从细节着手仔细推敲文本的语言、结构，从而达到"充分阅读""深入阅读"。同时，他们对文学与非文学、文学研究与非文学研究、内部研究与外部研究进行了严格划分。霍加特辩证地分析了新批评的理论，他对新批评过于极端化抛弃文本的外部研究、盲目迷恋机械化的文本分析、过分强调僵硬的学科划分持否定态度，但对新批评在文本阅读的某些方法上并没有全盘否定。霍加特不但强调了作者与文本间的关系问题，而且更加注重读者与文本之间的相互关系。他特别为普通读者、工人阶级读者提供了行之有效的阅读方法——品质阅读、价值阅读。而这种阅读方法是由内向外、由表及里的方法，他让读者首先"必须注意到文学作品本身的特殊品质"，接着"必须学会如何向外运动，进入有关文化特性以及其他学科加以讨论的同类事物特性的陈述"①。霍加特的阅读不再是单纯的文本阅读，而是冲破人为划定的文化与文学、文化与其他学科之间界限的文化阅读，"并把这种阅读作为一种表述其文化意义的准备"。霍加特的研究并不是为了文本而谈文本、为了阅读而阅读，同样也不是为了文化而论文化，而在于关注于特定的文化传统、深入现实的人的生活、植根于具体的社会历史。

就文学作品的社会属性来讲，霍加特认为文学作品并没有脱离社会，而某种程度参与社会。"在一定意义上，如果不能说所有的文学都

---

① Hoggart R. , *Contemporary Cultural Studies*: *An Approach to the Study of Literature and Society*, in Centre for Contemporary Cultural Studies. University of Birmingham. Occasional Paper, No. 6, 1978, p. 13.

参与社会，那么至少大部分文学是如此。这种说法似乎是不证自明的"①。霍加特对文学与社会之间的相关性不容置疑，特别强调了文化参与社会的多样性、多变性、复杂性。在不同时期、地点会呈现不同的情况，特别在现代社会，文学与社会的关系更加紧密、文化的社会参与性正在不断地加强，他写道："在英国，尤其是在走向都市化、工业化和民主化的两个世纪中，文学传统对其时代社会所面临的问题有着更为直接而特别的参与。"②在霍加特看来，文学不仅可以对现实社会生活具体写照，而且文学本身构成了社会存在、人的存在的重要组成部分。新批评却并不以之为然，而是极度蔑视社会、作者、读者与文本之间的关系，从"内部研究"消解文本与社会的关系，而语音、语调、格律、隐喻、象征、悖论、反讽等修辞手法、篇章结构的内部分析却成为他们心驰神往之处。然而，文本仅从内部分析，完全脱离于社会的存在、人的生活世界，那么文本就变成了无源之水，无本之木。霍加特赞成奥威尔对文学作品社会价值的评价："人们的习惯不仅是由其教养等形成的，而且大都是凭着书本而形成的。……从人类学观点来研究书本的习俗等是很有趣的。"③霍加特进一步指出文学的社会功能，即文学能为理解文化做出独特的贡献，从文学作品本身来反观作为整体的文化生成。

---

① Hoggart R., *Contemporary Cultural Studies：An Approach to the Study of Literature and Society*, in Centre for Contemporary Cultural Studies. University of Birmingham. Occasional Paper, No. 6, 1978, p. 11.

② Ibid., p. 14.

③ 周宪：《当代西方艺术文化学》，30 页，北京，北京大学出版社，1988。

就文学、艺术、文化之间的相互关系来讲，霍加特揭示了作为文化现象的艺术与作为艺术现象的文化之间的相互关系。作为文化现象的艺术是指：无论多么白雪难和的艺术都离不开人的生活、现实的社会，艺术的本源来自生活。对文学艺术的研究不应只局限于对某一文本或某一件艺术品精雕细琢的内部分析，应将文学艺术放置于整个人类文化的大背景下加以考察，应当尽量挖掘文学艺术中所包含的一切文化因素——风俗习惯、宗教信仰、社会倾向等，为更加充足地了解社会、认识文化提供帮助。霍加特认为，"以开放的目光对待创作者的想象力和艺术作品，并深入地阅读就会发现：文学作品洞察某一时代的生活，而这种强有力的洞察是其他学科无法给予的。……如果没有文学为社会研究佐证，那么，对整个社会生活的认识无非是盲人摸象"①。在对文学艺术研究时，要注重文本之外的研究，强调超越文学艺术自身的研究，从而避免单向度或片面化的文本自律论的研究。文学为我们深入了解社会提供了不可多得的机会，我们也应当以整体的文化生活为背景来理解和诠释文学艺术，使得艺术具体化、艺术文化化、艺术生活化。

作为艺术现象的文化在于：一方面，文学艺术强调作品的文化属性和社会属性，重视文学艺术与其他学科的互动性；另一方面，文化研究并非零散的、大杂烩式的研究，有其自身发展的规律性和相对独立性，要立足于艺术自身的活动反观整个文化生活。霍加特认为，"当通过概

---

① Hoggart R. , *Speaking to Each Other*：*Volume Two*：*About Literature*，London：Penguin Book，1973，p. 20.

括化的、'客观的'社会科学学科来诉诸试验时,我们所把握的事实应该是坚实的,否则,就只能是一种脆弱的把握"①。文学艺术需要立足于自身,但也需要超越自身。霍加特所创立的跨文化研究并不意味着使文学艺术丧失自身特质和独立性,而在于以文化、社会的视角解读文学艺术,同时文学艺术也为我们提供了认识世界的途径。霍加特以辩证视角看待文学与文学社会属性之间的关系。

(三)文学研究走向文化研究

当我们再次回顾根基深厚的"英文研究"的历程时,可以领略到霍加特开创跨学科"文化研究"的艰辛和价值。

英文研究作为一个文化学术语,"出现和兴起都是以英国文学及其学科建制过程为中心的"②。英国文学学科化的过程始于 20 世纪头十年,自形成以来,具有戒备森严的学科界限,严格限定哪类文学作品可拥有荣登英国文学榜单的资格。15 世纪的古典英语文学作为英国人文主义传统的开端,为精英主义文化奠定了坚实基础,使得精英主义文化的堡垒变得坚如磐石。英文研究将"文化"圈定在界限分明、僵硬化的学科体系中,限制在被统治阶级意识形态禁锢的捆绑中。

直至 1964 年,霍加特在伯明翰大学英语系创办了当代文化研究中心,力图建构一种不同于文学研究的学科体系,使得文化研究从文学研究的内部分化出来,由此撼动了传统意义上人文学科的学科划分,"堪

---

① 周宪:《当代西方艺术文化学》,31 页,北京,北京大学出版社,1988。
② 邹赞:《文化的显影——英国文化主义研究》,93 页,广州,暨南大学出版社,2014。

称人文学科领域的一次范式革命"①。在此期间,霍加特预设了当代文化研究中心三条主要的研究路径,"一是,历史和哲学上的概况性研究;二是,社会学意义上的总体研究;三是,重要的文学批评研究"②。从中我们可以发现,霍加特文化研究的两个重要特征,其一,代表着一种"越界",文学渗入历史学的"越界",文学渗透于哲学的"越界",文学与社会学互相融入的"越界"。这种"越界"全然打破了传统意义上的学科边界,呈现出跨学科研究的学科体系图景。其二,意指文学批评和文化研究之间的关联,文化研究在文学批评的基础上得以形成。文学批评又借助文化研究的发展得到进一步的充实和丰富。在此,霍加特制订了早期当代文化研究中心的七项计划,"奥威尔与三十年代的思潮;地方媒体的发展与变化;流行音乐中的民间歌谣与民间习语;各类小说与当代社会的变迁;民间艺术与图像研究;流行音乐与青少年文化;体育的意义及其表征"③。当代文化研究中心的成立一举打破了传统学科泾渭分明的学科界限,赋予文化更为深远的用途和意义,对于文化研究学科建构具有重大的贡献和意义。

在此基础上,霍加特强调文本外部的延伸性,将文学艺术作为人类集体智慧的合集,将文化作为社会学、文化、历史学、文学、心理学、美学的共同纽带,开创了跨学科的研究方法,弥合了文学内部研

---

① 邹赞:《文化的显影——英国文化主义研究》,178 页,广州,暨南大学出版社,2014。

② Hoggart R. , *Speaking to Each Other*: *Volume Two*: *About Literature*, London: Penguin Book, 1973, p. 225.

③ Munns J. , *A Cultural Studies Reader*: *History*, *Theory*, *Practice*, London & New York: Longman, 1995, p. 154.

究和文学外部研究之间的距离。霍加特以一种兼容并包的研究路径探讨文化，其目的在于将文化研究的对象从单一的纯文本、纯艺术转向人类生活世界的文化。文化研究的真正意义在于关注人的生活，关注生活中的文化。证明文化研究的对象不仅是知识层面的文化、审美维度的文化、理性沉思的文化，而更为重要的是，孕育着人生活其中和人类世界无处不在的日常生活文化的价值内涵。文化包含着人们习以为常、不假思索的生活内涵。

霍加特进一步分析了文学与其他学科的相关性。首先是历史学。虽然历史学与文学之间并不存在绝对的对应关系，但是两者之间可相互借鉴。其次是心理学和社会心理学。"至少可从三个方面与文学合作：即探讨特定作家的心理特征，以及这些作家与其作品其他方面的联系；研究一个时期的社会人类学；考察读者心理学和阅读活动"①。再次是人类学。霍加特认为人类学对于文学来说作用更大，因为人类学家借助一定的方式来阐释民间传说和神话的含义，并把这些含义与该社会的信仰、精神状态相互联系起来，这对于理解早期民间文学、现代大众艺术、流行艺术和符号学大有裨益。最后是社会学。霍加特认为虽然社会学通常采用"定量的"研究方法，而对于文学来讲是"定性的"研究，但是两者之间可以形成有益合作，例如青年文化等，就可以将定量的社会学研究与定性的文学研究结合在一起，从而深入探究青年亚文化研究的社会历史形成原因。这些思想为日后文化研究提供了巨大的发展空间，使

①　Hoggart R., *Contemporary Cultural Studies: An Approach to the Study of Literature and Society*, in Centre for Contemporary Cultural Studies. University of Birmingham. Occasional Paper, No. 6, 1978, p. 41.

得文化研究上升为一种跨领域、跨学科、跨专业的综合性研究。

在传统文学研究的语境下，少数人把持着生产权威知识的文化系统。他们以高高在上的姿态对不同文化进行三六九等的划分，用特定的文化标准判定文化的合理性、合法性。一直以来，文学作为一门学科，被严格圈定在特定范围内，与其他学科保持着明显的学科界限。霍加特认为传统文化研究设定了权威知识的先决条件，即特定知识的合法性和合理性，多数人只能成为文化被动的接受者。在此情境下，文化反而成为束缚人民精神生活的枷锁。他强调文化实践的重要性，注重文化与现实生活的关系，试图将文化实践作为普通人甄别和解码受社会序列编码文化的工具，作为创造自我文化，彰显自我文化的动力来源。

文化研究的创立完全不同于传统意义的文学研究，其研究范围实现了文化与现实生活的结合，文化主体从精英主体转向了广大的人民。这一影响不仅是对原有学科界限的突破，更是对原有认识方式的变革。正如文化研究理论家劳伦斯·格罗斯对文化研究的评述："文化研究反对把文化和高雅文化画等号，主张文化生产的所有形式都应当根据它们同其他文化实践的关系，以及同社会和历史结构的关系来加以研究。文化研究致力于研究一个社会的艺术、信仰、制度，以及交流实践等一切对象。"①霍加特指出："文化研究的价值在于能够使研究者在他的文化模式和假设中更多地思考人在其中的意义。"②传统意义的文化是一种脱离现实人的文化，"只关于和只为了艺术"的文化。而霍加特认为："文学

---

① Grossberg L., *Cultural Studies*, New York: Routledge, 1992, p. 4.
② Hoggart R., *An English Temper*, New York: Oxford University, 1982, p. 132.

作品告诉我们的是关于社会的东西，而不只是关于艺术。"①文化研究在于突破文学、政治学、社会学之间的学术樊篱，将文化生成的来源归于人的文化实践活动，赋予文化更多的价值和意义。他将文化实践作为认识社会的切入口，在不同文化层面和文化语境中，解决具体的社会问题和寻求符合人良性发展的问题。

早在创建当代文化研究中心时，霍加特就强调，文化研究没有固定的学科类别。文化研究初起就将学科归属上的"无家可归"状态定为文化研究的基调，并有意识地打破学科之间的界线。这一点使得文化研究总是游离于各种学科之间，并且拒绝归为某一类学科类别。在 20 世纪下半叶，文化研究走上了一条令人瞩目的跨学科研究之路，繁荣兴盛的文化研究涉及大众文化研究、媒体研究、性别研究、亚文化研究、妇女研究等更为广泛的领域。这些巨大的成功都与霍加特对跨学科研究的开创性贡献和学科交融的启示性作用密不可分。

二、文化实践客体的呈现样态

"在胡塞尔之后，许多哲学家和哲学流派纷纷从不同角度、以不同方式去研究生活世界理论，如存在哲学、语言哲学、交往理论、日常生活理论等，使生活世界理论成为一个时代性的主题哲学，汇成现代哲学

---

① Hoggart R., *Contemporary Cultural Studies：An Approach to the Study of Literature and Society*，in Centre for Contemporary Cultural Studies. University of Birmingham. Occasional Paper，No. 6，1978，pp. 18-19.

发展的主导潮流。"①德国、法国的代表海德格尔、萨特、梅洛-庞蒂，以及东欧新马克思主义的代表赫勒②，分别从不同维度对上述关于生活世界理论的研究做出各具特色的分析。对于英国新马克思主义学者们而言，似乎他们对于这一问题具有与生俱来的话语权。因为英国哲学的经验主义传统，以及英国人特有的经验主义特质正向世人证明他们独一无二的生活世界哲学。霍加特对于生活世界的哲学思考着眼于对文化生成思想的探究。他关注文化生活化与生活文化化之间的内在关联，将文化从原有形而上的、抽象的方式转向对人真实存在表达方式的关注。这样彻底改变了文化的认知方式和表达方式，使得文化逻辑和生活逻辑相互统一。

霍加特将文化研究的客体深入日常生活世界，例如家庭、宗教、工人阶级社区，以文化实践的方式捕捉生活文化。文化不是统一、给定的产物，而来自人的现实生活，包括像家规家训、道德纲常、风俗习惯等文化行为。深入生活的文化或日常生活的文化比宏观构想的文化或总体化的文化更加接近文化的本真。日常生活文化呈现出具体化、微观化、充满复杂张力的样态，发挥着宏大文化无法比拟的作用，彰显了文化实践的意义和价值。

(一)具象化的文化

霍加特以工人阶级具体的文化和生活的文化为文化研究的对象，将

---

① 杨魁森：《生活世界哲学》，2页，长春，吉林人民出版社，2013。

② 参见阿格妮丝·赫勒：《日常生活》，衣俊卿译，哈尔滨，黑龙江大学出版社，2010。

具象化的文化作为文化实践的重要任务。在以自然经济为依托的传统社会中，以信守理性为原则，而忽略了文化的具象化。但是在霍加特看来，文化生成与变革应置于更为丰富的历史进程和多元差异的现实中。

霍加特以具体的工人阶级文化生活作为参考系，使理性化的文化自觉地回归生活世界，不再一味强调某一文化的重要性，或孤立地探究某类文化，而是把所有日常生活世界的文化和具体的文化事件作为文化实践的对象加以审视和改造。文化研究的对象延伸到生活世界的每个角落，并与具体的社会生活、现实语境相结合。霍加特认为："真正文化的本质、独特性、品质在于再创造富有丰富经验的整体的生活，包括个体生活、社会生活、对象世界的生活、精神生活、真情实感的生活。文化创造出来的是彼此相互结合、相互渗透的事物，因为，这些事物存在于我们现实的生活之中。"[①]在他看来，文化是丰富的、具体的、现实的。

文化具象化有助于深入探索社会现象、揭示文化深层次的内涵和意义。文化研究的对象并非来自安逸、舒适的图书馆或是学者的安乐椅，而应深入具体的日常生活世界。霍加特以自身的特殊经历诠释工人阶级的文化，将注意力放置于工人阶级的家庭、学校、工厂、居住环境等现实生活中，从日常起居、生儿育女、家庭邻里、风俗礼仪等方面对工人阶级的道德观、精神状况、生活态度进行深度考察。从日常生活文化显现他们的真情实感，表达他们的真切关怀和日常疾苦。

---

① Hoggart R., *Speaking to Each Other：Volume Two：About Literature*，London：Penguin Book，1973，p. 20.

文化具象化在于探讨具体的人的生活，从象牙塔般的世界回归人的真实生活。霍加特以文化具象化的模式对人的生活展开思考，摆脱抽象基础上对人的泛指，关注于具体的个人和现实的男人和女人。如同霍加特一样，英国新左派的思想家汤普森强调"不仅仅是人类或者无产阶级专政的信念，而且是现实的男人和女人的信念"①，这正是英国新马克思主义思想家的共同特点，他们把抽象化的人变成了一个个具体而生动的现实个体，把大写的人指向了具体的所指。这些人有着具体的姓名、年龄、性格特点、行为习惯、语言特点，这样的世界才是原本意义的真实的人的生活世界。文化具象化追求详细地、真实地、动态地、情境化地再现某一群体的文化生活，绘制出了关于普通人生活的一幅幅形象而真实的画面。在霍加特的工人阶级文化世界中：有每周 9～10 英镑的收入的"补鞋匠""理发师""杂货商""裁缝""自行车修理者"；家里有一套百科全书被当地人看作"学者"式的人物；擅长填写表格的"书法家"；能够修补木制品和金属制品的有特别"手艺"的人；还有在特殊场合能派上用场穿针引线的巧妇，这些具象化的情境真实再现这些普通人的日常生活。

文化具象化的目的不仅在于对某一文化具体化的探讨，而且在于借助对文化具体内容的思考深入理解文化客体性，即把文化作为人的存在方式，以此更为全面地理解人的存在和社会运行的方式。霍加特以具体的工人阶级文化在向我们展示真实的工人阶级生活。随着第二次世界大

---

① 张亮：《伦理、文化与社会主义——英国新左派早期思想读本》，8 页，南京，江苏人民出版社，2013。

战的结束，社会发展相对稳定和教育机会不断增加，工人阶级进入了
"无阶级"的误区。事实上，工人阶级的文化并没有得到真正意义上的改
善。工人阶级的文化正遭受着威胁，并且这种情况还在不断地恶化。霍
加特艰难地恢复原有工人阶级的文化。在他看来，从经济问题向文化问
题的转向是社会进步的标志，并认为目前英国工人阶级的阶级意识不完
全是政治、经济层面的，这不能体现整体的工人阶级的生活。这种对工
人阶级文化具象化的研究方式，可以使我们更加全面地了解工人阶级整
体的文化生活、行为方式、观点态度，更客观地看待工人阶级文化与整
体文化新变化之间的关系。霍加特以工人阶级特有的文化气质和文化内
涵，揭示出工人阶级既没有完全陷入现代性文化的模式，也没有对这个
变化的世界无动于衷，试图回归原有文化的独特性。文化独特性和文化
特质性的存在源自文化生成内在于人的生活。文化独特性和特质性才使
得文化生成更具生命力和充满希望。文化具象化有助于了解不同的文化
生成机制，从而可以更好地理解他者文化，在对自身文化的价值和意义
反现的过程中，才能更加深入地了解世界的"本相"，推进文化的变革。

(二)微观形态的文化

文化实践客体呈现出的第二种样态是微观形态。较之宏大叙事而
言，霍加特主张将文化研究的视角转向微观形态的文化，以微观叙事
的方式彰显文化生成机制，从微观形态的文化显现现代性社会的
矛盾。

霍加特认为有关现代性的思考，不仅仅是一种学术思想或理论倾
向，更是对现实世界的关照。现代性的号角已经毫不费力地吹响了社会

的各个领域，成为我们每位身处现代性社会中的一员绕不开的核心话题。如何面对现代性的产生和变化、如何解决与现代性发展相伴而生的现代性危机，如何使现代性社会更加合理而有序地发展，以及如何面对现代性的未来，这些问题引起并促发了众多学者的思索和探究。有的学者以纵观整体的宏观视角对现代性进行解析和批判；有的学者从某一维度着力于现代性的分析和诠释，例如：政治、经济、文化等。对现代性的解读呈现出整体性、微观性、多样性、复杂性的特征。霍加特对现代性问题的关注可归为上述分析的后者，从文化的维度引发对现代性的思索，但又不完全等同于后者的研究模式。他以微观形态的文化深入平常人的生活，以文化的实践意义分析文化与社会、文化与人的存在、文化与现代性等相互交错的关系，将微观文化与整体的社会发展相互交织在一起进行研究。政治、经济、文化、社会之间本身就是一个有机的整体，彼此之间并非独占一方，而是相互交叉、渗透、交融的有机体。

第一，霍加特从微观形态的文化角度关注现代性的问题。微观形态的文化体现为衣食住行、日常交往、婚丧嫁娶等传统习惯，作为人生存基础和社会运行基础的最为基本的运行方式。在反思社会深层次的矛盾问题时，离不开对微观形态文化的思考。霍加特对微观形态的文化进行了现代性意义的解读，并由此深入整体的现代性批判和现代性的合理建构之中。他以"自下而上"①的方式思考现代性的生成与发展问题。在对现代性的诸多定义中，最早可追溯到法国诗人波德莱尔对现代性的描述："现代性就是过渡、短暂、偶然；它是艺术的一半，另

---

① 乔瑞金：《英国的新马克思主义》，9页，北京，人民出版社，2013。

一半则是永恒与不变。"①"现代性"自产生以来，就意味着稳定性与流动性、规定性与多样性、确定性与境遇化的混合形式存在，充满着内在张力和矛盾。在对现代性林林总总的分析中，泰勒对现代性理论进行了两种类型的划分：非文化的现代性理论、文化的现代性理论。非文化的现代性理论把现代性看成是理性化发展的结果，强调理性对文化、社会的支配作用，呈现出中心化、一元化的发展模式；而文化的现代性理论，将社会的转型归为"新文化的兴起"，侧重独特地理解文化，并与其他文化构成对比，从而关注现代性的问题。泰勒认为对现代性的分析多数还停留在非文化的现代性理论中，并强调了文化的现代性理论的重要性。霍加特关注文化的独特性，认为如果没有文化的有益补充就仿佛落入"精神色盲"②之中，而文化却能提供来自日常生活的活力。霍加特正是从文化的微观视角，以一种微观逻辑赋予现代性多元化与多样性的解读。

第二，霍加特从微观形态的文化角度审视和评价现代性的问题。在商业文化的驱使下，快速流动的商业化文本侵略性地占领了人们日常生活的文化空间，使得日常话语发生了巨大转变。正如伯曼对现代性的解释：我们每一位现实中的男女们都经历着现代性的"体验"，这种"体验"是一种生命的体验。霍加特正是把现代性作为一种体验，以工人阶级的文化变迁为例，将文化的特殊性与现代性有机结合，推进文化用途的发

---

①　波德莱尔：《波德莱尔美学论文选》，郭宏安译，485 页，北京，人民文学出版社，1987。

②　Hoggart R.，*Speaking to Each Other：Volume Two：About Literature*，London：Penguin Book，1973，p. 22.

展，试图从文化的维度"在最广泛的意义上定义可以达到社会'生活质量的变化'最完整的感受"①。

现代性在给我们带来惊喜、冒险、变化的同时，正在悄无声息地威胁着并摧毁我们现有的生活方式。霍加特以纤细入微的笔触，在琐碎的日常生活中挑选一个场景、一个片段、一个见闻，以小见大地揭示人生的重大问题。他认为，就文化而言，不仅局限于作家在其作品中用以探索社会的方式，而且外延式地"直接和分散地对当时的各种问题、对其文化的'生活特质'所作分析的参与"②。有关生活特质这一概念，霍加特借用了韦伯"对象与价值的关系"，进一步解释生活特质是"某一社会所信奉的和自我认同的东西，个人对体验采取不同态度的价值范围，并依照这个范围打上特质的标记"③，生活特质承载着一种价值判断。霍加特特别突出文化分析对生活特质的揭示作用。他认为这种作用是非印象式的，"其目的在于具体表现生活的肌质或结构、感受或趋向"④。文化微观形态的研究有助于深入生活的肌质和获得来自生活的真实感受。

第三，霍加特试图重建现代性文化，以文化实践为动力机制，珍视微观形态的文化，将文化主体的进步作为一种实践的过程。文化实践是弥散的、随机的，但又是公正的，这为不同文化实践者提供了文化混响

---

① Hoggart R., *Speaking to Each Other*: *Volume Two*: *About Literature*, London: Penguin Book, 1973, p. 126.

② Hoggart R., *Contemporary Cultural Studies*: *An Approach to the Study of Literature and Society*, in Centre for Contemporary Cultural Studies. University of Birmingham. Occasional Paper, No. 6, 1978, p. 15.

③ Ibid., p. 15.

④ Ibid., p. 16.

的舞台，而这个舞台并非整齐划一，可以听到不同品质、不同细节的文化乐章，但同时这个舞台也并非随心所欲，而是充满着内在规定性、内在机制的整体文化。霍加特对现代性的解读就处于具象化与规定性之间辩证的求索。他对现代性的批判不是为了批判而批判，而是瞄准了现实的生活、人性的尊严而批判，维护文化主体自发的文化权利而批评。他作为一个现代性的反思者，摒弃现代性对唯一性与绝对权威的追求，批判世俗化和商品化推动价值无涉的相对主义暴力。他依据微观的文化实践活动，揭示文化、个体、社会、权利之间复杂的关系，并为现代性研究做出了建构性的贡献。

霍加特将文化实践作为对现代性思考的内在基石，关注平常人的生活、解读人的存在，对现代性与生俱来的矛盾性加以分析与批判。他倡导文化主体的文化自省、文化自觉、文化自主，从作为实践的文化中寻找现代性的救赎。微观文化解读现代性的独特之处在于，由于文化无疑成为现代性社会新的聚焦点，透过文化的特殊性和与生俱来"生活特质"的亲密感，为现代性问题提供了全新的思维方式。回归日常生活分析、彰显与体悟微观生活世界成为霍加特文化研究的落脚点。这一文化研究冲破了原有宏观层面思考现代性的局限性，深度剖析了现代性文化的特征，以微观文化的维度探究现代性的问题，细致入微地洞察人的生活和现实的人的社会。

另外，相对于围绕着宏大修辞的现代性而言，文化实践从微观文化着手解读现代性社会。文化实践以具体、微观、充满张力的文化样态揭橥现代性的矛盾与冲突。现代性无所不包，它同样弥散在人们的日常生活之中，并深刻地改变着人的存在方式和生活方式。霍加特从文化的角度深入分析了现代性的矛盾逻辑，认为文化应处在多样性与内在规定性辩证统一的系统中，一方面文化多样性彰显出文化创造性、流动性和偶然性的特征，另一方面文化需要理性化的发展，规范性即代表了文化内在的永恒。而文化内在规定性与文化多样性的有机结合和统一得以实现的基石，就在于文化实践的有效展开。

霍加特的文化实践思想所关注的不仅是文化现代性的自身演绎和发展，而且是以现代性的文化维度介入整体的现代性分析、批判、建构之中。他寻找到了现代性合理发展的动力机制——文化实践。文化实践以一种具体的生活，衣食住行，甚至是一天的食谱，或者某种意识雏形，将各种日常文化因素集合在一起的混合体。从由家庭、社区等文化实践场所构成的细致入微的生活着眼，从一个个鲜活而生动的文化生活片段入手，探寻文化的整体性和社会发展的运行方式。在文化实践的过程中，不仅文化主体可以自发维护自身的文化权利，而且文化价值内涵得到有力保障。文化实现差异性和内在规定性的双向发展，促使我们对现代性的问题有了更为丰富的理解，文化现代性问题的探究还关涉微观权利、价值判断、社会秩序等与社会运行方式、人的生存息息相关的问题，呈现对整体的现代性社会的分析与建构。

(三)复杂张力结构的文化

霍加特从多维度、多层面具体分析文化历史和现实的复杂性与丰富性。因为文化从来不是单一、线性的发展，而是由微观生活世界的不同侧面共同编织而成。

首先，霍加特分析了现代性社会所造就的文化"断裂"现象。他对现代性的分析避开了宏大层面的探讨，以针对现代性所触发的微观文化主体日常生活中的"断裂"为研究对象，以一种别样的方式阐释现代性的生成。现代性的"轨迹"展示着一种运动，呈现出社会内部与社会间的一般性断裂。霍加特深入现代性的内涵，以现代性迫使微观主体日常生活的"断裂"为视角，透视这场大规模的现代性运动。他对微观现代性主体的思考和探寻，源于对"文化转向"或称为"文化中心"关键期的分析，处在传统文化秩序的断裂和大众文化兴起的转折期。霍加特指出，新秩序与旧秩序之间并非是一种简单的逻辑关系或时间延续，"价值延续是一个辩证过程，从不会完结，并总是受到改革与变迁的影响"①。他认为，形成于现代性社会的文化必然具有现代性的特征，处于原有文化秩序的打破和新文化秩序的生成的混合状态。

其次，霍加特着力从日常生活层面分析微观现代性主体"新态度"与"旧态度"之间前所未有的断裂，分析现代性驱动下所产生的联合效应。文化意义的断裂表示一个时代的到来，另一个时代的隐退。霍加特以工人阶级文化为例，分析了在新文化与旧文化的变迁中，工人阶级典型态度、价值观的转变以及新文化秩序对工人阶级生活的影响。现代性充满了无休止的分裂与更新，"一切等级的和固定的东西都烟消云散了"②。而新态度与旧态度的转变很大程度上归于现代性社会大众媒体时代的来临，这预示着精英文化不再遥不可及，原先以家庭为主的娱乐方式被打

---

① Hoggart R. , *Contemporary Cultural Studies：An Approach to the Study of Literature and Society*, in Centre for Contemporary Cultural Studies. University of Birmingham. Occasional Paper, No. 6, 1978, p. 15.

② 《马克思恩格斯选集》第 1 卷，275 页，北京，人民出版社，1995。

破，具有典型特质文化的边界变得模糊，文化空间从特定的表达空间向开放性的公共空间转移。霍加特着眼于现代性文化，探索新与旧的断裂、秩序的更替、新价值观的出现一系列现代性运动，发现和揭示微观主体在这场运动中的运行轨迹。深入生活的微观文化可以透视出现代性主体在这场现代性的变迁中真实的感受和价值观的延续和变化。霍加特正是从文化的微观视角，以一种微观逻辑赋予现代性多元化与多样性的解读，以微观文化主体"新"与"旧"的文化更替透视现代性的来临。

再次，霍加特从微观文化角度探究现代主体的具体性和真实性。而在这场大规模的运动中，他尤其关注微观主体文化的独特性，认为微观主体的文化指代一种特定的"生活肌质"，而这种微观主体的文化却能提供来自日常生活的活力。以霍加特为首的开拓者赋予文化特定的用途，将文化作为"体现"和"扮演"人类生活质量的"诊断"方式。他认为微观文化体现出对人类生活"真实性"与"具体性"独特的"经验探索"。他对大写文化特定的表达空间——"大"文学——进行批判。他认为，大文学代表着操纵性的语言和权威性的文化标准，反对"多数人的""浅薄的""有缺陷的"文化，文化的真实用途遭受遮蔽。微观文化具体书写着不同文化主体的"能量"和"张力"，揭示出他们对"健康"生活态度和"成熟"价值尺度的衡量。霍加特关注微观文化主体的先声——工人阶级，探究现代性主体的具体性和真实性。他以工人阶级文化为例，分析了在新文化与旧文化的变迁中，工人阶级典型态度、价值观的转变以及新文化秩序对工人阶级生活的影响。

从次，霍加特分析了文化单向度的强制现象。在现代性社会中，文化更多表现为一种单向度的发展，呈现出文化工业化驱动下大众文化的发展。正如史蒂芬·施密特-沃尔芬发出了耸人听闻的揭示，"经济与文化之间的区别被取消了"①。文化处于一种强制性的系统模式中,与经济交织在一起,变成了对大众欺骗、愚民的手段。在此背景下,霍加特指出大多数人难以逃离这样的境遇,他们被大众文化和大众传媒所单一化和社会化了。他洞察到文化正处于岌岌可危的状态,认识到了文化现代性嬗变的复杂性,并敏锐地区分了大众文化、工人阶级文化之间的不同。他对 20 世纪文化朝向流行文化的发展倍感痛惜。但霍加特并没有一味地陷入对文化流行化、商业化的惋惜和批判。他试图将文化中心化、单一化的宏观权利转向非中心化、多态化、分散化的微观文化权利。他关注工人阶级群体、非政府组织、边缘群体层面的多元文化权利,注重个体和群体间的自由和特性发展。他以多维度的视角展开对文化中心化的宏观权利的分散,形成以多维反抗、微观文化权利来消解文化单一性、同质化的发展。

最后,霍加特提倡文化充满张力的多维度发展。著名英国文学、文化分析学者欧文认为霍加特对文化研究所作的首要贡献在于:"扩大了文化研究的范围,其中包括大众文化和工人阶级文化。"②虽然,霍加特受到 F. R. 利维斯和 Q. D. 利维斯的影响,尤其是对伟大文学的恪守和对文化的热爱,但是,与利维斯夫妇对精英文化的偏爱和痴迷不同,霍加特重视工人阶级的文化,将文化视为多维度的、多层次的。"他对待高雅文化和工人阶级文化的看法,以及处理两者之间的关系问题比任何

---

① Marcus G. , *A Secret History of the Twentieth Century*, Cambrige: Mass Press, 1990, p. 25.

② Owen S. *Re-reading Richard Hoggart: Life, Literature, Language, Education*, Newcastle: Cambridge Scholars, 2008, p. 1.

以往的学者更加深入和复杂化，体现出'文学与社会'的问题"①。霍加特写道："平民化和大众化的艺术比他们(阿诺德、艾略特、利维斯等精英主义者)所了解的更具多变性，工人阶级对某一事物看法比他们对工人阶级的认识更加复杂。"②他试图将文学批判和文化分析的方法延伸到大众文化的研究中，并敏锐地洞察、迎合观众的大众文化和富有弹性的工人阶级文化之间的不同。

三、文化生成的日常生活化

文化是生成的，它处在不断变革的过程中，而文化生成与变革的源泉则在生活世界，这是文化思想大师霍加特基于唯物史观和面向生活世界的当今哲学潮流做出的深刻论断。这一思想与英国传统的精英主义文化理念截然不同，从生活世界的文化基点拓展了马克思主义关于人民群众是历史创造主体的思想。霍加特关注文化生活化与生活文化化之间的内在关联，从人的日常生活态度、话语形式和生存环境等方面理解文化的变革，促使文化的认识方式和表达方式发生根本性转变。他把文化逻辑和生活逻辑相统一，形成了普通文化实践者自我创造、自我发展的文化生成机制。他的这种研究方式在于最终达到文化的生活化和生活的文

---

① Owen S. *Re-reading Richard Hoggart*: *Life*, *Literature*, *Language*, Education, Newcastle: Cambridge Scholars, 2008, p. 1.

② Hoggart R. , *Speaking to Each Other*: *Volume Two*: *About Literature*, London: Penguin Book, 1973, p. 30.

化化，推进文化与生活的内在统一，从而培育工人阶级的文化自觉，强化无产阶级反对资产阶级的文化立场，提升实现社会主义的实践能力。

霍加特站在历史唯物主义的立场上，深入现实的社会生活，剖析具体的社会状况，并由此分析日常生活实践的文化表征，具体体现为两个方面：生活态度勾勒出文化生成与变革的雏形、日常行为体现文化生成的运行方式。

(一)生活态度勾勒文化生成与变革的雏形

人类自我实践的过程同样是文化生成与变革的过程，而基于日常生活方式凝结而形成的生活态度，则代表了对日常生活的总体意向。它意指特定群体通过日常生活实践达成一整套心照不宣的衡量标准。稳定而持续的生活态度勾勒出文化变革的雏形。

霍加特以主体介入的方式，探寻存在于英国工人阶级生活中的核心态度，深入分析大众娱乐业产生的负面影响。他揭示日常生活实践凝结而成的生活态度对文化生成基本雏形的勾勒作用，反对外来植入式文化对工人阶级核心态度的干扰。他弘扬工人阶级的反抗精神，强化其社会主义主体意识。霍加特认为，"任何关于工人阶级的态度都是一种群体感觉。而这种感觉不存在于按个人的'方式去做'，而存在于绝大多数群体成员的自觉行为之中"[①]。霍加特在对工人阶级态度进行分析时，却有意避开"团体"这一词，因为，他认为"团体"的弦外之音过于简单化这

[①] Hoggart R.，*The Uses of Literacy*：*Aspects of Working-class Life*，London：Chatto & Windus，1967，p. 54.

一过程，从而低估了工人阶级群体更为尖锐的内在张力结构。

霍加特认为，工人阶级的核心生活态度以传统标示其文化生活的方向，包括强烈的群体成员感、乐观的存在主义意识和对待事情的宽容态度。而强烈的群体成员感体现为友善、合作、睦邻。在他看来，工人阶级所倡导的睦邻关系不只是一种"公平意义上的交换"，而是保持着"乐于助人""随时效劳"的态度。① 工人阶级中间存在这样的座右铭："我们同在一起""团结就是力量""联合与勤劳""爱、团结和忠诚"②。

乐观的存在主义意识体现在对工作、婚姻、家庭习以成俗的看法和一尘不缁、照例下去的行为中。霍加特认为，工人阶级群体不存在非常自觉的社区意识，截然不同于社会有目的的运动。工人阶级不会有意地施加某种力量来促进彼此的联结，诸如合作化运动的组织发展，而是源于这样一些态度："我们彼此生活在一起，我们是群体中的一员，在那里我们可以得到温暖和安全，群体不会频频变化，随时可以'掉头寻求邻里的帮助'，这些都是买不到的。"工人阶级相信，"金钱并不能使人更快乐，权力亦是如此。'真实'的存在是人类以及与之相伴的东西——家庭、亲情、友情和快乐生活。"工人阶级常说，"钱不是真实的东西"，"如果你总是为了额外的钱而殚精竭虑，那么生活就没有意义了"。③

对待事情的宽容态度主要取决于群体共同的价值观假定。"想知道邻里会怎么说"这是最常见的方式。工人阶级总是以邻里会做出怎样的

---

① Hoggart R. , *The Uses of Literacy：Aspects of Working-class Life*，London：Chatto & Windus，1967，p. 55.

② Ibid. , p. 54.

③ Ibid. , p. 56.

解释来观察和被观察，因为一个人的视野是有限的。超越群体的想法会被认为"装腔作势""自视清高""不屑一顾"。霍加特用细腻的笔触写到了一些因生活改善很难再划分为工人阶级一员的人们，他们仍然保留着原有的内在精神气质，用工人阶级的智慧和态度战胜了"有钱的阶级"。工人阶级邻里对这样一些人心生爱戴，因为他们保留了原先群体那些未经打磨的天性。

在霍加特看来，外部商业化的文化植入对工人阶级的生活态度正在产生深刻的影响。主要表现为以下三个方面：其一，宽容和自由。霍加特把宽容和自由联系在一起思考，其原因在于"几乎无限制的自由概念正通过越来越浅薄的渠道传递给工人阶级，并流入和吸收到旧宽容的概念中"[1]。"宽容"一直是工人阶级生活态度的重要体现，但是，随着自由概念无限扩大和推崇，宽容也失去了它原有的意义。霍加特认为，自由的概念现在泛化到什么东西都不是的地步，成为毫无意义的东西。在将自由与宽容微妙地联系在一起的过程中，他认为自由的概念在此语境下会产生一种结果：一个人什么都不选择他便是自由的，但是如果他使用他的自由做出选择而不同于大众，他就会被认为"心胸狭窄""顽固""教条""不宽容""爱管闲事""不民主"。现代的工人阶级用"怎么都行"来代表"待人宽容"，宽容时下成为一种嗜好，不断地消耗传统的生活态度，使人变得吝啬和脆弱，失去了阶级立场和意识，并远离日常生活。

---

① Hoggart R., *The Uses of Literacy: Aspects of Working-class Life*, London: Chatto & Windus, 1967, p. 132.

其二，群体感和民主的平均主义。霍加特认为工人阶级的群体感可以表达他们一致的需求，群体感代表了彼此之间的热情和友好，但对于大众宣传而言，它试图利用乳臭未干的民主平均主义达到他们的商业利益。霍加特认为"大众"既是一种民主平均主义的说辞、伪善之言，又是对"普通人"的一种荒唐而危险的奉承。因此，"依靠人民""一切平等""所有人都有选举权""一样就好""人民的声音就是上帝的声音"，这些不痛不痒的表达暗含着一种伪善的民主，从而瓦解了工人阶级的群体意识。

其三，生活在当下和进步主义。霍加特认为传统工人阶级持有活在当下和为了当下的态度，相信完全可以沉浸在自己的快乐中，但是，"进步主义"通过忘却过去来促进活在当下，现在是快乐的仅仅因为是现在，是最新的而不是过时的，新的东西一经出现，旧的东西就该被丢弃。但事实上，旧的东西有着旧的价值——古朴美观。不幸的是这样的"进步主义"正冲击着年青一代工人阶级的生活，形成了工人阶级"新"与"旧"生活态度之间的对立和冲突，恶劣的后果使工人阶级忘记了他们的历史使命。

霍加特通过分析"新"与"旧"态度的不同来源，揭示出商业文化造成的文化与生活态度之间的倒置关系。友好的集体传统源于工人阶级紧密、拧成一团、亲密的生活条件。工人阶级的使用空间大多都是共享的，在这样一个有限的空间里，"睦邻"或者"友善"都会得到很高称赞。俱乐部是工人阶级交口称赞的地方，因为"它是真实而友善的地方"①。"旧"态度代表着日常生活凝结而成的态度，这些态度蕴含着丰富的工人

---

① Hoggart R.，*The Uses of Literacy：Aspects of Working-class Life*，London：Chatto & Windus，1967，p. 55.

阶级文化，并指引着未来文化发展的方式和价值诉求。源自工人阶级的日常生活态度，经常以警句、习语、谚语的方式被传颂。工人阶级还会用歌曲的形式表达他们对生活态度的倾诉，这些歌曲的主题多数围绕着工人阶级态度的核心——爱情、朋友、生活之善。

但是，在大众文化的影响下，工人阶级的态度正在悄无声息地发生变化，这种态度的改变是一种外部植入式的强加，是受外力作用而产生的被动改变。"大众出版物为了获得更加持续、有效的吸引力，采用了比以往更加综合、集中的形式。我们正在向大众文化的世界移动；至少一部分'人民的'城市文化正在被摧毁。"[①]在霍加特看来，新大众文化比它正在取代的粗俗文化更缺乏健康。新大众文化强有力地干扰和曲解传统的工人阶级态度。大众文化设置了倒置的文化世界，正在消解工人阶级的阶级意识和革命意识。

日常生活态度反映着人们的道德情感、价值选择，勾勒出文化生成的雏形。文化是对当时某一社会生活、社会现象尽量力求客观地反映或再现。但是，文化并不是机械地陈述，而是体现着一定的文化态度，呈现出人们对文化现象持赞成或是批判态度。而这种文化态度的真正来源正是凝结于人们日常生活实践的生活态度。

(二)日常行为体现文化生成的运行方式

生活世界充满着不计其数的人的活动，而这些活动并不是杂乱无章

---

① Hoggart R., *The Uses of Literacy: Aspects of Working-class Life*, London: Chatto & Windus, 1967, p. 10.

无规律可循的，日常行为填充了风俗、礼仪、习惯和规范的内容。文化生成植根于日常生活世界的现实土壤，其运行方式遵循着日常行为的轨迹。每个文化使用者都可以通过日常生活实践理解和创造文化。霍加特认为工人阶级的文化运行方式依靠他们日复一日逐渐形成的行为习惯而存在。

一方面，文化以真情实感刻画人间百态，表现人们日常行为的踪迹。与精英主义的文化理念不同，霍加特所关注的文化生成，不以追求宏大的、泛化的、总体性的文化模式，而是试图透过五彩斑斓的微观文化样态，理解蕴含于人们日常生活中的具体文化行为，从而探寻文化变革的微观机制，找到提升工人阶级文化的途径。

在霍加特看来，文化行为必然与人的现实生活密切相关。文化生成不是简单地将文化指向生活而成为一种漂浮的能指，而应深入具体的日常行为之中。他认为，工人阶级文化生成是围绕着一天的日常生活展开的，"炸鱼和土豆片的味道从用报纸包裹的袋子里冒了出来（尽管这一做法正在消失，但这可能是英国小报所发挥的最有用的作用）；地方性图书馆的气氛；硬薄荷糖的味道；《世界新闻报》混合着烤牛肉的星期天的味道；先令投币式的供电系统；工人阶级父亲用挠耳朵的方式表示他正在思考；沉迷于救世军的传统，因为他们可以为普通人民提供实际的帮助，而不是空洞的虔诚"①。虽然文化行为有其自身发展的规律性，但是一个时代现存的社会运行方式和生产体制必将决定、制约着文化的内

---

① Hoggart R., *The Uses of Literacy: Aspects of Working-class Life*, London: Chatto & Windus, 1967, p. xvi.

容和风格。

微观形态的文化生成总是再现或反映人们在现实生活过程中的生活状况。霍加特妙趣横生地举例说明，即便是现在工人阶级也很难以正确的方式通过七道菜的晚宴；同样，混入工人阶级中间的中上层阶级，通过他们不经意间所流露出的言谈举止，就会暴露出他们中产阶级的身份。某一群体具体的生活行为暗含着与其他行为方式的不同，呈现着自身所在文化的特征。

另一方面，文化作为现实社会生活的真实写照，源自对日常生活行为的分析与创造。霍加特认为任何文化的生成都不会独立存在，总会处于某种社会关系中。他主张文化不仅限于"高级"文学、"低级"文学、语言大众艺术形式，而且还包括更广阔范围的其他社会表象，"诸如某个时代所出现的特定社会阶层的仪态类型、服饰式样、语言习惯及其他各种方式"①。霍加特认为，彻底区分文化现象与文化附带现象几乎是不可能的，文化与社会之间的联系是无法分割的，尤其对于现代性社会而言，文化与社会生活的密切相关性表现得更为突出。他进一步说明，"读懂"表示理解或解释日常行为的文化意义，借助文化的品质和风格读懂社会意义十分重要。他指出即便是多么白雪难和的文化都离不开人的生活和现实的社会，文化的本源来自生活，文化应放置于日常生活的背景下加以考察，尽量挖掘日常生活中的文化因素，为更加充分地了解社会和提升文化品质提供帮助。霍加特还分析了大众艺术、流行艺术与日

---

① Hoggart R. , *Contemporary Cultural Studies*: *An Approach to the Study of Literature and Society*, in Centre for Contemporary Cultural Studies. University of Birmingham. Occasional Paper, No. 6, 1978, p. 17.

常生活的关系，认为"大众艺术或流行艺术所具有的东西都会在民间传说和神话中出现"[1]。霍加特采用列维-斯特劳斯(Levi-Strauss)对通俗文学的分析，认为人类学家通过某种方式阐释原始社会神话的含义，并把这些含义与该社会中的信仰与精神状态联系起来，同样这种方法有助于对通俗文本的阅读[2]。他主张文学—文化工作与社会学之间也可以形成有益的合作，认为意大利批评家安伯托·艾柯(Umber to Eco)以符号学对知识社会学和意识形态的分析，与文学批评方法有很多共同之处，文化对人类生活的内涵的喻示酝酿于现实的日常行为之中。

文化实践的客体维度是霍加特文化实践思想的重要内容。如前所述，霍加特对文化实践主体的探究是对社会主体根本性的变革，那么，文化实践的客体维度，则是从变革对象世界层面做出的思考。他将文化从狭隘的、片面的、旧学科式的所指，赋予了文化崭新的、更为宽广的用途和意义；把文化从作为资产阶级统治广大人民的精神枷锁，转化成变革人类社会的决定性力量；让文化从企图用"棉花糖"的世界磨平普通人阶级意识和文化特质的工具，转为打破资产阶级社会一切桎梏的利器。这样一来，文化实践的主体与文化实践的客体得到了双向变革和匹配性改造。

本章在于厘清霍加特文化实践对象的具体所指，展现文化研究的具

---

① Hoggart R. , *Contemporary Cultural Studies*: *An Approach to the Study of Literature and Society*, in Centre for Contemporary Cultural Studies. University of Birmingham. Occasional Paper, No. 6, 1978, p. 18.

② 霍加特对列维-斯特劳斯的通俗文学的分析，可参见 T. 摩尔《斯特劳斯与文化科学》一文。

体研究景观，深入霍加特文化实践所探源的对象。其一，阐明霍加特以文化现代性的嬗变为语境，对文本自律论进行扬弃，批判了就文本而谈文本的局限性，强调文本的社会属性，并由此开创了跨学科的文化研究。在分析霍加特文化研究之路的历程中，体现文化实践所指对象的转变，从文学研究走向文化研究，从文本分析走向日常生活实践的重大革新。其二，以具象化的文化、微观形态的文化、复杂张力结构的文化，三种样态展现聚焦生活世界文化的呈现形式，其目的在于阐释日常生活的文化比宏观构想的文化更接近文化的本真，微观文化发挥着宏观文化无法比拟的作用，进一步彰显霍加特文化实践的意义和价值。其三，具体分析了霍加特以现实的社会生活和具体的社会状况为依据，呈现日常生活实践的文化表征，即生活态度勾勒文化生成与变革的雏形、日常行为体现文化生成的运行方式，其目的在于体现文化实践思想对生活态度和日常行为的关注，以及三者之间内在关联的思考。

在具体彰显文化实践思想的内涵与外延时，霍加特主要借助文化实践的话语特征和社会关联，进一步阐释了文化实践的意义和价值。霍加特在面对现代性社会语言的衰退和日常文化空间被侵占的现象时，力图通过文化实践的话语特征和社会关联，搭建文化与文学、文化与生活、文化与社会之间互通而友善的桥梁，探索和重建社会的本质和人类的经验。霍加特试图发挥文化实践的话语特征和社会关联的作用，使文化主体与文化客体实现双向变革，并促进两者之间深层融合和协调一致的发展。

第五章

｜ 文化实践的社会关联

霍加特文化实践思想体现了文化与文学、文化与生活、文化与社会之间辩证而富有张力的内在结构。他所展开的文化实践不是一种泛文化的文化实践，而是以如何改善人的生活，如何建构健康、有序的社会主义社会为目的诉求，实现由文化变革所引发的具有联动效应的社会变革，即文化主体的变革、文化所指对象的变革、文化实践方式的变革、文化思维方式的变革、文化价值标示的变革，使之最终达致由内而外的真正意义上的社会变革，为建构理想社会主义提供现实可行的方法和途径。霍加特的文化实践思想不是一般意义上的人类学式的文化研究，而是具有文化政治诉求的文化实践，最终以实现建构理想社会主义社会为目的指向。

霍加特的文化实践思想强化了文化实践的社会关联，进一步阐释了文化与社会之间的相互渗透力，揭示出由文化变革引发社会变革的现实基础，不是简单的机构改革或体制改革，而是微观文化主体实践方式的改革，始于生活的改革。需要指出的是，霍加特并不反对社会机构和立法制度的改革，相反，他积极投身于文化事业的改革，为改进英国的文化状况撰写了大量相关的报告，例如《皮克顿报告》等，并先后负责草拟了《民主广播的特权》《公共服务广播的主要原则》《电视的质量》等报告。他在对不合理的机构、制度提出挑战和进行改革的同时，始终没有忘记这些改革与微观实践者实践能力提升之间的关系。例如，他在倡导传播媒介的改革时，把传播媒介作为"第一重要的教育家"①，强调媒体的社会功能。霍加特对社会体制改革不是单向度的理解，而是基于普通民众文化生活的多向度的思考，以达致社会的全面治理。

霍加特所展开的文化实践与生活世界的文化生成及其变革的研究，不仅仅以文化实践的内涵关注阶级文化的变迁和特质，而且以文化实践的外延，即文化与社会的关联，探讨文化实践的社会功能和社会意义。他以文化实践的内涵和外延探究文化对社会变革的作用和影响。在对文化社会意义的探究时，与法兰克福学派相比而言，法兰克福学派着眼于宏观层面的文化批判问题，探究现代资本主义批判理论，然而，霍加特则是从微观层面的文化视角，探究了与微观文化主体日常文化生活息息相关的社会问题。具体呈现在三个方面——文化实践与日常生活、文化

---

① Hoggart R. , *Speaking to Each Other*：*Volume One*：*About Society*，London：Penguin Book，1973，p. 157.

实践与权利关系、文化实践与社会变革。霍加特并进一步分析了彼此之间的交错与对抗，从而阐释了现代性社会存在的深层矛盾和关键性问题。他从文化实践与日常生活之间的关联为着眼点，探究了生活环境、体验和感受与工人阶级文化生成之间的相关性。在此基础上，霍加特进一步探讨了文化实践与权利关系的问题，揭示了两者之间张力结构的存在，并通过微观文化主体的文化实践，力图摆脱既定权利和社会等级对文化的束缚和操控，实现社会深层意义的变革。

一、生活世界的文化生成

在向生活世界的转向中，霍加特巧妙地运用生活来理解文化，同时又借助文化走向生活，开启了文化与生活之间的双向互动过程。如何真正走向丰富多彩的生活世界，而不成为流于表面的文字，不成为空洞的躯壳？霍加特发现，文化是生活世界的精灵，它向人们昭示着一个充满多样性、传承性、异质性的生活世界。为此，他站在文化的角度，倡导回归质朴而真实的人的自由生活状态，不仅如此，在这一思想的探寻中，拉近了日常生活与学科专属性之间的距离，文化生活化将晦涩难懂的专业术语变得通俗明了，使得探索、认知世界的过程不再人为地加设复杂烦琐的障碍。

生活世界中的文化生成和变革，不仅可以作为人类抒发情感和表达自我的方式，而且在于变革工人阶级的生活态度。在变革生活态度的过程中，不断推进人的解放和人的自由的追求，提升人民在微观行为中创造、共享和实现共同体文化的自觉，并为最终建立社会主义的"自由人的联合体"这一目标而努力。

文化实践发生在一定的生活之中，代表日常生活的集合。霍加特对工人阶级的日常生活投入了巨大的关注。他认为工人阶级作为普通文化实践者的先锋，其日常生活主要是由家庭、邻里、工人阶级社区组成，而这些日常生活空间即代表了工人阶级文化实践的行动空间。对于微观文化实践者而言，日常生活实践是实现自我确认和自我定位的关键力量，为普通人在社会结构关系中获得一席之地起到了重要作用。

(一) 生活环境塑造文化特质

霍加特通过分析典型工人阶级的居住区，借助对具体工人阶级生存环境的探究，涉足工人阶级文化问题的研究。从而显示文化蕴含的权利关系，以及微观文化主体如何在自我存在的环境中实现自主实践。

文化生成是一个情境化的过程，它发生在特定生活之中。而日常生活空间则是微观文化实践者最真实、最常见的存在场所。在日常生活有效辐射的空间中，微观文化实践者使用和体验自我生存的环境，定位自我生活的"版图"，确定自我存在的位置。从而建立自我存在的社会关系，获得来自文化实践形成的自我意识。霍加特认为工人阶级的文化融入他们的日常生活之中。日常生活承载着工人阶级的行动方式、风俗习惯、道德规范，并且，工人阶级在日常实践中使得自我确认得以实现。霍加特提出，普通文化实践者正是在文化与生活的大熔炉中，不断调整、适应、抵抗变化中的日常生活。在日常生活空间找到适合自己的生活方式，可有选择地使用文化，并结合具体的生活创作文化，从而可获得社会变化过程中新的自我存在感，进一步提升自我意识，使潜伏在日常生活实践中的巨大力量得以发挥。

霍加特从整体的社会生活状况和特定生活内部运动的两个视角，揭示典型工人居住区的真实全景。具体如下：

视角一：整体的社会生活状况决定了工人阶级基本的文化生活样态。霍加特概述了工人阶级居住区的特征。工人阶级的居住区代表着"大量无产阶级的聚集地"[①]。"这里是贫穷的、肮脏的，永远有一种'半云半雾'的感觉；这里没有绿色的萦绕和蔚蓝的天空；这里总会比北部或西部的城镇更灰暗一些。在这里，砖墙和木制品都很廉价；……寻找最近的公园或者一片绿茵地需要到很远的地方。露台常常充斥着发酸的味道。在这里，有很多废弃的地方，经常堆放着肮脏的碎石"[②]。利兹工人阶级的房子"被安置在由巨型工厂包围的黑暗而低洼的峡谷中"。在这些"随工业形成的简陋房子"中，"许多卧室的窗户与路堤上盘旋着的货物运输线相平行"。这些房子经常位于"高架桥、铁轨、运河相互交织的地方"。"燃气工厂拥挤在他们居住地的中间"，"其中，小酒馆和粗鲁的卫理公会的小教堂自始至终间隔存在其间"。在这里，"被煤烟熏黑的杂草从用鹅卵石铺成的路面中拥挤出来"，"整日整夜的嘈杂声、工厂的汽笛声、火车车轮撞击铁轨缝隙的巨大响声，以及无时无刻散发着的工业废气，包围着该地区"[③]。

---

① Hoggart R., *The Uses of Literacy：Aspects of Working-class Life*，London：Chatto & Windus，1967，p. 38.

② Ibid.，p. 38.

③ Ibid.，p. 38.

正如，恩格斯在《论住宅问题》有关工人阶级的住宅，写道："在这种社会中，绝大多数劳动群众不得不专靠工资来过活，也就是靠为维持生命和延续后代所必需的那些生活资料来过活；在这种社会中，机器技术等等的不断改善经常使大量工人失业；在这种社会中，工业的剧烈的周期波动一方面决定着大量失业工人后备军的存在，另一方面又时而把大批失业工人抛上街头；在这种社会中，工人大批量地拥塞在大城市里，而且拥塞的速度比在当时条件下给他们修造住房的速度更快……最后，在这种社会中，作为资本家的房主总是不仅有权，而且由于竞争，在某种程度上还应该从自己的房产中无情地榨取最高的房租。"[①]这便是工业大生产后整体的工人阶级居住条件和生存状况。工业社会引发大量劳动者的聚集，形成了传统城邑的瓦解和都市的发展。城市按照不同的部分、不同的功能叠加和重新分配。工人阶级住宅的形成就是这场城乡运动的产物，是按照城市要求重新分配的衍生物。

因此，工人阶级的生活环境是由空间的排序者划分而成，他们"建议引入一种'小宅子制度'，也就是工人的营房，把他们尽可能地组织起来"[②]。工人阶级居住区先天通过一系列的安排、遵从、限定后，成为了拥有典型特色视觉空间的产物。霍加特在传达工人阶级的文化生活时，对工人阶级的居住区进行了具体而细致的研究，关注于工人阶级居住区的风格以及风格隐喻的思想内容，揭示了整个社会环境布局对工人的生活环境的决定作用，进一步透视出日常生活对社会文化的作用。

---

① 《马克思恩格斯全集》第18卷，263—264页，北京，人民出版社，1964。
② ［法］亨利·列斐伏尔：《空间与政治》，李春译，60页，上海，上海人民出版社，2008。

霍加特生活世界的文化生成思想，与吉登斯从"前"区和"后"区空间的概念阐释两种社会运动具有相似性。霍加特在分析典型工人阶级的居住区时，其目的在于诠释底层人民的生活状况，揭示资本主义社会对工人阶级的压制，以及社会结构对空间格局的支配作用。正如吉登斯提出的"前"区空间的概念，前区空间是指，"由我们在'公众'舞台上表现的地方构成。在这里，我们的行为是程式化、形式化和社会可以接受的活动"①。前区空间即指明了社会结构对空间支配的作用力。在这一点上，两者之间具有共同之处。霍加特是英国新左派第一代具有明显经验主义特质的思想家，但这并不意味着他不关注社会内部存在的深层社会结构问题。他希望通过微观文化主体的自身力量，改变社会结构的不平等，力图用微观革命挣脱社会结构的捆绑。他提出了特定空间内部的运动，关注底层人民内部的日常生活运动。

视角二：从特定生活内部的运动，分析存在于工人居住地中自主实践的生机。工业化的城市进程不断通过移位、布局、管制，使得空间划分清晰分明，以便阶级统治者按照空间布局，划分人的等级和禁锢人的思想。然而，留存于普通劳动者中间的微观实践活动并没有在这种统一化的城市管制中得到完全抑制。拥有自主文化实践的工人阶级努力挣脱城市操纵者束缚，继续鲜活呈现自己本真的文化生活样态。霍加特对典型工人阶级居住区进行整体概括之后，进一步深入工人阶级的内部生活空间，深入社会监管之下工人阶级自行支配的微观生活实践之中。在自

---

① ［英］克里斯·巴克：《文化研究：理论与实践》，孔敏译，365 页，北京，北京大学出版社，2013。

行支配的空间中，工人阶级以自我的存在方式，建立起了一整套日常性的实践活动。针对工人阶级空间实践细致入微的探索，正是霍加特不同于宏大社会结构研究者的点睛之处。

霍加特关于工人阶级日常实践的思考，通过对生活在"下面"工人阶级的空间使用和空间陈设的分析得以体现。虽然工人阶级的生存环境全然由空间的组织者、城市的规划者决定和操纵，但是这些平凡生活的工人阶级生活在"下面"，生活在工人阶级居住者自己依循的行动空间中。霍加特写道，"进入里面，这里存在很多小的世界，像同类型的、界限分明的村庄一样"①，在工人阶级居住区，"在清晨五点钟左右，送货车会在通往城镇的主干上道呼啸而过，……；这是我们自己的地盘，因为在这个错综复杂的空间里，这里的居住者通常都会……他们随心所欲地穿过这条小巷，直径来到……他们对这里空间布局简直了如指掌"②。霍加特采用这样一种描述方式，就是在于为我们展示社会结构框架之下的工人阶级生活样态，揭示结构之下微观行动者自主实践的潜能。

霍加特所采用的方式，正如米歇尔·德·塞托（Michel de Certean）所述城市空间的"行走者"一样，以具体的生活记录文化，以体验生活的方式呈现生活环境的面貌，而不像空间简单的"窥视者"那样，居高临下地俯视生活。"城市里的普通从业者住在'下面'，住在刚刚看得见的门槛的下面。他们行走，乃是体验这个城市的一种基本形式。"③霍加特复

---

① Hoggart R. , *The Uses of Literacy*: *Aspects of Working-class Life*, London: Chatto & Windus, 1967, p. 38.

② Ibid. , p. 39.

③ 罗钢、刘象愚：《文化研究读本》，323 页，北京，中国社会科学出版社，2000。

原了工人阶级的空间轨迹，从通往城市的主干道到狭窄拥挤的墙间过道，从一个街区到另一个街区，从杂货店到小型俱乐部。这是属于工人阶级自己的地盘，他们对这里了如指掌，自然而然行动其间。在这个工人阶级再熟悉不过的生活环境中，包含着"街区之间一些小事情的摩擦""邻里间的悄悄话""夜晚孩子们在透着光的店铺橱窗旁玩耍""杂货店通常是家庭妇女的俱乐部"①，展示着工人阶级具体的生活景象。霍加特对工人阶级生活环境并非一般意义、表面化的概述，而是深入具体工人阶级生活和工人阶级态度之中的生活文本。

霍加特从生活环境内部的运动，分析工人阶级的生活。这与吉登斯的后区空间概念相对应，"后区是那些我们'幕后'活动的空间"，那些"放松行为和言论到较不正式的方式"②。霍加特第二视角的空间思考，深刻反映了工人阶级的文化生活，并为进一步挖掘工人阶级生活在下面的文化力量聚集能量。

(二)生活体验营造文化情境

霍加特在寻觅真实的日常文化生成时，将目光洒向"个人的、具体的、当地感的"③家庭生活。他将家庭作为生活世界中文化生成的栖息地，使得日渐消散的家庭生活的光泽感再次显现。"对于霍加特而言，

---

① Hoggart R., *The Uses of Literacy: Aspects of Working-class Life*, London: Chatto & Windus, 1967, p. 39.

② [英]克里斯·巴克:《文化研究:理论与实践》, 孔敏译, 365 页, 北京, 北京大学出版社, 2013。

③ Hoggart R., *The Uses of Literacy: Aspects of Working-class Life*, London: Chatto & Windus, 1967, p. 18.

家庭生活是超越契约权利和责任义务，达致道德分享、情感承诺和体会'其他成员'感受的基础。"[①]他以文化实践者习以为常的日常生活，从微观层面的家庭、邻里、社区着眼，透析整个社会存在的问题和矛盾，以小见大洞察社会。工人阶级的文化传统深深地根植于由家庭以及围绕着家庭连带关系形成的空间环境中。工人阶级的文化与工人阶级的家庭已经合为一体，无法谈及其一而避开另一方。

马克思、恩格斯有关基本社会单位——家庭的论述，在其著作《论离婚法草案》《1844 年经济学哲学手稿》《英国工人阶级状况》《致巴·瓦·安年柯夫》《神圣家族》《德意志意识形态》《共产主义信条草案》《摩尔根〈古代社会〉一书摘要》都有过阐述。马克思、恩格斯曾指出，"根据现有的经验材料来考察和阐明家庭，而不应该像通常在德国所做的那样，根据'家庭的概念'来考察和阐明家庭"[②]。对家庭真正意义的诠释不能脱离现实的人的生活，应根据具体的生活场景考察和阐明，不能将家庭抽象的悬置起来。霍加特对工人阶级家庭的研究更符合马克思对家庭的论述逻辑，将家庭置于具体的生活片段中，体现家庭真实呈现人生活特质的功能。

家庭空间的使用、陈列和设计体现着不同的文化内涵。"不同的文化以不同的方式设计家庭，分配不同的意义或恰当的行为方式。"[③]在霍

---

① Bailey M., Clarke B., and Walton J., *Understanding Richard Hoggart：A Pedagogy of Hope.* Oxford：Miley-Blackwell，2012，p. 4.

② 《马克思恩格斯选集》第 1 卷，80 页，北京，人民出版社，1995。

③ ［英］克里斯·巴克：《文化研究：理论与实践》，孔敏译，365 页，北京，北京大学出版社，2013。

加特看来，工人阶级的文化更是一种为生存所需基础上的文化活动，空间摆设通常服从于生活所需的基本需求。工人阶级的生活，"特别是，多数中年工人阶级夫妇的生活，仍处于爱德华七世时期风格，他们的客厅从那时至今几乎没有什么变化，除了偶尔会添置几件椅子之类的小物件，他们的家具多数是从他们父母那里传承过来的"①。即便是现在，家具推销员使尽浑身解数劝说他们购买新的家具，并可以通过分期付款的方式购买。但是，"这些号称采用新材料的现代家具必须体现出相同的假设，'真正地家一般的'房间陈设应该像过去一样"②。霍加特认为工人阶级的空间陈设"有助于家庭价值观的充实和丰富"③。他表达出对现代性社会空间陈设的反感，"连锁店所构成的现代主义，用喷涂光亮着色剂的劣质胶合板替代着古老的红木；多色塑料或镀铬做成的饼干桶、鸟笼摆放其间。"④他对比了现代性打造的空间与旧式空间的不同，现代的房屋用含铅的、带有色彩的窗玻璃，将屋子与外界严严实实的分割开来，而过去的旧房子通常会设计很深的窗台，这样一来，会给外面的色彩留有机会，例如，一盆色彩斑斓的金莲花或者耀眼夺目的天竺葵。霍加特指出，工人阶级特有的生活环境造就了工人阶级独特的文化品质。

霍加特以细致入微的笔触触碰了充满人间情感的生活空间，"回首

---

① Hoggart R.，*The Uses of Literacy*：*Aspects of Working-class Life*，London：Chatto & Windus，1967，p. 16.

② Ibid.，p. 17.

③ Ibid.，p. 19.

④ Ibid.，p. 19.

多年，称得上好的'起居室'应该有这三样：聚集性、温暖、充足而美味的食物"①。

其一，在霍加特的描写中，客厅是工人阶级家庭温暖的中心，它不是社交中心，而是家庭的中心。对于工人阶级而言，即便是最熟悉的朋友也很少"跨过这道门槛"②，几乎不知道对方的屋子究竟是怎样的。工人阶级的社交空间常常出现在由工人阶级组成的社区里，女人们会相遇在洗衣店或者拐角商店里，男人们会聚集在工人阶级的酒吧、俱乐部中。

其二，霍加特认为"炉火"是工人阶级生活空间中最重要的陈设品之一。"炉火为家而留，不管是待在家里，还是在家的附近"，因为"这些（地方）是属于我们的"③。"只是待在家里"是工人阶级最常见的日常闲暇活动之一。虽然工人阶级的住所混乱而拥挤，但是对于他们而言却是一个可以远离外界世界的藏身之处。炉火代表温暖，而"温暖就像一只小虫在小地毯上一般的舒适，对工人阶级而言，温暖是头等重要的"④。霍加特认为，对于好的家庭主妇而言，她们必须看管好火炉，看管好火炉比买好质量的羊毛内衣重要得多，火是可以分享和看见的。

其三，霍加特关注工人阶级的美食。在霍加特的回忆中，工人阶级之间的食物也有区分，好一点的可以享受到猪排、牛排、腰子和薯条，

---

① Hoggart R. , *The Uses of Literacy: Aspects of Working-class Life*, London: Chatto & Windus, 1967, p. 19.

② Ibid. , p. 20.

③ Ibid. , p. 20.

④ Ibid. , p. 21.

而相比之下，可怜的靠领养退休金生活的老人只能用热水溶解一便士买来的碳酸饮料再加上几片面包来做早餐。工人阶级的主妇都会将肉切得很薄，这样不仅可以增加食用的次数，还会既营养又美味；其中，美味的重点还表现在周末特有的"茶点"上，例如，黑布丁、猪脚、猪肝、炖蹄筋、牛肚、香肠、鳕鱼和特别受欢迎的开胃虾：小虾米、鱼子、腌鱼和贻贝；鳕鱼很好吃，远远胜过新鲜的三文鱼。

霍加特关注万象生机的工人阶级内部的居住空间，以及空间内部的陈设，特别是家庭空间的陈设，使工人阶级空间充满生机和活力，而非完全由城市空间操控者所限定和束缚。工人阶级在现有的空间中开展自己的生活。源于生活的空间实践方式，以充满智慧的实践活动打造出具有人情味的行动空间，不会被动地接受来自外部力量设置的生硬而冰冷空间，空间使用者能够过一种相对自主的空间生活。在霍加特看来，工人阶级日复一日开展和重复文化实践的场所当属家庭空间。"没有任何一个地方可以和家相提并论"[1]。对于工人阶级来说，回到自己家就会得到愉悦而轻松的感觉，他们可以暂别那些控制他们行为方式的社会等级空间布局，精神和身体暂时摆脱一定社会关系和社会等级的束缚。家是属于工人阶级自己的地盘，家可以定位工人阶级自己的真实存在感。即便是蜗居般的家庭生活同样也能带给工人阶级温暖和幸福。

"家庭生活的意义就在于不容剥夺和不可替代性。"[2]霍加特立足于

---

[1] Hoggart R., *The Uses of Literacy: Aspects of Working-class Life*, London: Chatto & Windus, 1967, p. 18.

[2] Ibid., p. 18.

人们习以为常的家庭居住空间，以具体空间的使用方式，剖析空间使用者的文化行为。在霍加特看来，文化更是一种具体的生活，是日复一日日常行为的聚合，家庭留存着普通人的文化特质。他从具体家庭生活，关注工人阶级特有的文化品质，认为在日常生活成千上万的琐碎事件中，可以辨识出工人阶级特有的生活方式，例如"数英里冒着浓烟"的居住地，"具有辨识度很强的工人阶级房屋"，"每月数额较少的分期付款方式"，即便是这样，对于工人阶级社区来讲同样存在"微妙色差"，"稍好一点的房子"，"拥有独立厨房"，"有一个露台或者一个小院儿"，"一星期的租金要九便士以上的房子"，"她的丈夫有一技之长"，"他家的媳妇能持家，对家里的摆设有讲究"①，如此等等。每个家庭都有自己的故事，每个家庭都让其成员获得归属感。

以家庭为单位的社会关系体现着马克思、恩格斯在《德意志意识形态》中所提出的两种生产，即一方面，"首先就需要吃喝住穿以及其他一些东西。因此第一个历史活动就是生产满足这些需要的资料，即生产物质生活本身"②；另一方面，"每日都在重新生产自己生命的人们开始生产另外一些人，即繁殖。这就是夫妻之间的关系，父母和子女之间的关系，也就是**家庭**"③。家庭既代表一种物质关系，又指代一种社会关系。霍加特正是以这种细致入微的空间叙述方式，诉说工人阶级物质生活中的点滴行为，追忆温柔甜美的家庭小天地的喜怒哀乐，憧憬有朝一日未

---

① Hoggart R.，*The Uses of Literacy：Aspects of Working-class Life*，London：Chatto & Windus，1967，pp. 7-8

② 《马克思恩格斯选集》第 1 卷，79 页，北京，人民出版社，1995。

③ 同上书，80 页。

来生活得到真正意义上的改善。

霍加特认为，文化生成的行动空间还表现在由邻里关系搭建的空间关系中，邻里之间构成了一种集体性的空间关系。"家或许是私人领域，但是将前门打开让客厅直对着街道；当你走向第一个台阶或者就此作为温暖夜晚小憩一会的地方，你自然成为邻里关系中的一部分了。"①生活环境是由家庭以及邻近区域构成的，它具有集体性和规范性，无形地构成了居住者的生活轨迹，它不仅可以透视个体居住者的日常生活，而且可以反观集体性居住者的共同生活特质。因为居住者选择的活动范围所限，以及日常生活彼此之间的相互接触，他们构成了相互共存的关系。"我们的日常生活具有边界，它是我们行动和运动的有效辐射的极限。"②由于工人阶级居住的邻近性和密集性，工人阶级邻里之间不可能保持匿名的关系。在邻里构成的空间关系中，这里的居住者"几乎知道每个人和每一个人具体的细节"③，例如"谁家有一个儿子，'晋升了'或移民了；谁家的女儿嫁错了或过得好；有一个依退休金独自生活的老头在城里的商店买马肉，还抽着六便士混合的烟草；这个年迈的家庭主妇是一个吹毛求疵的人；……这家男主人是一位有一技之长的技术工人，他每年夏天都会带着家人在黑潭度假一周，并且是这里最先买电视机的；他们每周会在帝国剧院预订位子；这个小家伙比其他同伴能得到更

---

① Hoggart R., *The Uses of Literacy：Aspects of Working-class Life*，London：Chatto & Windus，1967，p. 37.

② ［匈］阿格妮丝·赫勒：《日常生活》，衣俊卿译，229 页，哈尔滨，黑龙江大学出版社，2010。

③ Hoggart R., *The Uses of Literacy：Aspects of Working-class Life*，London：Chatto & Windus，1967，p. 39.

多冰淇淋吃，而且他在圣诞节和生日上会得到更多高额的礼物。"①

在霍加特看来，邻里关系还是一种具有微弱规范性的关系。邻里关系还承载着对居住者行为评价的一种隐性关系。在邻里间的空间关系中，居住者的行为会受到邻里间的评判。工人阶级邻里关系会呈现出，"虽然邻里都是'你的同类'，但是，聚在一起就会陷入麻烦。他们总会准备好一连串的闲言碎语或是低劣的八卦"②。工人阶级邻里之间构成了一种相互共存的关系，而这种关系之中隐藏着心照不宣、心领神会的集体礼仪和规范。邻里间都将成为彼此之间评论的对象，例如，居住者的言语、衣着、行为是否遵循他们之间不成文的"规定"。霍加特写道，尽管你可以紧闭前门，防止他们透过薄薄的墙壁"听到一切"，你可以"过你自己的生活""保持你自己"，甚至你只和自己的家人之间来往，但即便是这样，透过窗台和台阶擦洗程度便可引起邻里的注意，作为人们评价是否符合"正派"家庭的标准。

在由家庭、邻里构成的日常生活中，每个人在其中重复着日常劳作，遵循着各种仪式、风俗、习惯、节奏。家庭作为文化生成的空间，自然而然地将原有文化与此时此刻发生的文化行为持续地联结在一起，凝结或整体的文化生成，家庭、邻里生活为整体性和连贯性的文化生成提供了现实基础。

(三)生活感受确定文化认同

由家庭、邻里所构成的日常生活是包含物质和精神在内混合而成的

---

① Hoggart R. , *The Uses of Literacy：Aspects of Working-class Life*，London：Chatto & Windus，1967, p. 39.

② Ibid. , p. 19.

微观再现。一方面，日常生活具体再现了社会关系的内幕，从微观层面透视现代社会的生产活动和精神活动；另一方面，微观主体通过对日常生活的感受，在区分他们和我们的世界中，寻找自我认同和自我确认的精神空间。

赫勒在《日常生活》一书中，阐述了"个人和他的世界"①，从日常生活维度分析了五个方面的个人所属关系。其中，"作为阶级单元的个人"认为个人与他的世界的关系是一个历史性问题，要在历史的考察中思考"历史阶级"这一问题，并由此区分了"自在的历史"和"自为的历史"。具有相同之处的是，霍加特从日常生活的微观文化着眼，在"'他们'和'我们'"的划分中，从文化的生存方式探究阶级文化的特质，以文化的维度考察阶级问题。与赫勒的"自为的历史"相比，霍加提出了"自为的文化"，借此探讨"他们"与"我们"的不同，以深深根植于社会之中的"自为的文化"，表达阶级主体的生活感受。

在错综复杂的社会关系中，霍加特以工人阶级"自为的文化"为视角，从三个方面思考了"他们"与"我们"所形成不同的生活感受，以及由此自发产生"他们"与"我们"之间社会关系的分割。

第一，存在于有限空间中的工人阶级的政治感受。霍加特认为，对于绝大多数的工人阶级而言，他们对政治问题的认识和理解源于他们在现有的生活环境中，对某一政治问题所具有的态度、观点和政治活动都限于他们的社会环境中。工人阶级对政治理解具有民间政治的

---

① [匈]阿格妮丝·赫勒：《日常生活》，衣俊卿译，27页，哈尔滨，黑龙江大学出版社，2010。

特质，他们持有"政治对于他们没有未来"和"政治不会给任何人带来好处"的态度。①，他们对事物的看法通常是非政治性的。在他们眼中，现实生活最为重要的东西与政治之间不会有太多关联。

霍加特总结了工人阶级民间政治的特质，是一种自然情感的宣泄。他提出，工人阶级对宗教、政治存在的观点，通常是一大堆未经证实的口头传述。在霍加特的回忆中，曾写道，早期工人阶级中间，偶尔会出现一些自相矛盾的政治观点。这些却往往令工人阶级信服，甚至在工人阶级中间会产生一定的影响力。这些观点听起来有理有据，像在揭露一个无可争议的事实。工人阶级还会用奉若神明的座右铭进行表述，例如"据他们所说，他们整天什么都不做""所有的政治都是歪曲的""没有任何东西比英国制造的好""发展总会继续向前""所有的美国人都很自负""英国是世界上最重要的国家""只有为富人服务的法律""恶魔在两党之间周旋"②。工人阶级会将他们有限的政治看法，编成朗朗上口的顺口溜，并口耳相传。这些带有浓厚工人阶级特征的顺口溜，通常是泛化的、偏执的和未经证明的关于某一政治问题的理解。然而，对于工人阶级而言，他们会将这些口头传述的政治顺口溜视为珍宝。

第二，具体而现实的生活感受是区分"我们"和"他们"的现实依据。统治阶级为巩固自身的地位和权力，通常会用形而上的、抽象的、符合逻辑的、美化的东西来掩盖和替代现实的矛盾和冲突。工人阶级对统治阶级营造的虚假的和美化的世界心存疑虑。霍加特认为，在工人阶级中

① Hoggart R. , *The Uses of Literacy: Aspects of Working-class Life*, London: Chatto & Windus, 1967, p. 72.

② Ibid. , p. 73.

间尖锐地将世界分成"我们"和"他们",这是大部分工人阶级较为重要的生活感受。他接着指出,"他们"在对待"我们"的世界,或者让"我们"屈从于"他们"世界的时候,他们将"我们"带入抽象、不熟悉、不知所云的"他们"世界。而这似乎很难办得到。其原因就在于,在"我们"的世界里,很难对一般性的、宏大的、抽象化的问题感兴趣,而是"我们"会"被所在群体的、个人的和当地的传统所深深吸引"①。霍加特将目光集中于工人阶级经常出入的工人俱乐部,那里充满着工人阶级闲暇时光的欢声笑语,充满着有关爱情、亲情、友情的令人感伤而又怀旧的乡村民谣。在"我们"与"他们"世界的划分中,显现了工人阶级简单质朴的道德准则和共同结成的生活态度。

第三,"我们"结成共同的生活态度和价值体系。在霍加特看来,"我们"是一个"松散的边界","我们"是由这样一些人构成的,包括工厂里的高级技工、刚入门学杂工、挖土工、管道工等重体力劳动者、商店里的营业员、交通要道上的工人。从"我们"的成员构成来看,具有明显"阶级主体"的特征。阶级主体特征不是一般意义简单的阶级划分。而像赫勒所言,当个体指向"阶级主体"时,"实际上是说他的阶级的历史主体性为他设立了他的个性发展的限度"②。同样,霍加特认为,日常文化生活有着强烈的阶级特性,即便现代社会用一种"虚掩的门""无阶级的社会"掩饰这样的现实状况,毫无疑问文化的等级性决定和制约个体

① Hoggart R., *The Uses of Literacy: Aspects of Working-class Life*, London: Chatto & Windus, 1967, p. 72.

② [匈]阿格妮丝·赫勒:《日常生活》,衣俊卿译,28 页,哈尔滨,黑龙江大学出版社,2010。

发展的限度。有着共同文化命运和存在于共同文化空间的工人阶级，对相似的生活经历会感同身受，在感觉、感受、思考和体悟生活的过程中，凝结日常生活文化，共享文化习俗。

但是，大行其道的现代性"同一化""同质化"的发展轨道正试图让人们越来越淡漠"我们"与"他们"的划分。"我们"的丢失意味着自我主体意识的遗忘。对于自我迷失的现代性社会而言，对什么是"我们"做出根本性的思考显然是迫切而必要的。斯科特·拉什（Scott Lash）就认为，无论是鲍德里亚（Baudrillard）的符号价值、拉康（Jacques Lacan）的象征，还是德勒兹（Deleuze）的性欲经济学，都在于以解构的方式获得"我们"，"但如今无处不在，绵绵不绝的解构无一能够把握住'我们'，只能导致基础越来越薄弱、在形式上越来越趋向于浮士德式的美学的'我'"①。霍加特寻求的"我们"既不同于传统意义通过阶级关系确认的"我们"，也不同于美学自反性通过解构方式获得美学意义的"我们"。他避免从宏观的社会结构层面理解"我们"，也拒绝从抽象的美学认识"我们"。他从源于日常生活的实践中，在深入内部的"我们"对"他们"的辨识中，不断确认"我们"的过程。他试图通过工人阶级真实存在的文化生活，溯源本真样态的"我们"。"文化的'我们'——是在获得意义过程中表现在共享的背景习俗、共享意义和共享的日常活动中的集体性。"②霍加特对"我们"意义的确认正是以工人阶级为例，分析工人阶级在日常实践过程中所凝结的共同感受、共享习俗、共享意义和共享日常活动的自我认识过程中

---

① ［德］乌尔里希·贝克、［英］安东尼·吉登斯、斯科特·拉什：《自反性现代化——现代社会秩序中的政治、传统和美学》，赵文书译，182 页，北京，商务印书馆，2014。

② 同上书，183—184 页。

获取"我们"的意义。

值得关注的是，菲斯克时期的文化研究已经远远偏离了霍加特创立文化研究的初衷，而"使'生产者'和'消费者'从共享的、固有的习俗中抽象出来，使之作为具有'优先安排'的进行理性选择的个人"①。菲斯克所关注的"我们"是一种生产与消费层面的关系的"我们"，将日常生活的"我们"的确认基于生产与消费的关系链条之上。而霍加特恰恰希望"我们"从市场化的关系中解脱出来，寻求内在于文化生活中的"我们"。

二、权力关系对文化生成的阻隔

无可争辩的事实是，文化实践无情被精英文化、大众媒体、文化政治化所占有和掠夺。这三种文化掠夺方式的形式，以文化权的占有性、新技术的操控性、政治的干扰性，阻碍着微观文化主体对日常文化的实践。如何使人们从光怪陆离的新世界寻找文化主体的真实存在感，就需要从文化实践维度溯源文化的意义与价值。霍加特在分析以上三种文化掠夺方式的基础上，提出文化实践的战术，突出微观实践主体在日常文化生活中的实践智慧。

(一)文化霸权的文化侵占

日常文化的占领和操纵成为一种权力关系的延伸，具体表现为两个

---

① ［德］乌尔里希·贝克、［英］安东尼·吉登斯、斯科特·拉什：《自反性现代化——现代社会秩序中的政治、传统和美学》，赵文书译，184页，北京，商务印书馆，2014。

方面：一方面，文化精英主义者拥有文化领域至高无上的权力，企图打造一种等级森严的文化顺序，贬低、排斥、压制和收编普通民众的文化，以便用他们的话语系统禁锢普通民众的文化实践活动；另一方面，随着商业化文化迅速发展，这为资本主义实现真正意义上的文化领导权提供了现实土壤。资产阶级以资本操纵的方式使得文化商品化，使得日常文化不断地遭受文化商业化的侵蚀。

精英主义的文化秩序代表着文化的等级性，而文化的等级性又预示着社会的等级性。文化蕴含着某种特定的社会关系，代表着文化生产者与文化消费者、文化传播者与文化接受者之间的相互关系。文化精英者是文化"真正的"阐释者，占领着文化金字塔的顶端位置。精英主义者将自己与普通大众之间建立了一道仿佛生而就有的界线，并不断地试图保卫他们的前辈建立起来的文化城堡。文化无形地成为社会权利的象征，掩盖了文化实践的本相，使得身在其中的文化实践者对自己的文化行为不以为然，其原因就在于精英主义者所建立的这道屏障。

有关葛兰西"领导权"的理论蕴含着"文化上的领导权"和"政治上的领导权"的划分，并试图说明政治领导权与文化领导权的相互依赖性。精英文化主义者所占有的文化领导权与资产阶级的政治霸权步调一致吗？其实，并不尽然。文化精英主义留存于文化上的贵族化，对资产阶级的文化心存不满，认为他们是一个欠缺文化、道德可疑的阶级。正如沃勒斯坦（Wallerstein）所述："1968 年所呈现出的情形是：世界上占主导地位的阶级自 1848 年以来花了很大力气确定并强加了的文化霸权开始消失了。"文化霸权的分水岭产生于 1968 年，在此之前，无论是浪漫主义还是现实主义都试图揭露资产阶级自私、贪婪、邪恶的形象；1968 年之后，资产阶级通过相对主义文化，使文化逐渐把控在其手中。这就是为什么 20 世纪 60 年代之后，才经常会出现"雅皮士""优皮士""波波族"之类词语用来指代那些接受良好教育的中产阶级的原因。由此可见，资产阶级文化领导权与政治领导权并非相伴而生，资产阶级在获得政治领导权之后的很长时间里，才获得了文化上相对稳定的领导权。

第一代英国新左派认识到资本主义社会传统统治方式的转变，即从经济、政治的统治转向文化、意识形态的统治，因此他们更加关注文化，关注文化主体的问题。传统意义的文化主体面向少数精英分子，他们享有实现获得自身文化的自由，创造出了有利于精英分子发展的文化，并以这样的文化束缚着大多数人的文化判断，使广大人民丧失了文化的主体地位。在资产阶级获得文化领导权之后，他们企图利用"文化的无阶级社会"，同质化、同一化的文化发展，操控普通民众的文化，转变成为一种固定化、生产流水线式的文化产业链模式。

霍加特对微观文化主体实践的考察，就包含着对文化空间相互交叉的错综复杂性研究，一方面，工人阶级日常生活实践长期受到精英文化的制约和压制；另一方面，随着资本主义对文化占有合法化的发展，工人阶级文化空间遭到一股新的文化掠夺热浪的袭击。工人阶级在有限的日常实践中，接受、适应、抵制"规训"化的精英文化秩序，同时，也强烈地受到商业文化的冲击。文化实践遭到文化权利关系的制约和侵占。

霍加特从日常文化实践抵制精英文化的霸权地位。作为实践哲学之父的亚里士多德，将人的活动分为理论的、实践的、创制的三种，将从事这三种活动的人分为"理论者"阶级、"实践者"阶级、"劳动者"阶级，这种划分对后世有着旷日持久的影响。"劳动者"阶级无论在物质生产还是在精神生活上都只是处于目的性活动中，从事着最低等意义的活动。马克思通过劳动的实践，将亚里士多德三分法中的实践与创制进行了根本性的改造，将劳动作为目的性活动，使劳动者阶级不再作为目的性活动的工具而存在，强调劳动者阶级是生产活动实践的主体。至此，劳动者阶级才有了主体性的位置，但更多地受限于劳动生产中。文化上仍沿袭着亚里士多德的三分法，将其进行实践和创制的划分，这就意味着"文化主体"即"精英分子"和"被操纵的文化接受者"即"绝大多数人"的划分。霍加特将工人阶级具体日常实践作为文化的来源，认为文化主体不仅是"理论者"阶级、"实践者"阶级，同样普通人也是文化实践的主体。霍加特通过日常空间实践冲破了充当目的的群体（精英分子）和充当手段的群体（普通民众）的差别，将工人阶级从长期由充当目的的精英分子强加的形象中解放出来，对那些排除在公共话语之外的边缘群体更为关注。他彻底改变了精英阶级把持的根深蒂固的旧文化秩序，强调文化更为广泛的历史和经验价值，将普通人纳入文化实践的主体范畴。霍加特从不同微观实践者的日常实践看待文化的差异性，认为不同文化实践者有其自身的文化独特性。霍加特所指的微观文化实践主体包含着不同文化空间的使用者。

霍加特以文化实践思想批判资产阶级的文化统治。他把文化作为不同实践者经验积累之上的智力活动，认为文化主体的意识来自不同文化空间的现实生活。文化的意义和表征可以从具体的空间生活中寻求答案。被称为"人民的鸦片"——代表统治阶级意识形态的文化，如果从统治者为了确保拥有至高无上空间使用的权利来看，不难发现其虚假性。

在对大众文化的批判中，法兰克福学派从"文化产业"的角度对虚假意识进行了尖锐批判，他们认为大众文化使劳动人民更加彻底地进入异化的世界之中。法兰克福学派更多地关注批判，几乎没有给工人阶级留下任何空间去抵抗这个庞大的系统。霍加特也批判了商业化的大众文化。但是，与之不同的是，霍加特为工人阶级寻找到文化意识的真正来源，即文化实践。正如马克思《〈黑格尔法哲学批判〉导言》所述的那样，批判的武器不能代替武器的批判。霍加特将文化实践作为微观主体意识的来源，为微观主体提供真正的"武器的批判"。

"专业化意味着愈来愈多技术上的形式主义，以及愈来愈少的历史意义。"①霍加特试图摆脱专业化的形式主义，从文化的实践维度，关注文化的历史意义。他认为日常实践可以帮助人们获得长期积累下来的文化意识，虽然文化在不同时期会产生不同的新变化，但文化实践具有强烈连续性，在微观实践主体自我文化空间定位的过程中，产生连续性、共性、统一性的文化意识。霍加特以文化实践为依据，记录了工人阶级在不同历史时期日常生活的传承和新变化，体现工人阶级通过长期日常实践积聚下来的经验和感受，世代深刻的文化烙印影响着一代又一代的工人阶级。霍加特认为文化意识无论是传统继承得来的，还是亲身经历得来的，都来自文化使用者具体的生活。文化实践使特定的文化实践者感受到彼此之间存在共同的体验和感受，并体悟到自己的生活体验和感受与其他群体的不同之处，告知我们幸福就在于，你关上门来躲开外界

① ［巴］爱德华·沃第尔·萨义德：《知识分子论》，单德兴译，17页，北京，生活·读书·新知三联书店，2007。

的浮躁与喧嚣，享受花心思辟出生活的美好，笃信美好生活源自内心的自我实践与创造。

霍加特敏锐地洞察出文化与实践之间的关系，以工人阶级丰富的实践活动呈现工人阶级的文化主体性。他认为工人阶级自身文化的独特性并不应该由其他文化作为标准来对其加以评判。文化应具有丰富性和多样性，而这种特性正源于人们的实践活动。随着社会生产力的发展，文化与社会之间产生了新的共变关系，文化与人的实践活动变得越来越密切。霍加特将文化实践作为思想核心，打破了传统意义的文化谱系学，指明文化创作的主体不仅包括精英主体，更加强调人民的文化主体地位。

霍加特以普通社会群体和先前被忽略掉的实际生活为集中研究的对象，将不同阶级的行动，特别是工人阶级的实践活动放置于整体的文化语境之中。他认为，实际生活经验的文化包含着不同阶级的文化传统和文化视角。文化的独特性正是不同阶级主体在日常生活实践中凝结而成的。文化实践的目的在于揭示人的本质和人的存在方式，将文化与现实活动相统一，从而把文化实践作为全面理解人之存在、发展的基础。以人的实践活动为文化分析的基础，一方面，文化以人的实践活动加以再现和展开；另一方面，由于人实践活动的不同而产生丰富多彩、风格各异的文化世界。

(二)大众媒体的文化空间占领

诗人 W. H. 奥登曾写过这样一段话："距我的鼻尖这个身体最靠前的部位约 30 英寸以内的空间都应该说是隐秘的，或者说是属于个人的空间。一般的陌生人——除非你与我的关系非同一般——请你务必小心，不要跨越这个界限。倘若你这样做，我不会用枪指着你，但我会蔑视你。"①而这种空间的度量方式在现代性的社会中呈现出另一番景象，现代性的空间生产不仅局限于实体之间位置关系，而且还构建了一种隐性的大众媒体的虚拟空间关系。这种虚拟化的世界不仅占据着鼻尖前约30英寸内的空间，而且包括思想空间和心灵空间。人的空间关系被虚拟化的世界征服和占有。

有关大众媒体的解读是霍加特探讨文化与社会关联中的另一个聚焦点，也是他整个学术思想反复出现的重要主题。在他看来，"作为更复杂的时空和社会背景的一个要素便是传播学的研究"②。他特别关注媒体、大众传播，特别是电视、广播、报纸的社会意义。霍加特认为大众媒体为大众文化提供了迅速发展的舞台，他对大众文化有过这样的界定："大众文化几乎包括了 20 世纪的所有作品。它新生于较发达的社会，是先进技术预先设计好的产物，总体呈现出较为低级的文化水平，它能够使大多数人在特定的时间内，任意获得此类文化，同时，它也是资本主义运作的产物，为了获得丰厚利润，将以上所有因素关联在一起。在整个运行过程中，分别经劝说者、公共关系、广告商得到推广。其目的在于打造看似平等的世界，只要人们愿意为此买单，那么一个

---

① 转引自[英]布莱恩·劳森：《空间的语言》，杨青娟译，107 页，北京，中国建筑工业出版社，2003。

② Hoggart R., *Contemporary Cultural Studies*: *An Approach to the Study of Literature and Society*, in Centre for Contemporary Cultural Studies. University of Birmingham. Occasional Paper, No. 6, 1978, p. 22.

'包罗万象'的世界就会呈现其中，并在此过程，人们口袋里的钱会源源不断地流入商家的囊中。"①霍加特对大众媒体侵占日常文化生活的状况进行了批判性分析：

第一，大众媒体以"天赋"和"活力"伪装自我，试图迎合多数人的口味。霍加特并没有对所有大众文化产品加以全盘否定，认为有些产品是存在天赋的，例如伊恩·弗莱明（Ian Fleming）②的小说。但是绝大多数并非如此，它们具有掠夺性技巧，并预先断定观众的口味，以观众的喜好作为写作的对象和目的。"这种始终如一的、无骨的、表面上温和的大众文化：它巨大的推动力在于任何时间、任何价位都试图充满诱惑力。不仅如此，这里充满了奉承，而这种奉承立刻就变成了一种伪装，甚至对观众肤浅的观念视而不见。最重要的是，它必须是价值无涉的，除了那些显而易见警察捕捉盗贼的剧情之外，不能有任何立场。"③霍加特认为大众文化的世界是一个势不可当自我辩白的世界，技术进步为生产与消费自我辩白，利益动机为其经营者自我辩白。正如齐美尔（Georg Simmel）对现代性文化的思考，"生活的积极主动一面的分化很明显得到了其消极被动一面的补偿"④，在永不停歇、高涨而狂热的大众文化中，

---

① Hoggart R.，*The Tyranny of Relativism*，London：Transaction Publishers，1997，p. 97.

② 伊恩·弗莱明（1908—1964），英国作家和记者，生于英国伦敦，以小说《詹姆斯·邦德（*James Bond*）》系列及儿童故事《万能飞天车》为主要作品，共出版了 14 部 007 系列小说。他塑造的 007 系列搬上银幕后被大众广泛认识，成为风靡全球的谍战电影，从 1962 年 10 月 5 日第一部《007》电影公映至今，历经五十余年长盛不衰。

③ Hoggart R.，*The Tyranny of Relativism*，London：Transaction Publishers，1997，p. 98.

④ Simmel G.，"Theory"，in *Culture and Society*，Vol. 8，No. 3 ，1991，p. 120.

文化"意义的核心从我们的指缝中滑落了"①。这样一个建立在追求数量化和经济利益链条关系上的大众文化很难确保它的创造性和独特性。

第二，大众媒体营造"充满智慧、富有想象力和相同道德水平"的氛围，迷惑普通人走进大众文化享乐主义的温床，但它永远也无法摆脱与生俱来的矛盾性。这种矛盾性具体体现为三个方面：

其一，普遍性和片面性。大众媒体以夸大的片面性取代普遍的多样性。霍加特认为大众媒体"生长于相对主义的世界，承认差异是其最大的致命点"②。大众文化的捍卫者，尤其是小报记者一再声称，"我们需要懂得如何与大众进行交流，并了解他们心里喜欢什么，否则我们的产品就不会达到数以百万的销售；我们无需去伪存真，只需像一面镜子一样反射他们的偏好即可"③。事实上，霍加特认为大众文化的发展在于夸大片面性来代替普遍性。具体表现在，大众媒体企图极端地放大和夸大普通人个性中的一部分或者某些观点，并假定这些能够反映绝大多数人的喜好。大众文化"不可能具有真正意义的普遍性，而是相对主义所造就的虚假的普遍性；不可能具有广泛的、有应答的、有差别的普遍意义"④。霍加特对夸大片面性替代普遍性的大众文化生产非常愤恨，认为在大多数情况下，大众媒体的同质化正在扼杀文化的多样性和差异性。

---

① Simmel G. , "Theory", in *Culture and Society*, Vol. 8, No. 3, 1991, p. 23.

② Hoggart R. , *The Tyranny of Relativism*, London: Transaction Publishers, 1997, p. 98.

③ Ibid. , p. 98.

④ Ibid. , p. 99.

其二，短期性和持续性。大众媒体通过短期性来保持持续性。霍加特生动地用"呼吸急促"，但"连续不断""永不停息"对大众媒体进行描述。大众媒体"很少停留于某一主题，即便这个主题非常重要，需要更仔细的考察和更长久的关注"，反而对"急促而不连贯或瞬间即逝的小事成瘾"，将"'字节'迅速变成从电视机里立刻可得的'音节'"①。霍加特对此形象地写道，"大众文化像一个小的但又贪吃无比的生物体一样，它的肠胃很小，但却可以源源不断地进食，并迅速消化，以便腾空肚子等待下一次食物的来临"。这表现出了大众文化具有巨大掠夺性的特征。"'不关我们的事'、'过时了，是昨天的新闻'……在所有的时间里，这一过程似乎全部卷入一套具有客观性的标准中，……而事实上，这种标准是文化商业化强制实施的禁令"②，霍加特用这些常用词或表达方式呈现了大众媒体的普遍状况。

其三，片刻性和进步性。大众媒体以片刻性推动虚假的进步性。"短期性、片刻性和进步主义或者更确切地说是未来主义并存。"③霍加特引用了早期托克维尔(Tocqueville)《论美国的民主》的一段话，民主国家很少关心曾经发生过什么(几乎没有历史感或者传统意识，除了被加工的怀乡之情)，但是他们对将会发生的东西(未来主义)魂牵梦萦。霍加特认为，这种未来主义除了关注新文化产品和新消费对象之外，几乎没有任何真正意义上的进步思想，因此，大众文化生产的现代性社会是

① Hoggart R., *The Tyranny of Relativism*，London：Transaction Publishers，1997，p. 99.

② Ibid.，p. 99.

③ Ibid.，p. 99.

一个立即打开而又瞬间关闭的世界，进步主义让位给不流血的未来主义，让位给不断消费的新时代。

第三，大众媒体利用集体性、同质化的手段，削弱普通人自主实践的意识。"大众文化提供温暖的稻草供人曲卷身体"①。霍加特指出大众文化的寄生性特征，认为当某一流行艺术以特定的、具有吸引力的元素出现在外部世界，或以一种新形式变得非常流行时，无论这种流行艺术多么小众，比如20世纪50年代的早期爵士乐，然而大众文化就会借助越来越多机械化的手段模仿和开发这种流行艺术，以便迅速插足和抢先占有市场，大众媒体的寄生性特征就决定了它所生产和制造文化产品的目的和意义。大众媒体将文字经济发挥得淋漓尽致，并非为了达到更好服务社会文化生活的目的，而是为了文化背后的商业利益。霍加特认为在多数发达地区，人们不喜欢谈论深奥的事物或谈及某一事件发生的缘由，特别是触及有关自身利益的话题，而是喜欢转向无关紧要的个性化问题。他在对发达地区与不发达地区阅读者兴趣的比较中发现：非洲阅读者更关心政治事件，对那些无关紧要的、不痛不痒的琐碎小事并不在意；相反，西欧的阅读者或"公众并不想知道拿破仑三世向普鲁士说了什么，而更愿意知道他穿米黄色的裤子还是红色的裤子好一些，或者是否应该抽一支雪茄"之类的事情，因为大众文化使得文化消费者捕捉不到类似于"如鲠在喉"②之类的事情，并越发使得普通人对关涉国家、民族、社会的问题漠不关心。因为"消费者的满足感必须在最大范围内获

① Hoggart R., *The Tyranny of Relativism*, London: Transaction Publishers, 1997, p. 100.

② Ibid., p. 101.

得生产，这种满足感必须是浅浅的，像被水打湿的草地一样"①，不会起到任何拔丁抽楔的作用。霍加特认为大众文化产品乍眼一看好像是取自生活，但很容易发现这些被加工的文化产品被"除去杂质"像丝绸一般的光滑，但因缺乏特质而平淡无奇。

以上从霍加特对大众媒体的分析中可以看出，大众媒体以商品化、货币化的方式侵占日常生活的文化，使普通文化实践主体深陷失去自主实践的危机中。霍加特认为大众媒体表现出对复杂社会关系和具有质感日常生活的轻视，常常以自鸣得意、自吹自擂的方式追求一时的轰动，大众媒体对目前社会偏执和狭隘的发展避而不谈，而愿意维持现有的社会状况，并无耻地推行着以市场为导向的个人主义、民粹主义。这种传媒在于不懈地以追求高利润和高收视率为目的，从而强化文化的集权化，而忽视了具有品质和内在精神的文化发展。霍加特认为这样的大众媒体阻碍了健康而有序的文化实践之路，破坏了文化民主化的进程，使社会道德呈现出贫瘠的状态。

(三)文化政治化的文化干涉

文化的背后映射一种权力关系，而这种权力关系使处于中心位置的文化拥有政府资助、研究机构、学校、广播电台、报刊、电视台等合法资源。随着 20 世纪传播技术的迅速发展，文化政治化借助新传播技术进入寻常百姓的生活。霍加特分析了撒切尔主义对英国广播业

---

① Hoggart R.，*The Tyranny of Relativism*，London：Transaction Publishers，1997，p. 101.

的干预，以及对文化发展的巨大影响。霍加特对此问题的思考介于如下两点：

第一，对撒切尔主义干预英国广播业发展的分析推动文化民主化的进程。撒切尔主义是英国首相撒切尔夫人执政时占统治地位保守党人意识形态的概括，是当代西方"新自由主义"与"保守主义"的混合。英国新左派的很多思想家对撒切尔主义都有过不同程度的分析与批判，例如霍加特、霍尔和奈恩等，其中最为突出的莫过于霍尔对撒切尔主义系统而深入的研究，他对撒切尔主义的关注在于"希望工党或者广义的左派能够'向撒切尔主义学习'，及尽早摆脱困境，赢得自己艰难的振兴"①。霍尔对撒切尔主义的分析着眼于英国工党自身的发展，从社会结构层面做出分析，这与他主张的文化政治实践有着更为紧密的关系。但霍加特则不同，他着力从撒切尔主义对广播业发展的干涉为研究对象，剖析了这种干涉对日常文化发展的阻碍。他对撒切尔主义的批判在于履行对文化民主化进程积极推行的承诺，关注被政治化干涉的媒体发展对普通文化实践者和日常文化生活的影响。

第二，对媒体的文化空间干涉采取微观层面的积极反抗。面对媒体时代，文化精英认为现代媒体没有任何可被救赎的价值，同样，法兰克福学派对现代媒介也持有一种尖锐的批判态度。在很多学者眼中，融入媒体时代的工人阶级跟芸芸众生并无区别，已经丧失了原有政治斗争的活力。对于霍加特而言，一方面，他批判了大众媒体对工人阶级原有文化的巨大影响；但另一方面，他并没有对工人阶级失去信心，认为工人

---

① 张亮：《理解斯图亚特·霍尔》，7页，北京，北京师范大学出版社，2016。

阶级内部存在一种来自日常生活层面的微观抵抗力。他力图拯救现代媒体的发展秩序。

为此，霍加特对比分析了撒切尔主义对英国广播业干涉的前后状态。20世纪20年代初英国无线电广播是"努力为大众服务的目标支配的"，倡导"无线电广播应当教育国民、将整个国家凝聚成一个道德统一体、促进欣赏水平的飞跃，并通过提供信息和论证为创建一个合理的民主贡献力量"①。他认为，在撒切尔主义未涉足英国广播业之前，第二次世界大战后英国广播公司基本处于生态化的发展，政府与广播公司之间偶尔在一些较为敏感的问题上发生分歧，例如，在寻求更加公平和有代表性的广播系统而发生论战；或者痛斥广播公司屈从自由主义的发展，以及对社会道德下滑的不满之类问题的争论，但总体来说，它们之间争论的最终目的在于推进社会的友好和公正。

但是，在20世纪70年代连续的经济危机和政治危机，以及撒切尔夫人出任保守党党魁之后，在撒切尔夫人大刀阔斧地进行货币主义改革，提倡私有化无禁区，并削减福利开支的影响下，英国广播公司无形地被赋予了新的含义：

1. 广播公司遵循市场供需关系，将精心打造的节目建立于民粹主义之上，忽视社会生活的道德原则。例如，广播公司借鉴经济事务研究所和亚当·斯密研究所的思想，以市场的绝对优势，开启了英国广播公司新时代的口号——自由化、放松管制。

---

① ［英］尼古拉斯·阿伯克龙比：《电视与社会》，张永喜译，65页，南京，南京大学出版社，2001。

2. 撒切尔夫人对公共道德问题的漠视同样影响着广播系统。她主张通过广播机构间的竞争来促进市场的选择，但对广播节目的品质和道德标准则寄希望于道德监管机构——广播道德委员会。①

3. 撒切尔夫人对经济学自由放任的理念并没有推广到政治事务领域，主张无论是谁都不能撼动国家的权威作用。由此，广播对涉及政治的节目变得越来越谨慎，同时，广播公司的发展在撒切尔夫人执政期也越发变得脆弱。

在 20 世纪 80 年代大众广播为道德、政治、经济和社会服务的目标出现了严重的坍塌。至此，BBC 吸收了更多的政治因素，进入了被政府管控的新时期，其目的在于打造"铁娘子"设想的 BBC 形象。其中，1993 年约翰·伯特(John Birt)在位期间，这种政治化的情绪达到白热化的程度，BBC 一度沦为执政党实现政治利益和政治目的的工具，而本应承担的文化责任却始终处于空洞而无序的状态。而像霍加特一样的左派人士长期被置于主流话语的边缘。

霍加特在《想象的生活》中，对撒切尔夫人政治上的武断风格给予了这样的讽刺性描述："我并没有感受到来自撒切尔夫人的吸引力，相反，当我面对她那种自以为是和干涉他人生活的做法时，那种反感的情绪便会油然而生。她很多时候恰恰会让我回想起那位让我无法忘怀的婶婶埃塞尔的形象，她总是一脸尖锐，时常带着爱挑剔的表情专横地踱来踱去，并总是冷酷地坚持自己是对的。"②霍加特曾一度表明撒切尔主义对

---

① 广播道德委员会成立于 1988 年，目的在于监管暴力和色情节目。

② Hoggart R., *An Imagined Life*：*Life and Times*，*Vol. III*：1959-91，Oxford：OUP.，1992，pp. 265-266.

英国社会造成无可挽回的伤害的态度。

1988 年《90 年代广播业：竞争、选择、质量》的白皮书，成为撒切尔夫人推行广播公司以经济活动而不是文化活动为主要目的最为有力的缩影。白皮书建议对特许的商业电视经营权进行投标，即出价最高者便可获得授权，尽管白皮书对节目的"质量门槛"做过粗略地勾勒，但是这并没有减轻诸多观察者的担忧，表现在商业广播公司为获得特许经营权而付出不切实际的价格。这必然导致的结果是，成功获得授权的经营者必须通过减少内部生产和增加廉价产品来削减成本。面对撒切尔时代英国广播业的发展状况，霍加特这位不畏强权、敢于说真话的知识分子，对当时广播业的不合理发展发起了挑战。具体表现在以下三个方面：

其一，对追逐经济利益单边倒发展模式的批判。作为广播研究协会①（Broadcasting Research Unit，BRU）的发起者，霍加特支持 BRU 奉行"公共服务广播在历史、文化、政治方面的协同发展理念"②。但是，英国广播公司的公共服务理念却一度遭到了英国保守党的反对，因为他们认为对公共服务业的投入并不能得到高额利润的回报。为此，霍加特强烈反对英国广播业贪图利润一边倒的发展状况，分析了亨特报告中有线电视的相关内容，他承认广播技术给社会生活带来的益处，但与此同时，强调这一技术引发的弊端同样不容小觑，例如广播狭隘的分层势必

---

① 广播研究协会，1983 年之前由独立电视台出资，之后由 BBC 提供资金。英国电影协会提供协会场地和行政支助。

② Bailey M．，Clarke B．，and Walton J．，*Understanding Richard Hoggart：A Pedagogy of Hope*. Oxford：Miley-Blackwell，2012，p. 148.

导致对观众分层的影响。霍加特指出亨特所推荐的保留市场的变幻莫测性，只会让电视运营商将注意力放在如何能够击败竞争对手等问题的思考上。随着 20 世纪英国工业所有权的集中，传媒业同样受到大财团和大股东的控制，那些媒体大亨们会一再抬高公共服务广播的价格，比如大型体育类节目，其最终结果使得观众不得不源源不断地支付观看节目的点播费用。

其二，批判文化的"偷猎人"。随着 20 世纪 50 年代英国独立电视台（Independent Television，ITV)的成立，霍加特认为英国独立电视台对利润的追求"必然仅限于原有牧场的经营，而不会注入新资金来开辟新牧场"①。换言之，电视广播集中于偷猎观众，而非通过开发新节目来创新自身。霍加特强烈抗议不受监管体制管理的电视广播业的发展，认为解除电视广播的根本症结在于，电视运营商必须服从一定的监管机制和经营规则，不然就会危及英国广播业乃至整个文化业。

其三，英国广播生态学意义的发展应该符合为公共服务的原则。霍加特坚信以"公共利益"为基础的广播业代表着"20 世纪英国最富成效的变革之一"②。在他看来，以商业化大众服务的广播业就像一个"因杂草繁茂而威胁整个花园的生态平衡一样，多样性只能通过深思熟虑的规则得以实现……如果允许不受监管的电视媒体的介入，就像在一块根基深厚土地上源源不断地掠夺其营养一样，公共服务广播就会像此番情景一

① Bailey M., Clarke B., and Walton J., *Understanding Richard Hoggart：A Pedagogy of Hope*. Oxford：Miley-Blackwell，2012，p. 149.

② Hoggart R., *The Way We Live Now*. London：Chatto & Windus，1995，p. 111.

般遭受威胁"①。霍加特强调大众媒体长期持续性的发展就在于坚持以公共服务为基础的发展理念。

三、文化实践的社会变革

在同质化和变幻不定的商业文化的冲击下，大众娱乐成为源源不断被变成量化群体的聚集地。这样使得原本生活赋予人的特质、姓名、面孔变得模糊不清，人们从家庭、社团为主要存在形式中走出来，汇成了媒体时代一道道闪动着的数字流。昔日家庭式的娱乐方式逐渐在大众文化娱乐方式的影响之下消失殆尽。霍加特力图改变现有的社会存在方式，通过对新与旧日常生活运动轨迹的描述与对比，分析了按资本逻辑发展的文化对日常生活的侵蚀现象，把研究聚焦于日常生活的真实片段。他以文化实践思想为核心，寻求以文化实践引发整个社会变革的新动能，实现文化化的生活与生活化的文化的内在统一，达致大众媒体社会意义的变革、文化配置的变革和文化主体性的变革。

(一)文化化的生活与生活化的文化的统一

文化实践以积极的方式感知世界，充分发挥微观文化实践者的自主性和创造性，让普通人获得文化实践的真实感和愉悦感。霍加特认为如

---

① Bailey M., Clarke B., and Walton J., *Understanding Richard Hoggart: A Pedagogy of Hope*. Oxford: Miley-Blackwell, 2012, p. 149.

果人们头脑中的意识领域能为积极地应对生活留有空间，那么在寻求自我的满足感时就会获得力量。在霍加特看来，这种力量来源于人们习以为常的日常生活的文化实践过程，可以被人们的感官系统（如视觉、听觉、味觉、触觉）真实感知。

文化实践使文化生长在日常生活中。与海德格尔（Heidegger）"诗意地栖居在大地上"相比，霍加特文化实践更具有现实意义，文化生活化和生活文化化的内在一致性来自日常生活的现实场景。霍加特认为，日常空间包含普罗大众的文化生活，承载着饮食男女、衣食住行、婚丧嫁娶等周而复始的日常生活，文化实践使文化获得了内在的自由。欧文认为，"霍加特是第一位将文化批判的参数延伸到包括流行文化和工人阶级文化在内的文学批评家"[①]。对于文学批评家的霍加特而言，无需避讳他曾受过利维斯式文学批评训练的经历，因为他们之间存在着对文化本质的不同理解和全然不同的阶级立场。虽然利维斯的"实践批判主义"强烈批判商业文化对文化衰退的作用，但是其目的还在于通过严格的文学训练，恢复精英主义的文化价值体系，是一种基于"美学的和道德的实践"[②]，是一种排除普罗大众的狭隘的实践，是一种保全精英主义者主体地位的实践。与之不同的是，霍加特的文化实践思想在于将利维斯主义者的文学批判实践的方法，分享给普通文化实践者，使人们珍重工人阶级具有弹性文化的价值，为普通文化实践者提供针砭社会的途径。

[①] Owen S., *Re-reading Richard Hoggart：Life，Literature，Language，Education*，Cambridge：Cambridge Scholars Publishing，2008，p. 58.

[②] ［英］丹尼斯·德沃金：《文化马克思主义在战后英国——历史学、新左派和文化研究的起源》，李凤丹译，114页，北京，人民出版社，2008。

他强调日常生活的作用，目的在于彰显根植于日常生活文化的意义，即真实地反映生活世界的人生百态，突出工人阶级文化主体意识的意义和价值，使文化成为改变社会不平等现状的突破口。霍加特坚持认为好的文学作品无论从内容还是形式上都源于对日常生活的感悟，融合提炼日常生活中的点点滴滴和方方面面。

由此，霍加特进一步阐释了文化与生活的关系，坚持工人阶级文化的重要价值，强化了工人阶级经验生活文本的意义和作用。霍加特通过对工人阶级文化的真实写照，反映了他所倡导的文化与生活内在一致性的文化精神，体现了工人阶级宽容、幽默、伸出援手、不骄傲自大、忠诚、亲仁善邻的价值体系。但是，随着文化产业化的兴盛，现代社会以"与道德无关""追求轰动效应""碎片化""故作'亲密'""对普通人伪善之言"①的商业价值体系，源源不断地侵扰工人阶级原有健康的价值系统，并掠夺和腐蚀着工人阶级的日常文化生活。对此，霍加特强调源自日常生活的文化生成，恢复"具有弹性"的工人阶级文化，从而有效抵制商业文化的诱惑。他认为文化生成的意义在于彰显"日常生活的'重要细节'，与此同时，审视和再造日常生活的复杂性"②。霍加特倡导日常文化实践对普通文化实践者了解社会的价值和意义，"对社会保持有深度的洞察来自于日常生活经验的渗透"，日常文化实践"有助于打开我们对人类生活经验丰富的感知"③。日常文化实践承载着纯朴敦厚的普通人对自

---

① Hoggart R., *The Uses of Literacy: Aspects of Working-class Life*, London: Chatto & Windus, 1967, p. 120.

② Ibid., p. 249.

③ Ibid., p. 254.

然世界的敬畏之情，抒发着他们对日常生活世界的喜怒哀乐，体现着他们对未来生活的憧憬与向往。

霍加特特别关注到日常生活实践最为直接而有效的方式源自家庭生活。他认为，家庭是可被普通人真实感知的场所，在那里普通文化实践者可以暂别外部世界的干扰，可以尽情感受自我的真实存在。霍加特在对日常生活，尤其是对工人阶级家庭的描述中写道，虽然在这里独自一人的思考和阅读是困难的，其中夹杂着无线电和电视的声音、间歇性的对话声、烫衣板重击桌子的声音、猫狗的哈欠连天和叫嚷声、吹口哨声、翻动信件沙沙作响的声音、小女孩的阵阵啼哭声、鹦鹉叽叽喳喳的叫声，但这一切的嘈杂却尽显着一种平凡生活的温情，这一切的杂乱却是可被普通人真实感知的。霍加特关注特定生活中生活方式的质感，认为日常文化实践体现了文化生成的质感和密度。文化实践思想坚持日常生活作为文化研究的关键源泉，挑战了学术理论与日常生活模式之间的界限，加强了个体经验与历史结构之间的内在关联。

日常生活场景即家庭生活，为普通文化实践者提供文化行动的空间，使其获得文化生成的支配感。在谈及家的时候，无论是家庭成员还是周围的邻里，往往会使人联想到具体的生活或某些特定的人物，家庭是具体的，很难和抽象的事情联系起来。家庭让"工人阶级具有归属感"，在那里人们可以获得支配感。但随着日常文化空间商业化的占据，家庭生活逐渐掺入了均质化商业文化的成分，使得日常生活的模糊感、原子个体的孤独感随之产生。霍加特将商业化的公共空间与凌乱但温馨的家庭空间进行了对比，尽显出家庭生活承载着朴实无华日常生活的本色。

　　文化实践再现司空见惯的家庭生活的人间情怀。霍加特以生动温情的语言赞美道："家庭作为一个地方，在那里我们学会了爱别人，而不是仅仅爱自己，家庭可以给我们独特的方式通向自己的感情空间，可以不断打开心扉，只要我们愿意让它打开。"①换言之，霍加特认为和谐的社会关系，不仅引导人们要善解人意、与邻为善，而且充实和丰富着人们的社会存在感，拓宽人与人之间交流的范围，从而为达致建立深层意义的社会共同体提供基础。在人们共享的日常生活中，"不仅大部分的物品可被分享，同时还包含了共同的品格"②。日常文化实践呈现出一幅幅充满温情的日常生活的图景，彰显出普通人正直、诚实、努力、勤奋的特点，激发人们共同关注人类美好的精神家园。通过微观文化主体的文化实践，例如流行于民间的风俗礼仪、饶有风趣的民间歌舞，可以真实再现源于民间、活跃于民间的文化特色，体现出文化与生活的有机结合，体味到社会的人生百态。

　　霍加特源于文化实践所产生的情感表达，是一种由内而外的自然生成，这不仅限于工人阶级的感受，而是建立在大多数人共同认可的价值基础之上。他认为，"生活集中在群体所熟知的街道和他们复杂而活跃的群体生活之中"③，家庭、邻里空间能够标示我们在社会中的位置，这种社会关系不是幻想的或者背对背的，而是真实的面对面的世界。他采用了一种移情手法，调动人们对更加稳定、成熟和具有内在精神的文

---

① Hoggart R. , *The Uses of Literacy：Aspects of Working-class Life*，London：Chatto & Windus，1967，p. 54.

② Ibid. , p. 20.

③ Ibid. , p. 41.

化生活的向往与共鸣。正如移情说的代表人物立普斯认为，人们在对周围世界进行审美认知时，不是被动感受，而是自我意识、自我感情以至整个人格的主动移入。通过"移入"使对象人情化，达到物我同一，"非我"的对象成为"自我"的象征，自我从对象中看到自己，获得自我的欣赏，从而产生美感。霍加特在具有乡土风情、充满人间情怀的文化实践中，探寻日常生活的真谛，激励人们寻找心灵存在方式的变革。这种移情效应使微观文化主体珍视存在于自我空间的文化生成，在自我依存的现实空间中，寻求意识的来源，感悟人生的意义，获得心灵的自由和满足。

另外，霍加特独特的叙事学方法蕴含着文化实践的具体途径。虽然霍加特以个人的、家庭的、邻里间的有限空间为研究对象，以自传体作为陈述方式，但是，欧文认为，霍加特的研究符合"从个体到整体"[①]的叙事逻辑。霍加特对《城镇风光及人物：福恩海姆——一个英国小镇的画像》(*Townscape with Figures*：*Farnham-Portrait of an English Town*)一书的写作亦是如此，将"整体的传统模式与个体风格"[②]有机结合来阐释英格兰总体的生活状况，体现出他一贯采用自传体的方式，以小见大地揭示对更大范围、更深层次社会批判的目的所在。霍加特个体经验式的叙事结构，体现出从日常文化生活延伸到对阶级结构和政治权力话语探讨的方法，为普通民众在力所能及范围和有限的空间内进行微

---

① Owen S., *Re-reading Richard Hoggart*：*Life*，*Literature*，*Language*，*Education*，Cambridge：Cambridge Scholars Publishing，2008，p. 73.

② Collini S.，Minds C.，*Raymond Williams and Richard Hoggart. English Pasts*：*Essays in History and Culture*. Oxford：Oxford Universtiy Press，1999，p. 222.

观实践，提供了一种路径或模式。这种路径或模式表现出整体与特殊的辩证结构，一方面，霍加特以自传体的模式描述传统工人阶级的真实生活，打破强权文化对工人阶级的误读，树立工人阶级生活的复杂性和价值意义的观念；另一方面，霍加特塑造了"典型工人阶级"①的形象，并"以此作为一般意义普通人的共有特征"②。在他看来，文化的内在机制并不比社会变革机制简单，在理解工人阶级文化，或者意指更大范围普通人的文化时，对日常生活与政治生活、休闲方式与体力劳动应当放置在同等位置来研究，因为对于微观文化实践者来说，日常生活具有不可剥夺的意义和不可取代的作用。

（二）大众媒体社会意义的变革

霍加特主张对"'成熟的批判实践'的延伸，包括电影、电视、广播、通俗小说、新闻、卡通、广告和流行音乐的扩展"③。他认为，文学批评实践的方法应该深入更为广泛的文化空间，应当结合社会学的研究。"在这里，我们特别需要与社会学者保持更好的联系，因为纯文学研究用文学批评的术语很难讲清楚有关'想象的品质'，或者谈论一篇文章所受到的各种外力作用，例如去中心化的技术、语言学的技巧甚至语调的

---

① Hoggart R. , *Everyday Language & Everyday Life*, London: Transaction Publishers, 2003, p. 102.

② Hoggart R. , *The Uses of Literacy: Aspects of Working-class Life*, London: Chatto & Windus, 1967, p. 22.

③ Hoggart R. , *Speaking to Each Other: Volume Two: About Literature*, London: Penguin Book, 1973, p. 242.

意义。这一切需要更多的分析，需要从所有层面去阐释和实施。"①

霍加特力图将文学批评的方法引入大众文化的分析中，"我们对大众文化疏于了解，这为成熟的批评实践留有了空间，包括：电影批评、电视和广播评论、电视剧（常常被忽视或者过高估计），以及各种各样的大众读物——犯罪小说、西部小说、浪漫小说、科幻小说、侦探小说"②。霍加特所开创的文化研究实现了文学文本研究与大众文化文本研究的有机结合，将文化实践从文学文本批评实践延伸到了包括大众文化文本批评实践、日常生活文本实践在内的更为广阔的范围，拓展了文化实践的领域，表明了他所倡导的文化实践的路径和指向。

尽管霍加特对"新大众艺术"持批判态度，但始终主张大众媒体应承担公共舆论、社会凝聚力、文化变革的主要力量，主要表现为以下三方面的原因：其一，健康、良好的媒体秩序可以强化政府、权力机构对民主化进程的推动作用，加强为公众服务的责任意识；其二，媒体作为一个公众平台，对不同群体的文化价值和社会行为做出具有公众影响力的判断，为每个家庭，甚至整个社会提供文化传播的重要源泉；其三，媒体是反映社会文化变化的窗口，对社会礼仪、态度、习俗产生重要的影响。霍加特认为如果对媒体进行适当监管，它可以真正丰富我们的生活和服务我们的社会。

霍加特突出了诱导公众兴趣与公众自发产生的兴趣之间的天壤之别。

---

① Hoggart R. , *Speaking to Each Other*：*Volume Two*：*About Literature*，London：Penguin Book，1973，pp. 241-242.

② Ibid. , p. 257.

对于他来说，后者在某种意义上代表着"更广泛和更深刻的意义"①。他强调媒体首先应该弄清楚公众的真实诉求。正如里思（Reith）所述，"很少有人知道公众想要什么，很少有公众想要的东西"②。霍加特赞同这样的说法，认为媒体重要的不是让公众受到细枝末节事物的缠绕，而应深入了解公众具体的现实生活。他认为良好的媒体秩序应该"超越工业化系统的束缚"，实现潜在推动"社会艺术"的使命。霍加特对 BBC 持有一种肯定态度，认为目前为止它能够最贴近地代表我们需要的广播机构，"如果给予它适当的机会和有智慧的管理"，它会"尽可能更加广泛地服务于社会生活"③。霍加特强调，"广播系统不能停止对社会的审视"，有责任重新审视公共事务，并相信它将会拓宽公众对整个世界更大范围的了解和认识，更重要的是，"如果它能够肩负这种责任，广播公司将最终成为'社会的发酵剂'和'积极变革的活性剂'"④。

为此，1960 年霍加特参与了皮尔金顿报告的撰写工作，对英国广播业的发展做出了巨大贡献⑤。在这份报告中，对英国广播公司（BBC）

---

①　Hoggart R., *Mass Media in a Mass Society*, London: Continuum, 2006, p. 114.

②　Reith J. C. W., *Broadcast Over Britain*, London: Hodder & Stoughton, 1924, p. 34.

③　Hoggart R., *Speaking to Each Other: Volume One: About Society*, London: Penguin Book, 1973, p. 173.

④　Hoggart R., *Only Connect: On Culture and Communication*, London: Chatto & Windus, 1972, p. 90.

⑤　虽然，霍加特只是皮尔金顿委员会中 12 个委员成员之一，但毫无疑问，他是其中最有影响力的成员。当报告一经公开，一些政治家、社会评论家就很快察觉这份报告的措辞和霍加特早期作品具有很多相似之处。（可参见《电视的用途》，1960 年 1 月）实际上，霍加特亲自编撰报告的第 4 章。澳大利亚驻荷兰大使 W. R. 克罗克（W. R. Crocker）就曾表示这份报告显然在很大程度上归功于霍加特。

的发展状况进行了调研和分析，并提出了相关建议和方法。他对 BBC
所做的工作给予了充分肯定，同时指明了现存的问题：(1)指责 BBC 为
了与英国独立电视台(ITV)竞争市场，造成对电视节目"标准降低"的后
果。(2)严厉批判了独立电视台过于商业化的思想和忽视其应有的社会
责任。(3)对缺乏道德的广告进行了强有力的批判，"某种意义上，广告
是不道德的，因为它们不约而同地唤醒了人性的弱点，例如占有欲、攀
比心和势利眼"①。霍加特提倡从社会哲学的研究视角，探寻健康、民
主广播的本质。但这一方法曾一度遭到一些社会科学家的批评，他们认
为报告应该提供更加科学化的论证，霍加特给予的回答是，"尽管社会
科学的方法大有裨益，但是社会科学提供大量的'是'什么的问题，而并
非给出一个简单的'应该'怎样的问题"②。在此，他主张应当尽量取证
于人民，也应做出大胆而合理的价值判断。

霍加特在谈论有关广播与社会之间的联系时，特别强调了广播如何
更好地服务社会文化生活的作用，并坚持认为我们每个人都应该有"改
变或扩大我们品味"③的机会。他进一步指出，正确做出文化选择和文
化判断不仅在于生活方式和生活经历的丰富，而且还必须学会识别不同
文化的价值标准，并在好与坏之间做出价值判断。广播监督者有责任明
确表明为什么这一类的文化节目和文化形式优于其他的节目和形式，如

①　Bailey M. , Clarke B. , and Walton J. , *Understanding Richard Hoggart: A Pedagogy of Hope.* Oxford: Miley-Blackwell, 2012, p. 142.

②　Hoggart R. , *Speaking to Each Other: Volume One: About Society*, London: Penguin Book, 1973, pp. 653-654.

③　Hoggart R. , *Only Connect: On Culture and Communication*, London: Chatto & Windus, 1972, pp. 82-83.

果不这样就很容易丧失文化的价值判断，将所有礼仪和习俗进行平均化和同质化的发展，最终导致相对主义、民粹主义的出现。他举例说明："对于'披头士与贝多芬同等价值'的推理来讲，显然是不明智和不诚实的。"①他坚持广播机构应具备较高的文化道德素养，提倡对现实文化生活广泛而深入地研究。霍加特认为广播公司有责任保护社会文化中的优秀作品，但与此同时也要为新文化形式提供足够的表达空间，文化不仅指代那些"伟大而优秀的"权威模式，而且指向了更加细致入微和复杂多样的社会生活的诠释，一方面，需要对文化作品具有反思和批判精神；另一方面，不容忽视对文化具有的可能性和不可预见性的因素，以及无限可能的发展空间。

霍加特既非全然不顾地摆脱传统文化对高雅艺术的界定，也非不假思索地对工业文明兴起的大众文化欣然接受。默克罗比对文化研究有过这样的看法，"对大众文化的批判面临的危险是，在他们挑战传统高雅艺术的定义的时候，他们很容易落入另外一个陷阱，也就是说'偏爱一个文本胜过另一个文本'，评选出通俗文化的新经典——我们不妨称之为"高雅的通俗文化"或者'精英的通俗文化'"②。但是当我们置身于现代社会时，我们又如何看待和审视传统文学、传统文化、大众文化的不同意义以及它们之间的相互关系？文化的传承性、内涵、价值、意义究竟在哪里？而霍加特试图告知的文化诠释，不同于堪称经典的现代理论

①　Hoggart R.，*Only Connect：On Culture and Communication*，London：Chatto & Windus，1972，pp. 83-84.

②　［英］安吉拉·默克罗比：《后现代主义与大众文化》，田晓菲译，12 页，北京，中央编译出版社，2006。

家那样，"在巴特那里是福楼拜，在德里达那里是马拉美和阿尔图，在福柯那里是马格利特，在克莉蒂娃那里是乔伊斯和阿尔图"①，也不同于后现代主义反经典的情绪，而是基于文化多样性与文化价值标示意义的双重建构。霍加特认为好文学应该具有一定的品质和功能，"好文学对生活的关注保持一种忠诚和超然的状态。它勾画经验，然而在某种意义上，又远离经验。但是它总是抱有一种假设，即人类经验的重要性和深远价值，……它有助于让我们更加相信人类本性中的自由意志，帮助我们更加锐利地感知人类自由意志所遇到的困难和局限。好的文学强调世界的'庞大和威严'，即人类世界的具体性、感觉上的真实性与强调超越'现实性'意义的并存。……好的文学强调人类生活内在的、与众不同的、个体的重要性"②。对于霍加特而言，无论是经典文学还是大众文学，无论是精英主义文化还是通俗文化，文化的内在精神和品质应该承载一定的价值内涵和价值标示。

霍加特将落脚点指向了"重要的识字能力"和"想象力的识字能力"，倡导"使人警醒而不被轻易蒙蔽"的识字能力，使受众能够"读懂其中晦暗的文字、隐晦的语气、内容的省略、虚假广告的攻击性"③，获得真正意义读写能力的提高。霍加特将这种识字的能力扩展到对大众媒体的解读，指出媒体解读能力是在不同语境下，作为介入、理解、创造和交

---

① Huyssen A. *Mapping the postmodern*. *New German Critique*. New York：Andreas Huyssen，1984，p. 39.

② Hoggart R.，*Speaking to Each Other*：*Volume Two*：*About Literature*，London：Penguin Book，1973，pp. 11-12.

③ Hoggart R.，*Between Two Worlds*：*Politics*，*Anti-Politics*，*and the Unpolitical*，New Brunswick：Transaction，2002，p. 195.

流的能力，包含了多元化的"解读能力"，例如"信息解读""数据解读"
"电影解读""电视解读"。随着互动媒体平台越来越广泛的应用，文化实
践成为解读大众媒体最为有效的方式，识字能力的提高可以扩大和有效
促进对不同文化模式的理解和解读。

　　大众文化自形成以来往往表现出对整体文化发展的制约，甚至束缚
着现实的人及其活动，然而文化实践成为一剂良药，对大众文化能够有
力地审视和扬弃，其原因在于文化实践具有实践的批判和改造功能。诚
如马克思写道："对**实践的**唯物主义者即**共产主义者**来说，全部问题都
在于使现存世界革命化，实际地反对并改变现存的事物。"①虽然这句话
产生的语境更多地指向物质生产实践的变革和政治实践的革命，但对于
今天尤为突出的文化生活的发展而言，同样字字千钧。文化实践者在对
待现存世界的文化产品时，以深入生活的文化实践活动权衡风格各异的
文化模式和文化形式，以文化特有的微观权利改造现实世界的文化，变
革大众文化媒体的社会意义。

(三)文化主体性的变革

　　霍加特文化实践思想对变革文化主体性具有重要意义。他以工人阶
级文化为依托，表达普通人共同的文化生活，把家庭、邻里生活作为文
化实践的具体场所，作为文化意识主要来源。其目的在于力图达到普通
民众共同渴望追求的文化品质，体现出他所倡导的存在即真实、意义即
生活的思想。他指明了文化与社会的关联，即从活生生的生活经历、从

————————

① 《马克思恩格斯选集》第 1 卷，75 页，北京，人民出版社，1995。

人们真实的实践活动中认知和改革社会。

霍加特试图通过普通文化实践者的实践活动，寻找对现存世界不合理现象的抵抗力。他尝试从第二次世界大战后工人阶级日常生活的"断裂"入手，揭示日常生活方式遭受商业文化诱惑而发生的改变，试图从日常生活的内部找到变革社会的力量。在霍加特看来，工人阶级与生俱来具有一种抵抗能力，对待外来事物既不会消极地排斥，也不会全然接受。霍加特通过工人阶级的自制系统，适应或借鉴他们认可的部分，并过滤掉他们不情愿接受的部分，重新塑造工人阶级健康的文化生活。工人阶级"不单单以一种消极的抵抗"对待外来事物的侵扰，工人阶级这种自发式的抵抗能力来自自我文化实践过程的凝结。霍加特通过对工人阶级文化生活的诠释，彰显了具有"抵制"外部植入式文化的工人阶级日常文化实践方式。在霍加特的著作中，不乏对工人阶级日常生活细致入微的叙述，而这种叙述并不是不必要的赘言，而是在力图挖掘工人阶级的内部生活对现代性社会的反抗性。

霍加特倡导普通人认真对待自己所拥有看待生活的方式，这并不代表让人民止步于自己的生活，对外来事物漠不关心、熟视无睹，而是在日渐淡漠的阶级意识中，主张以共同生活经验为基础的阶级意识的觉醒。霍加特一贯认为"具有典型的思想的文化在一定程度上是令人钦佩的"①，他认为目前表面上能够代表工人阶级典型生活态度，并如实反映工人阶级真实思想的文化，正在被一整套的官方文化秩序所操控。霍加特

---

① Hoggart R., *A Sort of Clowning*：1940-1959，*in A Measured Life*：*The Times and Places of an Orphaned Intellectual*，London：Chatto & Windus，1994，p. 206.

文化实践思想不仅在于呈现存在于工人阶级内在生活的文化，即以传统、习俗、礼仪、经验、态度等构成的自在文化图景，而且在于激发微观文化主体参与、选择、建构、创造等为主要形式的自觉文化意识，形成自在文化与自觉文化的有效结合。一方面，文化的演进与发展需要依据由传统习俗、经验、习惯等构成的自在文化模式；另一方面，文化的发展动力在于发挥文化主体的能动性和创造性，调动文化主体的自觉文化精神。

文化实践思想体现了霍加特对社会主义主体建构的指向。他认为，应该"把社会主义建立在复杂多样的社会成员之间民主辩论的基础上，坚持批评实践对社会公共讨论的作用"[1]。同威廉斯一样，霍加特试图带领普通文化实践者，摆脱"我们生活在垂死的文化"和"大众是一群无知团体"[2]的悲观主义的文化情绪，并坚信"工人阶级文化是未来英国社会主义的最佳基础"[3]。文化实践则为工人阶级文化主体提供了具体而现实地参与社会的途径和方法。

霍加特力图调动工人阶级文化实践的潜能，培养工人阶级自我意识的形成，提高工人阶级真正意义的文化素养。在真实的日常生活中，以"正派""健康""认真"标记工人阶级的生活，建立工人阶级内在于生活的价值判断系统，同时，与"乏味""空洞""琐碎"的商业文化价值体系形成对比，从而凸显工人阶级文化实践的价值和意义。在寻求提高微观文化

---

[1]　Bailey M., Clarke B., and Walton J., *Understanding Richard Hoggart：A Pedagogy of Hope*. Oxford：Miley-Blackwell，2012，p. 50.

[2]　Chun L., *The British New Left*，Edinburgh ：Edinburgh University Press，1993，p. 37.

[3]　Ibid.，p. 37.

主体的实践能力和文化素养的过程中，一方面，霍加特强调生活经验的重要性，把工人阶级主体的自我身份的确认和阶级意识的形成归于具体的日常生活场景；另一方面，霍加特注重工人阶级自身文化素养的提高，使工人阶级获得文本阅读的有效方法，让普通人真正能够共享人类优秀的文化成果，使微观文化实践者在文化实践的空间中，拥有独立人格和主体精神。霍加特文化实践思想的目的诉求在于改变文化现存的格局，将微观文化主体作为文化主体当中不可忽视的力量，使得普通文化实践者能够与占中心地位的文化主义者分庭抗礼。霍加特以文化实践为途径，探究文化内涵的本真意义，打破既定文化的旧秩序，优化文化结构，提升微观文化主体进步，真正引发由文化变革带动整个社会的变革的实践历程。

霍加特以微观文化主体的自我解放、自我发展为目的，并提出与威廉斯相一致的共同体文化的思想，而共同文化在于社会逐步迈向分享共同的价值和目标。在文化实践的过程中，微观文化主体真实感知现存的文化世界，使主体情感移置于日常生活对象，从而形成共同的价值判断。在文化实践所达致的"亲仁善邻""与邻为善"的基础之上，霍加特共同体文化的思想建立是通往共同文化的方法和途径，是一种兼容了诸多"不同"的共同，是一种异质的和谐共存状态，绝非一种同质的同一状态。共同体文化在平等、互惠、共赢的基础上，以开放、共享的心态，共筑文化合力，共同建构人类文化成果。

共同体文化具有以下几个基本特征，其一，互惠性文化的共同体文化。而这种互惠性原则，并不是商品等价关系的交换原则。正如霍加特提倡工人阶级"与邻为善""睦邻友好"，并非在于建立在等价交换的意义上，而是基于"我们同在一起""团结就是力量""乐于助人""随时效劳"①的共同价值准则之上。"我之所以为你服务，并不是因为我能够得到的回报，而是因为你需要我的服务，而且你因为同样的原因来为我服务。"②其二，意味着生命平等的共同体文化。霍加特文化实践就是要打破文化上的不平等，以人的存在方式理解文化，超越精英文化主义者建造的文化樊篱，将文化的丰富性和多样性理解为不同文化实践者不同生活经历、不同生活方式的凝结。其三，必须在社会主义实践中不断丰富和完善的共同体文化。霍加特文化实践正是这一思想的集中再现。他的实践思想强调民主化的文化发展路径，即在要求识字民主和阅读民主的基础上，主张教育民主、知识话语民主和公共权力的民主，推行民主化的文化发展，最终达致真正民主的社会。而在这一民主化的发展进程中，实践是关键，是推行文化民主的最为根本的基础。同时，文化实践思想所面向的实践主体是普通民众，探究的实践客体是日常生活世界，通过微观文化实践者的话语特征和社会关联，呼唤普通民众在探索人民的真实世界中，发挥普通人的主体作用和实践精神，依靠自己的力量救赎自己的世界，使普通人成为具有独立人格和内在文化精神的社会主义实践者。

霍加特文化实践思想的社会关联，阐释文化与社会之间的内在关系，突出文化实践变革社会的功能。其一，探究了文化实践与日常生活之间的联系，从霍加特对工人阶级的生活环境、生活体验和生活感受三

---

① Hoggart R., *The Uses of Literacy：Aspects of Working-class Life*，London：Chatto & Windus，1967，p. 54.

② 乔瑞金：《英国新左派的社会主义政治至善思想》，载《中国社会科学》，2014(9)。

个方面的分析，阐释了霍加特文化实践思想源于日常生活，即由家庭、邻里关系所搭建的文化实践活动。其二，揭示了文化实践与权利关系之间的相互作用，阐明霍加特从文化霸权地位的精英文化、文化空间占领的大众媒体和文化干涉的文化政治化三个方面分析了日常文化被掠夺的文化现状。其三，强调文化实践对社会变革的作用，即实现文化化的生活与生活化的文化的内在统一、变革大众媒体的社会意义和变革文化的主体性，进一步表明霍加特探索文化实践的复兴之路。从而指明文化实践是文化发展最为根本、最为基础和最为长期的有效途径，对于解决现代性社会文化的碎片化、支离化起到关键性作用。

日常空间实践是文化实践另一个最为倚重的中介，同话语实践一样，是探究微观文化实践主体开展文化实践活动的至关重要的维度，也是提升普通人实践能力和主体能力的重要场域。霍加特以承载着普通人生活的日常生活为着眼点，寻找文化实践的现实土壤。他从空间环境、空间体验和空间感受三个方面真实再现了工人阶级日常生活的图景，而这一图景即代表了工人阶级文化实践的空间。在霍加特看来，日常生活潜在巨大的可能性，工人阶级在自己有限的空间中，通过空间感知和空间体验，结成一定的生活方式，包括行动方式、风俗习惯、道德规范，而这一切都蕴含着普通人的文化样态。霍加特所理解的文化与社会关系不是抽象的、空洞的、无内容的关系，而是由具体的个人和日常行为活动共同构成。

霍加特从文化实践的社会关联探讨了文化实践与日常生活、权利关系、社会变革之间的关系，分析了日常文化空间不断地遭到掠夺的现实状况。为此，霍加特试图将文化实践作为对资产阶级文化霸权、大众媒体同质化，以及撒切尔主义文化政治化批判的武器，通过文化实践引发具有联动效应的社会变革，重拾日常生活的奇迹，重建大众媒体的社会意义，重组文化资源的配置，使得文化主体自主意识得到提升，力图推行文化民主化的进程，发挥微观文化主体的主体精神和主体能力，合理配置文化资源，优化文化结构，为实现人的全面自由的发展提供了现实途径。

文化实践是文化世界得以存在的基础和根据，对现存世界的文化具有导向作用。在共同的、相似的生活环境和文化背景中，人们通过自身的文化实践活动，形成"为文化立心"的一致看法，即在文化实践的基础上建构与社会关联的文化世界。具有社会变革意义的文化实践，为微观文化主体者提供了砥砺前行的动力支援，凝聚着微观文化实践者共同进步的磅礴力量。

第六章 ｜ **文化实践思想的话语特征**

　　在具体实现文化变革直至社会变革的过程中，霍加特借助文化实践的话语内涵，进一步实现对文化主体实践方式、思维方式和文化对象所指的变革，增进文化主体能力的提升，并促使文化主体与文化客体之间的深度融合与统一，从而达致对原有社会秩序的改造，优化文化结构和社会结构，推进社会主义的实现。

　　霍加特文化实践思想注重话语分析和话语实践的意义，其原因在于他强调话语与阶级权力、话语与意识形态之间的内在关联，而非只是对语言和言语之间做出整体与个体、抽象与具体、有限与无限、静态与动态的研究分析。霍加特强调文化实践的话语内涵，其目的就在于深入现实的社会生活，发挥文化用途的社会功能和政治功能，体现出与霍加特文化实践思想起因的照应，即对"无阶级社会"幻境的破解。文化实践的话语特征正是体现在话语的阶级性和政治性，以此达到他的文化实践的目的。

霍加特从话语的实践性进一步阐释了文化实践的内涵和意义。他通过对话语特征口头陈述的分析，彰显出其源于日常生活文化的丰富性，强调话语实践对文化主体意识的传承性和文化主体内在精神提升的意义和作用。霍加特以审视被编码的文本社会、搭建话语分析的"霍氏"阅读、救赎文化的本真价值，以及塑造社会主义新主体，有效建构了话语实践的具体"模型"，从而实现文化表征与实践的内在统一。

一、实践性

现代性的号角已经响彻了社会的各个领域，并来势汹汹地席卷着日常生活的每个角落，使我们无法逃脱它的笼罩。最为显著的表现是现代性话语形式的新变化，原先带有明显地域风情和生活特质的话语被这股浪潮冲击得无影无踪，话语的使用不再指向特定的人群，而成为人们争先恐后引用当下最流行用语的聚集地。在以现代性为语境的固定形式的话语传播中，霍加特转向话语多元性的发展，将话语置于栩栩如生的历史语境中进行分析，突出"生活特质"话语实践。正如《圣经》中永远不可能竣工的巴别塔所指的那样，人类的语言充满了丰富性、差异性、异质性。在现代性社会中，搭建新的话语实践模式成为霍加特文化实践最为倚重的力量。

霍加特认为，在现代性的话语活动中，话语的实践本质、话语总体性的发展，不断地遭受碎片化、同一化商业用语的覆盖，不确定的他者、外来语成为现代性话语的主要特征。话语的历史语境被忽视，致使总体性的话语特征丧失。霍加特试图回归话语的实践本质，恢复话语使用者的主体地位。他立足于文化实践本身，将新的话语特征作为文化实践的微观缩影或者微观模型，从话语内部深入探讨文学与社会、文本与社会、新媒体与社会之间的相互关系。他应用话语的实践本质、中介性促进文化实践主体的能动性和文化实践主体之间的交互性，为文化实践的有力施展提供具体的方法和途径。

（一）正视话语的实践本性

霍加特把话语实践作为文化解读的方式，对精英主义文化观和相对主义文化观进行的反思与批评，体现出文化的普遍性与特殊性、文化多样性与文化内在规定性、文化主体与文化客体之间的辩证关系。正如前面所言，霍加特认为精英主义特权文化、相对主义同质文化，正是对话语实践本性的遮蔽。霍加特倡导话语的实践本性其目的在于消解孤立、特权的文化，抵制文化的平均化、同质化，强调内在于生活的文化，突出话语实践的建构意义。

第一，霍加特认为，无论是精英主义还是相对主义都试图消解普通话语使用者的主体性。话语使文化构成为意义单位，不同类型的文化观所主张的话语权大相径庭。霍加特深度剖析了阶级与话语权的问题，在他看来，精英主义的文化观将话语权掌控在他们自己手中，以精英话语的特权和强权剥夺普通人民的话语权。霍加特将文化的动力机制——话语实践——作为批判精英话语权的利器，强调话语的多样性、具体性，深入工人阶级的文化生活，以工人阶级特有的言辞肌质、生活图像、观点态度，为工人阶级争得一定的话语空间。

同时，霍加特反对过于强调边缘主体的话语权。话语使用者的多元化发展，势必对专制文化的消解和文化多样性的促进有着巨大作用。但是，如果过分强调边缘群体的力量，主张文化的绝对平等和片面凸显文化异质性的发展，容易导致极端主义的出现。霍加特主张话语多样性发展，与过于强调文化的异质性有着本质区别，他力图将工人阶级作为文化主体不可分割的一部分，与精英人士等其他话语实践者一起构建文化的共同体。

与结构主义的语言学不同，霍加特更加强调话语的现实意义和社会意义。结构主义关注语言的生成问题，试图从大量的经验事实中挖掘语言内部的深层结构，强调结构作用和意义。霍加特也强调话语的客观性和内在的规定性，但他将话语的意义和价值形成于经验生活之中，主张只有在属人的世界，话语才有意义和价值。

第二，霍加特认为，精英主义和相对主义试图遮蔽话语实践者自身的建构意义。在他看来，精英主义者经常利用新教伦理和中产阶级的文化教养来教化工人阶级，工人阶级往往找不到文化的自我存在感和认同感，因为这种文化缺少与日常生活的联系，是一种外在于人的产物、脱离生活的产物。霍加特反对精英主义对工人阶级的外部教化，并认为这种教化的目的在于麻痹人们的阶级意识，使人们失去了自主的判断能力，他写道："我们接受的教育都是灌输式的，没有参与性的、激发思考和讨论的东西。"①霍加特深刻地意识到话语实践与教化之间的区别，认为英国目前的某些教育体制是对个人创造力和判断力的扼杀。

霍加特对现代性催生的大众文化进行了深刻的分析。他认为人们急需摆脱现代性这样一个极度空虚、迷失自我的世界，重新回归"真正人民的世界"②。大众文化均质化的发展不仅是对话语多样性和具体性的遮蔽，更是对某一文化所代表主体性的威胁。霍加特认为无论是精英文化还是商业文化都属于"加工"文化，是一种外来植入式的言语表达。他强调话语自身内部的发展和话语使用者自我意识的真正解放。

为此，霍加特强调了恢复话语的使用性。他一再强调文化主体的文本批判意识，倡导"语言的使用""识字的用途""文化的用途"，而"用途"本身即代表了对文化的积极关照与参与，科学合理的文本批判有利于文化生成的良性发展。正如伽达默尔所讲："不仅世界只有在它进入到语言的范围内才是世界。而且语言也只有显现在世界中才具有真实的存在。"③霍加特以话语实践为核心，引领人们再次走向日常生活文本，文化客体不再是亦真亦幻的虚拟世界，而指向了人们真实存在的现实生活，实现了文化主体与文化客体从无论是精英文化还是商业文化所造成的二元对立的局面，向主客体的统一和整体文化生成的转变。在某种程度上，霍加特的话语实践优化了文化结构，使文化不仅存在于表征系统

---

① Hoggart R., *A Local Habitation*: 1918-1940, *in A Measured Life*: *The Time and Place of an Orphaned Intellectual*. London: Lawrence & Wishart Ltd., 1988, p. 147.

② Hoggart R., *The Uses of Literacy*: *Aspects of Working-class Life*. London: Chatto & Windus, 1967, p. 72.

③ ［德］汉斯-格奥尔格·伽达默尔：《真理与方法》，洪汉鼎译，443 页，北京，商务印书馆，1999。

之中，而且作为实践系统获得更为丰富的意义和价值。

实际上，霍加特力图通过话语实践探寻文化生成的生命意义。他的文化内涵中体现着文化生成的生命意义，而话语实践正是文化生成生命意义的具体展现。他对话语实践的思考体现出对话语多样性和内在规定性辩证意义的探寻。霍加特从话语特征探究文化的生成，以普通文化实践者自身言说艺术、陈述方式、阅读经历来展示他们对文化的理解和创造，从而打破传统文化、现代性文化的话语形式对普通文化实践者的限制和束缚。

(二)关注话语实践的中介性

霍加特认为，话语与社会生活之间的关联充满了复杂性，尤其是现代性社会，这种关联体现得更为复杂，在文化生产、传播、消费的链条中，把握其存在的关键性中介因素对于文化研究非常重要。

对于话语的中介性来讲，值得关注的是本雅明(Benjamin)提出的语言的非中介性。本雅明的用词经常出现诸如：纯语言、神性语言的说法。不得不说本雅明的纯语言还是一种伊甸园式的言语活动，是一种依附于神性与宗教的语言。虽然本雅明试图通过纯语言的魔力驱除人类语言的堕落，反对将语言工具化和知识化，尤其针对资产阶级借助工具语言剥削统治人民进行了批判，但是他却将语言全然形而上学化，认为只有这样才能使语言的内容与意义得以真正统一。本雅明将语言与宗教放置于很高的地位，并将两者关联在一起。在这一点上，我们可以体会到本雅明的用意，他强调神性语言的作用力为的是突出语言活动的直接性，而非外界力干扰下的语言活动。从某种角度来讲，霍加特与本雅明对于语言的理解具有某种共同之处，他们都认可语言的直接性，但是两者所获取的直接性的来源却大相径庭，前者依托于文化主体话语实践的过程，后者将语言擢升到神学的地位。

但是，无论谁也无力改变的事实是，在现代性的语言活动中，语言正侵入一种介质，它将替代不同发声者的音色，用一种匀质而空洞的腔调通过现代传媒的高科技响彻整个语言世界。整个人类世界连同它的发明者一起陶醉于商业文化中不能自拔。话语的中介性问题对于现代性社会尤为突出。为此，霍加特所探讨的话语，是与现实社会密切关联的问题，是对话语社会维度的分析与诠释。他更强调的是阶级话语、话语权力、话语与阶级意识之间的相互关系。

话语在现代性社会中明显地表现出间接性的特征。霍加特十分重视思考话语中介性的问题，认识到新时代大众媒体对话语的干扰问题。他试图回归语言生成的实践本性，恢复语言健康的发展。与本雅明相比，霍加特不但承认语言的直接性，同时也承认语言的间接性。借用黑格尔的观点，"不论在天上，在自然界，在精神中，不论在哪个地方，没有什么东西不是同时包含着直接性和间接性的"①。直接性即一事物自身存在的独立性和内在规定性；间接性即一事物与它事物之间的制约性和依存性。话语同样如此，既有自身发展的独立性和特定的规律性，又受到各种外来因素的影响和制约。而对于现代性社会来讲，话语的间接性表现更为明显。

在此基础上，霍加特进一步分析了话语生成的中介性因素，为明确

---

① ［德］黑格尔：《逻辑学》（上卷），杨一之译，52 页，北京，商务印书馆，2001。

话语实践的方向做出了必要的准备。这些中介性的因素主要体现在以下几个方面：

第一，话语与社会变迁的关系。霍加特认为话语的发展与社会生活的变迁之间会产生共变关系。霍加特深刻地批判了文化商业化造成的语言衰退现象。例如，霍加特对现代社会中"清教徒"一词发生的语义变化做出了分析。他认为"清教徒"一词在现代社会呈现出一种唯心主义的反享乐主义，"在今天的英国和更长的一段时间，'清教徒'已经被延伸为对任何愉悦的反感，尤其是对性的反感"①。霍加特认为现在的许多人在理解爱情的含义中，包含着对"清教徒"的曲解，"这是一条语言衰退的道路"②。在霍加特看来，商业化的现代社会促成了语言衰退的发展。因为，文化的价值问题受到了商品价值系统的控制和操控。商业文化"承认价值无区别，并断言因为生命短暂，所以，艺术没有必要长时间学习。在商业化的选择下，民粹主义、消费主义、重商主义也可以获得与艺术同样的效果，可以与艺术共栖"③。在此情况，霍加特主张维护文化的本真价值，强调文化价值对社会价值关系的独特导向作用。

第二，话语与阶级的关系。霍加特强调语言与阶级之间的关系，认为"我们每个人所继承的语言对自我意识的形成具有巨大的作用"④。霍加特深入工人阶级生活，挖掘工人阶级特有话语习惯、口头用语，彰显

① Hoggart R., *Speaking to Each Other*: *Volume Two*: *About Literature*, London: Penguin Book, 1973, p. 99.

② Ibid., p. 99.

③ Hoggart R., *The Way We Live Now*, London: Chatto & Windus, 1995, pp. 55-56.

④ Ibid., p. 57.

出工人阶级富有弹性文化的特点。霍加特认为阶级是对相同生活经历、生活经验产生共同感受的群体，阶级不仅作为经济范畴、历史范畴，也应当放入文化生活的范畴。他认为一个阶级的文化来自所在阶级具体的生活经历，人们可以从这一阶级的生活经历、生活经验、生活习俗所形成的文化感受到阶级的存在感。话语体现了具有相同生活经历或生活经验群体的日常活动。霍加特认为文化应更具包容性，不只是某一阶级的专属物，不同阶级都应拥有发展自己文化的权利。他将文化作为实践活动，认为不同阶级特殊的生活经历，以及参与不同的实践活动可以形成不同的文化形态，文化应更具多样性，尽显人类社会实践的不同侧面。霍加特以"自下而上"的阶级实践开启了对文化旧秩序的批判，以阶级实践的角度展开对文化的重新审视，从日常生活的现实经验进行文化意义和价值的思考。

第三，话语与创作者的关系。霍加特认为在现代社会中，立志于大批量文本生产的创作者"并没有站在他们的经验面前，也没有试图努力借助文字的形式再现他们的经验，读者不能从作者、作品身上直接获得想要的经验，需要考虑文本产生的复杂性而获得理解"①。霍加特始终认为真正打动人心的作品一定来自生活，经得起岁月的考验，并会带给人们持久的欢欣和热情。文本创作不能为获取一种形而上的真理，而借用理性压制人的主动性，应当为绝对真理留有余地，为人类不断探寻真理留有空间。文化实践者需要不断提升文化实践的能力，从而挣脱文化

① Hoggart R., *The Uses of Literacy*: *Aspects of Working-class Life*, London: Chatto & Windus, 1967, p. 150.

关系中的捆绑与束缚，获得主体自身的解放。

第四，话语与传播的关系。霍加特十分关注大众媒体传播与话语之间的关系问题。大众媒体的发展使得话语成为一种被接听、被观看的存在。无论是广播的出现，还是电视的发明，都将人们推向了一个输入的时代。在这样的时代中，每个人都忙于接受不断更新的知识、信息，生怕被这个信息时代所抛弃。人们无暇顾及存在于自己生活中的话语，更无力用自己的话语去创作。马克思很早就对现代性的语言特征进行过表述，"这完全是统治者的语言，但在现代贵族的口里就显得委婉动听了"①。统治阶级对语言的操控在现代性社会表现得更为复杂，不再以直接方式或者命令式的口吻对待普通人，而转向了一种虚伪且具有杀伤力的话语迷惑和削弱工人阶级自身的力量。霍加特认为这样的媒体时代不但阻碍了普通人话语能力的发展，而且，将人们带入了大众媒体的虚幻世界。他对大众媒体不尽人意的表现进行了强烈谴责，但并没有对现实的文化发展完全丧失信心。他认为大众媒体应当履行其应有的责任，相信通过适当的监管机制，大众媒体可以成为家庭文化和社会文化的窗口。

第五，话语与文本解读的关系。文本的有效解读在于抵抗商业化的话语，并试图打破大众媒体阻止普通人进行文化参与的局面。文本从创作、传播直至阅读是一个复杂的过程。这要求读者具有一定的文本批判能力，"努力思考一个词的分量，或者苦苦思索一个细微之处……适度分析一个句子的结构"②，这些都是文本阅读不可或缺的过程。霍加特

---

① 《马克思恩格斯全集》第 1 卷，157 页，北京，人民出版社，1995。

② Hoggart R.，*The Uses of Literacy：Aspects of Working-class Life*，London：Chatto & Windus，1967，p. 166.

认为文学价值是一种可被工人阶级理解的品质，而不只是一种学问。这种阅读比起那些普遍而空洞的反精英的教义来说，体现了一种更为民主的阅读方式。霍加特认为科学的文学分析可以用于解释其他表达现象，并提供一直以来被忽视的文化实践的情感阅读基础。文学分析可以增加我们对"富有经验生活"的理解，并建构整体生活的价值观。霍加特在分析了话语的中介性特征之后，试图通过这些关键性的中间环节，进一步地落实和开展微观主体的话语实践活动。

（三）强化话语实践的用途

在文化实践中，霍加特强化了话语实践的用途，尝试通过人们使用的话语，探索和建构人类生活经验的意义与价值。

首先，话语实践实现对日常生活最贴切的观察。这里的话语形式既包括口头话语也包括书面话语。他认为话语结合了日常生活，因为构成话语单位的词语不断地受到词语所在社会语境的影响而即时发生变化。正如苏联哲学家、语言学家巴赫金所述，每个词语都带有一定的语境，这种语境是由社会生活填充的。霍加特指出话语扮演和探讨最贴近生活的本质，包括话语的含糊性和矛盾性，虽然看似琐碎但具有实质性的意义。他认为语言理论的过度强化和专业术语的频繁使用仅仅做的是文字游戏式的工作，并没有实质性的意义和价值。他反对将话语从生活中分离出来，而过分关注于话语一般性的结构，有意使话语与生活之间产生距离。他倡导回归话语的社会功能，认为"语言在思想上可以帮助我们建立人类本性的共同感受，如果没有语言，我们的世界将会变成荒原而深陷混乱"①。霍加特主张话语与生活、话语与社会之间相互关联，强调文化生产的目的应该尽量满足广大阅读者的知情权，使更多的普通人参与到文化实践之中。霍加特进一步指明"语言尽管开始于个人的经验，但这并不意味着语言仅限于个人的经验，在渴望得到启示性建议的驱动下，采用细小的（语言）行为可以打开整个范围的意义和结果。语言把个人的（经验）转化成共享的资源"②。话语不仅追溯物质关系和社会关系条件下产生的个体行为，而且建立了个体行为之间的关联，以话语的方式影响着彼此。

其次，独特的话语特征呈现文化生成的肌质感。霍加特转向话语多元性的发展，将话语置于栩栩如生的日常生活的语境之中，突出"生活特质"语言的重要性。霍加特强调文化的肌质感，在于阐明不同群体之间使用话语的独特性。霍加特试图从日常生活话语获取工人阶级文化的品质，恢复工人阶级文化原有的特质。他在对工人阶级话语饶有风趣的描述中写道：工人阶级的"声音嘶哑但又古道热肠"；"他们的声音来自于此时此刻内心的感受，而非对生活的幻想或悔恨"；"粗糙的工人阶级女孩特有一种强壮而有力的语调"；"'可敬的'工人阶级存在着一种'共同的'声音"③。另外，祖母是霍加特笔下典型工人阶级形象的代表，在他对祖母话语特征的表述中写道，"她留有一种精神活力、语言活力、

---

①　Hoggart R., *Between Two Worlds*：*Politics*，*Anti-Politics*，*and the Unpolitical*，New Brunswick：Transaction，2002，p. 131.

②　Hoggart R. *Speaking to Each Other*：*Volume Two*：*About Literature*. London：Penguin Book，1973，p. 248.

③　Hoggart R.，*The Uses of Literacy*：*Aspects of Working-class Life*，London：Chatto & Windus，1967，p. 7.

偶尔幽默的农民品质。"①霍加特以具体化的语言对工人阶级话语特征大篇幅地再现，其目的在于表达话语与日常生活、话语与阶级关系的紧密关联，而这种独特性表现在特定群体日常生活使用话语的频率和着重点与其他群体不同。来自日常生活真实感的话语可以尽显文化的独特魅力和内在品质。

再次，霍加特认为话语的肌质根植于我们所知所感的生活。在他看来，"特别受欢迎的话语深植于阶级情感。以上这句话是一种多重性质的表达方式，蕴含一定的社会关系，显示着一种社会等级，包括出生、教育、职业、所处的位置。它有助于建立自我情感，并让我们感受到自身的活力"②。霍加特举了一个非常明显的例子，在表达生活"拮据"时，其他群体会用暗语或者隐喻的方式来表达这一层面的意思，但是工人阶级不会这样，如果他们这样做了就会表现得很奇怪，有悖于他们以往的生活状态，工人阶级日常生活的表述方式一贯很直接。

但是，霍加特认为大众媒体的世界是由零乱的"话语片断"构成的，缺乏生活的连续性。他强调语言特质的关键在于通过独特的"经验探索"，探究"真实"而"具体"的生活，从而达到有效地"诊断"人类生活品质的作用。"霍加特并没有简单地总结某种世界观，而是在多样性与生动性的世界中，收集特殊的话语行为，从而再现和揭示工人阶级的生活经历，这些经历形成于共同情感结构的背景之下，正如他将'非常单调

---

① Hoggart R. , *The Uses of Literacy*: *Aspects of Working-class Life*, London: Chatto & Windus, 1967, p. 10.

② Hoggart R. , *Everyday Language & Everyday Life*, London: Transaction Publishers, 2003, p. xiii.

的短语'与'音调特有的宽容感'相对比。他采用了捕捉细节的方式，因此，体现出一种辩证的方法：经验的动态流动性，而非对工人阶级生活进行某一客观化的概论。"①霍加特在对工人阶级具体而独特话语的分析中，集中了许多密集的细节，而且很大程度上是话语的细节（俗语、语调、绰号），从而揭示出工人阶级生活最为真实的一面。

话语实践开启文学批判和文化研究之间友善的关系。一直以来，文学理论家将"文学"作为一种意识形态的建构，试图营造"大"文学的氛围，并规定其研究的相关细则，目的在于远离现实生活而成为完全意义的纯文学。霍加特开创的文化研究尝试探索文学与日常生活之间的关系，促使文化分析和社会生活的交融，通过话语实践弥合文学批评和文化研究之间的距离。他强调文学阅读的重要性，认为"文学可以帮助我们获得人类经验的丰富感"②。他对文学的关注是实现其政治批判和社会批判的基础，提出科学的话语分析可以解释不同的话语现象。为此霍加特建构了话语分析的模型，力图提升普通人话语实践的能力。霍加特式的文学分析并不等同于原初意义的文学分析，而是更大范围地话语实践，他渴望通过话语实践"增加对生活话语的尊重，对特殊经验的尊重"③，提高普通人对生活经验整体性的认识，从而帮助普通民众树立具有整体价值观的生活。

----

① Hughes B., *Literate Sociology*: *Richard Hoggart's Dialectic of the Particular and the General*. Bailey M. and Eagleton M., *Richard Hoggart*: *Culture and Critique*［M］. Nottingham: Critical, Cultural and Communications Press，2011. p. 212.

② Hoggart R., *Speaking to Each Other*: *Volume Two*: *About Literature*，London: Penguin Book，1973，p. 254.

③ Ibid.，p. 34.

　　在话语实践中，霍加特既关注文本内部的分析，又注重对不同阶级文化的分析，包括不同阶级对文化产品不同诉求的研究。由此扩大了文学研究的边界，设想了一个涵盖多学科的建设现代文化的总体图谱，实现了深层跨越的文化研究。在他看来，"我们过多倾向于大众文化的使用和滥用，可称得上是这一时代的'病症'，因为我们过于简单化它与社会的关系，以至于错误地认为它可以告诉我们有关文化的本质"[1]。因此，霍加特重视培养话语实践的能力，认为任何文化产品都需要读者进行紧密的情感阅读，即使是"循规蹈矩"的文化产品，其关键环节还在于读者对文化产品的辨识力，而非简单的文化生产的问题。在谋求文化资本利润扩大化的现代性社会中，现代性的话语特征是一种相互断裂的关系：文化产品与文化使用者的断裂、文化生产的目的与普通民众文化诉求的断裂、商业化和市场化的话语形式与普通人日常生活话语的断裂。霍加特的文化实践思想研究涉及：作者与读者、作者与机构、文化产品与政治、权利、阶级、金钱之间错综复杂的文化关系，这些关系承载着社会运行的导向。文化研究具有跨学科的意义，将文化与社会有机结合在一起。

　　最后，话语实践有助于揭示文化的价值秩序。语言具有真实、感性的特质。但 20 世纪的文化正日益趋向商品化，语言原本的意义和价值正在消失。霍加特对把文化作为商品，作为交换价值的生产感到愤怒无比。他认为健康的文化应当既不受大众文化支配，也不由精英文学强加

---

　　[1]　Hoggart R. , *Contemporary Cultural Studies*: *An Approach to the Study of Literature and Society*, in Centre for Contemporary Cultural Studies, University of Birmingham, Occasional Paper, No. 6, 1978, p. 6.

威胁，而应在话语实践的基础上建立有效的文化价值秩序。他强调话语
实践的关键在于通过独特的"经验探索"，达到有效"诊断"人类现实生活
状况的作用。霍加特认为以交换价值为目的的价值秩序已经成为文化价
值秩序的关键阻力，主张"艺术是免费的，无偿的"①，反对文学、艺术
为交换价值而进行的生产，重塑文化使用价值的重要性。他倡导恢复文
化的道德意义，恢复文化真正意义的价值理念和审美标准，使得文化与
生活、生活与文化得到真正意义上的融合。

　　在话语实践学中，霍加特将阅读作为一种社会过程，在读者与文本
之间建立相互作用的话语实践模式，包括文本编码价值、有效文本阅
读、文本价值判断，进而形成整体性的文化生成过程。霍加特倡导的文
化价值包孕着一种品质，一种工人阶级内部的可被理解的品质，而不只
是某种文化知识。工人阶级需要保留自身文化，重视话语实践的作用，
使得文化价值成为一种"内生的"价值秩序，而不受"外部的"商业化压力
的束缚。

二、日常性

　　人类发出的话语信号主要通过口头和书面两种途径。传统话语研究
着重于书面语的分析，而现代语言学开启了对口语的关注，并达成了口
语是话语存在的最基本形式的观点。口头话语不同于写作话语，写作话

---

　　①　Hoggart R. , *The Way We Live Now*, London: Chatto & Windus, 1995, p. 80.

语通常将所要表达的内容和思想放置于某种隐性关系之下，而萦绕于口头的话语则通过音色、声调、发音、言辞显示发音者的社会地位和个体特征，以及与听话者之间的相互关系。在霍加特看来，普通人将口头话语发挥得淋漓尽致，他们轻松地运用口头语言表达智慧、观点和态度，讲述着工人阶级之间共同的经历和感受，用看似平常的话语表达着他们的生活特质。霍加特认为辨识度很高的工人阶级的话语回荡在日常生活之中，呈现出工人阶级特有声音变奏曲的曼妙，口头话语正是工人阶级话语特征的重要表现形式。

(一)源于日常生活的口头话语

在文字经济化的时代中，话语特征最直观的表现形式，即口头陈述像失去声音一般地远望着文字化的迅速发展。文字化的呈现方式不仅绝对占领着人们的阅读空间，而且强制性地占据着人们的有声世界。文字的有声世界借助广播、电视、网络几乎遍布世界的每个角落，生活世界被有声和无声的文字包裹着，人们愈发变得沉默寡言，口头话语也变得越来越局促而了无生趣、平淡而毫无特质。霍加特将那些被封存起来的日常生活的口头话语、民间话语再次打开，重新回到话语特征的真正地带。

随着 20 世纪日常生活世界的转向，很多学者开始致力于日常生活解读，使理性趋向日常生活的回归。维特根斯坦日常语言的哲学分析体现了日常语言与哲学思维的有效嫁接，并提出了有关"语言游戏"的著名论断，强调日常语言的科学性。语言游戏说在于指明日常语言的规则性。相比之下，霍加特的日常生活话语分析完全是另一种构造，他注重历史的真实性，大量运用具体的话语事实和话语素材，并没有借助任何理论模型或者专家系统，建构话语分析的科学理性化的大厦，而是从日常话语的"内部"勾勒日常话语的图景。霍加特在《日常话语和日常生活》一书中，记录了有关20世纪30年代英国北方工人阶级的150个日常俗语来阐释日常话语的特征。霍加特在阐明他的日常生活话语分析时，提到"要着眼于特定时间、地点、人群的日常话语习惯，而非字典学和语言学的提炼"[①]。他对日常话语的分析仍然保留着挥之不去的经验主义特质，立足于工人阶级日常生活的巨大宝藏，在特定的话语情境、背景、特性中探寻日常生活语言。

霍加特认为口头话语是阶级特征和社会群体特征的重要表现形式。"当我们张嘴说话时，就会表现出我们对某些习语和短语的偏好；会对不熟悉的话语打马虎眼，除非不得不说才会使用。"[②]霍加特认为共同话语存在于不同的社会阶级，话语与社会阶级之间具有一定的内在关系。正如乔恩·尼克松认为："霍加特后期的作品，特别是《最初与最后的事》、《日常语言和日常生活》明确地回到了他早期的研究主题：语言与阶级、家庭和睦邻，以及他所称的'令人惴惴不安的联合'——资本主义和民主主义。"[③]霍加特在对口头话语分析时，将其放入不同阶级的语境中，认为不同阶级使用的口头话语是不同的。例如霍加特曾提到"野蛮"

① Hoggart R. , *Everyday Language & Everyday Life* , London：Transaction Publishers，2003，p. xiii.

② Ibid. , p. 1.

③ Owen S. , *Re-reading Richard Hoggart：Life，Literature，Language，Education*，Cambridge ：Cambridge Scholars Publishing，2008，p. 31.

一词，对于工人阶级而言很少会使用这样的词语，因为这种表达不属于工人阶级的习惯用语，而属于"他们"世界中的惯用词。霍加特指出通过思考特定群体持有短语的不同，可以更好地了解这一群体是如何看待或回应社会生活中最重要和最基本的问题，因为这些习惯用语暗含着群体的生存状况和文化生活等内容。

霍加特分析了工人阶级日常口头话语的特征。一方面，霍加特认为普通人在讲话时不会像政客那样特意预先设计好所要表达的内容，普通人的表达是简单和无意识的，他们经常会脱口而出。普通人在讲话时，他们很少表达出包括主谓宾等完整结构的句子，而会直接地用一个简单而有情感色彩的形容词来表述他们对事物的态度或看法。正如斯特劳森（Strawson）认为主谓之间不存在严格意义的对应关系一样，日常话语的用法更是如此，在很多情况下，日常话语经常以形容词名词化作为表述的主词，但是实际生活并没有这个形容词所对应的事物，而是将事物与其性质、特征、品质直接用形容词概括表达而成。工人阶级的日常话语如果用"语法的标准"难以做出分析，因为日常话语形式并不符合传统语言规则的逻辑形式。另一方面，工人阶级的日常语言不同于其他阶级的表述方式，他们的话题经常围绕着日常生活主题展开，例如出身、婚姻、生儿育女、生老病死等，他们身上留有"肌肉发达语言系统的残存"①。"因为传统社会是由习俗而不是理性来掌控，每一代人都不加批

---

① Hoggart R., *The Uses of Literacy: Aspects of Working-class Life*, London: Chatto & Windus, 1967, p. 14.

判地接受祖先们传下来的东西。"①对于工人阶级而言，口头话语承载着一种记忆术，他们有时像"计数机一样滴滴答答地"记录着"旧语音形式"②。尽管文字记忆会更加准确无误，但是工人阶级的大量"神话、仪式"很少用书写的方式记录下来，而直接用话语的形式传承下来。这些话语直接内化于他们的生活，况且文字有时很难表现口语独有的音韵特色。

霍加特绘制了一幅口头话语的图画。在描述口头话语时，常常会伴随一连串的日常生活情境，将口头话语与日常生活的所思、所想、所感交织在一起。他认为，普通人机智的话语表达特别涌现在他们对习语和谚语得心应手的使用中，例如"大海捞针""趋之若鹜""冰山一角"等，这些表达既没有完全依照限定的语法规则，也没有刻意采用晦涩难懂的修辞手法，而是源于对日常生活实践生动的概括和凝结。民间话语通常形象而诙谐，不会让人产生生硬和无趣感。在霍加特看来，现代性的话语形式，例如事先制作好的广播电视节目，通常是一种陈词滥调的表述，将话语特质和话语对象抛在脑后，用一种"被打磨"的语体风格进行某一规定性的陈述，而失去了话语应有的特质，但是"日常生活所使用的格言、警句、箴言、谚语、习语、惯用语，让我们无意识地躲避了程式化和毫无特质的话语表达"③。日常生活话语的使用可以确保微观话语实

---

① ［英］杰克·古迪：《神话、仪式与口述》，李源译，62 页，北京，中国人民大学出版社，2014。

② Hoggart R., *The Uses of Literacy: Aspects of Working-class Life*, London: Chatto & Windus, 1967, p. 14.

③ Hoggart R., *Everyday Language & Everyday Life*, London: Transaction Publishers, 2003, p. 4.

践者的存在，成为他们避免陷入某种既定话语秩序的重要形式。

(二)作为文化活化石的口述语

在霍加特看来，工人阶级文化更多以口语的形式记录着工人阶级的文化传统，并续写着工人阶级的文化特色。霍加特试图通过对文化实践最为直观的口语的分析，阐释口语作为文化活化石的重要作用。工人阶级的口头陈述可以尽显出他们原汁原味的文化特色。这种特有的口头陈述不仅是一串简单的字符，而且承载着工人阶级的日常生活片段和历史文化的沉积。

霍加特聆听工人阶级日常文化的心声很重要的来源就取自工人阶级的口头陈述。他举例说明了工人阶级经常使用的口述语，"'滚石不生苔'（A rolling stone gathers no moss），'走南闯北，家最好'（East West. Home's best），'不要轻易浪费时间'（don't let the grass grow under your feet）"①。这些朗朗上口而又蕴含着丰富人生经历的口述语，体现出工人阶级口耳相传的文化特征，表现出工人阶级的生活观和民间智慧。霍加特认为，世代流传于工人阶级中间简短而诙谐的名言警句反映出工人阶级的文化盛宴，这些丰富的口头文化"更加符合来自日常生活所引发的想象，它们值得被称为'最令人难忘的言语'"②。霍加特认为日常口头陈述包含工人阶级最丰富的文化情境，书写着工人阶级日常生活的种种"片刻"。工人阶级口头陈述包含着工人阶级历史文化的活化

---

① Hoggart R. , *Everyday Language & Everyday Life*, London: Transaction Publishers，2003，p. 7.

② Ibid. , p. 9.

石，体现着文化动态的演进过程。霍加特认为工人阶级的"名言警句很少呈现复杂的结构，因为那样的话语并不存在于他们生活的世界"①。霍加特以日常口头陈述的内容和风格体现出工人阶级历史文化的丰富内容。

工人阶级的口头话语是一部鲜活的工人阶级日常文化史。霍加特对工人阶级的分析跳出了阶级结构的理论化度量，并没有采用阶级批判的口吻直面痛斥阶级不平等的种种现状，而更多地试图真实再现工人阶级的生活。他使原本平平淡淡的日常生活显现出来，使人们真正体悟到阶级结构对工人阶级的束缚和压迫，以及工人阶级内部如何抵制和应对这种不平等的社会结构。这正反映出霍加特开创民族志研究的核心所在，将对历史、文化、社会的研究共同交织在日常生活之中，不同于围绕君主、伟大人物、历史大事件等传统文学的研究，而自觉回归到对日常生活的探索。而源于工人阶级内部的口头话语则体现出日常文化无比丰富的潜能，蕴含着工人阶级文化生活的每一个细节和每一个层面，是走入工人阶级文化深处的窗口，表达着工人阶级的习惯准则、人生态度和价值信仰。

霍加特面对日益严重的文化失语现象，即微观文化主体话语实践能力的减退进行了分析。"目前为止，英格兰北部二三十年代具有凝聚性的工人阶级话语正在被均质化。最终就会像一幅色彩绚丽的绘画一样因褪色被随意的丢放在一边。"②在世界各国文化不断加快的发展中，与个体生命息息相关的文化历史之根在不断地流失。霍加特以自身的经历写道："我不能确切地辨别出哪些属于本地区原有的话语风格、哪些又是

---

① Hoggart R., *Everyday Language & Everyday Life*, London: Transaction Publishers, 2003, p. 9.

② Ibid., p. 10.

外来移民的，或许可以区别开来，但是目前它们一同融入了利兹当地的话语中。"①霍加特十分珍视工人阶级特有的话语特征，并力图"保护口述话语的色彩"②，因为这些蕴含工人阶级日常生活的口述话语能够传承工人阶级世代相传的文化遗产，留住工人阶级文化历史之根，留住工人阶级家的方向，使工人阶级吮吸自己的文化生命之水。霍加特认为对于工人阶级而言，面对这样一个纷繁复杂的现代性社会，必须为提高识字能力做出努力，只有这样才能真正避免工业社会的文化掠夺。

当然，霍加特所提倡的工人阶级自身文化的发展并不是一个封闭和完全独立的文化系统。随着社会生产和生活的变更，工人阶级的口头话语会不满足停留在原先特定用法和含义中，会不断地调整和适应当前社会的发展，关照当下的语境。无论是文化的发展还是文化差异性的共存，彼此之间是一个双向化的相互交融的过程。由不同风俗习惯、地域风情、群体意识所构成的文化差异性，正以弥散的、微观的、具体化的形式存在。

三、整体性

霍加特立足于文化的实践维度，关注文化生成的内在特质，使得文化不仅作为表征系统，更是作为承担社会实践的基本形式。在霍加

---

① Hoggart R., *Everyday Language & Everyday Life*, London: Transaction Publishers, 2003, p. 10.

② Ibid., p. 10.

特全新的文化生成系统中，打破原有精英主体的文化霸权地位，把普通人的文化实践活动作为首要前提；不局限于特定文本编码模式，建立文本生成与文本阅读的双向互动过程；拒绝文化商业化的价值取向，回归文化价值的本质旨归，即人的解放。这样一来，文化就不再是某种支配与强制的关系，而是一种生成过程，体现出文化发展进程中，精英与大众、传统与现代、价值多元与价值标示之间的张力结构和辩证关系。

霍加特认为，文化生成来源于文化实践。文化实践是指人们从使用文本到自主建构文本，最终达到改造社会和自我的目的。文化生成作为一个整体性的过程，包括文本编码和文本阅读等发展阶段，再返回到文本编码的原点，从而形成一个完整的生产机制。

在纷繁复杂的文本编码的社会，如何保持文化实践者清晰的文化判断力，如何实现微观文化主体自省、自觉、自主的文化实践能力，是现代性社会所面临的关键性问题。霍加特希望通过建构具有内在层次性的话语特征，推进微观文化实践者的话语实践能力。

(一)审视文化的表征系统

霍加特根据话语表达的内容、用途、形式和风格按文本的形式进行了分类。他所指的文本具有丰富的意义和用途，不仅是通常所指的书面语言的表现形式，而且还包含了内在于日常生活之中的文化片段所构成的生活文本，以及经过市场化生产的加工文本。霍加特从广义话语文本的角度试图阐释文化生成的表征系统。

霍加特认为，文本编码是文化生成的起点。文本编码过程可以再造生活的即时性，是对过去或现在所有事物按照不同的次序——呈现的过程，它体现了人类生活在一定历史和道德语境中发展的意义。文化编码的内容非常丰富和复杂，"它永远不可能纯粹地用来审美或抽象沉思"①，因为"文化媒介和语言是人们在各种日常生活中使用的，文化是一门邀请一切日常生活参与其中的混合物，它体现了一定的社会功能"②。作为起点，"文化的生成体现了人们对特定历史和经验的关注，可以帮助我们为了一定的生活而在特定地点和时间做出相应的决定"③，"文化不仅能够追溯在物质生活和社会生活复杂关系下所产生的个人行为，而且在文化的生成中也建立了人与人彼此之间的关系，并且以文化的改变而改变着彼此"④。

文化生成不仅仅意味一部作品、一本书、一部电影的诞生，还暗示着阐释社会别样的方式，由形式多样的社会文本或被编码的文本构成。在霍加特看来，文本编码承载着一定的价值秩序，体现为两个方面：一方面，文本自身创造着一定的秩序；另一方面，文本通过自身价值秩序反映或拒绝现存价值秩序，揭示现存文化的价值秩序是否合理，或提出新的秩序。霍加特进一步指出文化编码的内容丰富而复杂。他根据文本生成的来源，把文本分为"经典文本""生活文本""加工文本"。在这几种不同文本的划分中，表现出文化内在的张力结构和多重维度的文化空

---

① Hoggart R. , *Speaking to Each Other*: *Volume Two*: *About Literature*, London: Penguin Book, 1973, p. 13.

② Hoggart R. , *The Way We Live Now*, London: Chatto & Windus, 1995, p75.

③ Hoggart R. , *Speaking to Each Other*: *Volume Two*: *About Literature*, London: Penguin Book, 1973, p. 20.

④ Ibid. , p. 21.

间，它们彼此间相互纠缠、斗争、并存。

经典文本是"社会健康的标志，是促进社会健康的养料"①。经典文本代表了文化的价值取向，赋予文化总体的指向和发展方向。尽管文化呈现出丰富而多样的姿态，但是文化所崇尚的价值取向应当明确。文化具有价值标示的意义不能回避，"'伟大'文学作品极大地体现着文化的内涵；它敏锐而诚实地探讨和再造社会的本质和人类的经验，'伟大'作品通过审视、抵抗原有社会秩序，或倾向性地提出新秩序，从而创建承载意义的自身价值秩序，'伟大'作品有助于揭示社会价值秩序。因此，有表现力的艺术，尤其是文学，为社会所承载的价值内涵提供独一无二的导向作用"②。在霍加特看来，对于日益商业化的今天来讲，文化的价值内涵尤为重要。"好的文学可以用一种独特的方式向社会展示其自身。"③经典文学有助于确定那些所信仰的"东西"。只要具有一种展望生活的形式和力量的更好的观念，就有助于确定这种展望。

生活文本为不计其数的普通人提供文化平台。霍加特关注文化文本"生活特质"或"生活肌质"的分析。"生活文本"具有人类学的意义，并非仅限于文字语言的形式，而更多萦绕在日常生活之中，甚至它的存在形式往往先于文字文本的出现。"生活文本"献给不计其数的普通人、平凡

---

① Hoggart R., *Contemporary Cultural Studies：An Approach to the Study of Literature and Society*, in Centre for Contemporary Cultural Studies. University of Birmingham. Occasional Paper，No. 6，1978，p. 9.

② Hoggart R., *The Way We Live Now*，London：Chatto & Windus，1995，p. 87.

③ Hoggart R., *Contemporary Cultural Studies：An Approach to the Study of Literature and Society*, in Centre for Contemporary Cultural Studies. University of Birmingham. Occasional Paper，No. 6，1978，p. 9.

劳动者、分散的个人，他们为自己的生活和存在方式低声吟唱，而这种微弱的声音对于喧嚣的权威人物的话语体系影响微乎其微。普通人被精英主义者无情地排挤在文化圈定的范围之外，但是，"生活文本"赋予无名者表达自我文化的权利。"生活文化承认所有经验的多样性和特殊性。"①霍加特以具体的工人阶级文化生活作为参考系，使理性化的文化自觉地回归生活世界，不再一味地强调某一文化的重要性，或孤立地探究某类文化，而是把所有日常生活世界的文化、具体的文化事件作为文化实践的对象加以研究和审视。文化研究的对象延伸到生活世界的每个角落，并与具体的社会生活、现实语境相结合。霍加特认为，"真正文化的本质、独特性、品质在于再创造富有丰富经验的整体的生活，包括：个体生活、社会生活、对象世界的生活、精神生活、真情实感的生活。文化创造出来的是彼此相互结合、相互渗透的事物，因为这些事物存在于我们现实的生活之中"②。文化是丰富的、具体的、现实的。

加工文本是商品时代的产物，使得文化主体失去行动张力。霍加特将日渐商业化的文化世界或"加工文本"称为"来自虚幻世界的诱惑""邀请来到棉花糖式的世界"③，认为普通人原有的自给自足的文化与日俱增地受到了文化商业化的粗暴掠夺，并进一步加深了文化主体与文化客体之间的深层断裂。"加工文本"的生成动力遵循资本逻辑的运转，使得

① Hoggart R., *Speaking to Each Other*: *Volume Two*: *About Literature*, London: Penguin Book, 1973, p. 130.

② Ibid., p. 20.

③ Hoggart R., *The Uses of Literacy*: *Aspects of Working-class Life*, London: Chatto & Windus, 1967, p. 157.

文化主体失去行动张力，丧失文化的判断意识。因此，不仅文化成为一种商品的存在，而且文化主体也彻底沦为文化商业化的对象。

（二）搭建话语实践的系统模型

对于文化生成的表征系统而言，作为文化生成的实践系统代表着话语实践者的积极关照，是对现有文化接纳、适应、抵制、反抗的一种整合，并最终建立符合话语实践者的文化轨迹。但是，文化的实践系统并没有像文化的表征系统那样受到应有的重视，而更为深刻地体现着两者之间的不平等的关系。

文本编码与文本阅读之间的关系往往体现着一种不平等性，文本编码意味着文本的生成和创作，而文本阅读暗指消极的融入，即尽可能不留下任何读者印记地全然接受所阅读的文本。霍加特试图消解两者之间的不平等性，恢复文本阅读的可塑性。文本编码并不意味着文化生成的终结，文本阅读是文化生成内在机制中关键的实践环节。霍加特对文本编码与文本阅读之间的不平等性做出两方面的分析和揭示：

一方面，文本编码与文本阅读的不平等性由社会等级关系所限定。在精英主义者所把持的文化空间中，文本具有规定的"专属性"，文本与阅读者之间建立了一种既成体系的秩序。文本编码成为精英主义者的文化武器，用以确保他们在文化领域所享有的特权。文化的真正阐释者并不属于那些普通的阅读者。文化成为一种特权，恰如葛兰西所称的文化霸权。文本与阅读者之间的关系变得尤为复杂，阅读过程所建构的关系体现出一种社会等级关系，而不是简单的阐释关系。应该说多数阅读者自始至终都被这种阐释关系所抛弃，但是，滑稽的是读者可在文化阅读的关系中进一步确证自己的社会地位。文本阅读成为社会等级化的助手，而真正遮蔽了阅读实践的意义和价值。

另一方面，文本编码与文本阅读的不平等呈现单一维度的"生产与消费"关系。在商业化的热浪中体现出另一番景象，呈现出"生产—消费"的对应关系。当文化成为一种生产，散布在电视、网络、都市生活之中，文化空间结构变得更加拥挤、多变和极权化。霍加特将这样的文化世界描述为文化相对主义的暴政，文化全然成为商品的存在。"人们需要什么就给予什么"，为进一步加快文化商品的快速流通，用"廉价俗丽的标准冠之以尊重公众趣味的堂皇借口，来掩饰他们对商业利益的追求"①。

鉴于此，霍加特试图打破文本编码与文本阅读的不平等，强调文本使用的价值和意义，从文本阅读的可塑性和分层阅读两方面正视文本阅读的力量。

霍加特认为，文本阅读具有可塑性，代表了阅读者对文化的积极关照。文本阅读，或者广义上可称为文化实践，提供其他学科不能给予的洞察力。霍加特以文化实践为核心，引领人们再次走向日常生活文本，提供有效的文本阅读方式，使得文化客体不再是亦真亦幻的虚拟世界，而指向了人们真实存在的现实生活，实现了文化主体与文化客体从精英文化和商业文化造成的二元对立局面，向主客体的统一和整体文化生成的转变。

---

① Hoggart R. , *The Uses of Literacy: Aspects of Working-class Life*, London: Chatto & Windus, 1967, pp. 156-157.

霍加特坚持主张："必须学会阅读自在和自为的文学作品，只有这样才能得知作品关于社会必须讲述的东西。"①文本编码具有多样性和复杂性，文本编码"虚构与认识、'真实'之间的关系是难以置信地复杂"②。霍加特认为如果仅是"自在和自为的阅读"，经典文本背后蕴含关于社会的内容难以被领悟，而预设某种"征兆"的通俗文本与社会之间的关系也会被处理得过于简单或被忽视。

霍加特独具匠心地开创了一种有效的文本阅读方式，简称为"霍氏"阅读，可谓整个思想的画龙点睛之作。他将这一文本阅读方式从文学植入文化，并由此深入各类文化文本的解读中，例如，语言符号文本、日常生活文本、大众媒体文本。"霍氏"阅读的开创不仅给人们提供一种行之有效的阅读方法，而且达到解决社会现实问题的维度。面对现代媒体促成的"棉花糖的世界"，人们的时间、文化、生活越来越被碎片化、支离化，人的主体性正在迷失，甚至消亡，如何恢复人的自主性、能动的创造性？如何塑造社会主义新主体？聚焦霍氏阅读有助于上述问题的解答。它作为文化实践的一种形式，搭建了文本与读者之间的双向建构，增进了文化主体对文化生活特质的分析与参与，并最终有利于社会主义新主体的塑造。

何谓霍氏阅读？霍加特在《当代文化研究：文学与社会研究的一种途径》一文中指出："需要改进自在的文学——文化阅读，并把这种阅读

---

① Hoggart R., *Contemporary Cultural Studies: An Approach to the Study of Literature and Society*, in Centre for Contemporary Cultural Studies. University of Birmingham. Occasional Paper, No. 6, 1978, p. 13.

② Ibid., p. 16.

作为一种表述其文化意义的准备。"①这就意味着，一方面，以社会意义的视角展开对文本阅读的研究，实现文本"向外的运动"②，而非限于文本内部的分析；另一方面，文本通过阅读的方式介入社会，从而发挥文本的社会功能。为使文本力图展示社会文化功能，霍加特做了详细解释，将阅读分为"品质阅读"和"价值阅读"两种。只有通过有效的"品质阅读"才能达到文本的文化、社会功能，即"价值阅读"。

霍氏阅读即指在品质阅读的基础上，通过"一些决定事件"或"有意味的选择"，实现价值阅读的过程。看似这一过程是一种简单的线性关系，其实并不尽然，它蕴含着对文化多维度的思考与探索，其间包含着对文本生成、文本阐释、文本价值、价值判断、读者建构的解析过程，而每一个解析过程又由文本、作者、读者之间相互展开、彼此关联的小循环构成，总之，整个过程浑然一体，构成了一幅充满内在张力结构、动态而连续的循环图谱。

第一环节：品质阅读——读者参与文本生成的解析过程。"品质阅读"是指读者从语言角度进行阅读，最大限度把握文本的品质、肌质，如重音和非重音，重复和省略，意象和含混等因素。品质阅读注重文本内部的分析，但与利维斯的文本细读，或理查兹（I. A. Richards）、恩普森的文本自律论存在本质区别，品质阅读核心之处在于，"由此向人物、事件、情节和主题的运动"③，并始终记住文学作品的三因素：审美因

---

① Hoggart R. , *Contemporary Cultural Studies：An Approach to the Study of Literature and Society*, in Centre for Contemporary Cultural Studies. University of Birmingham. Occasional Paper，No. 6，1978，p. 16.

② Ibid. , p. 16.

③ Ibid. , p. 16.

素、心理因素、文化因素。"审美因素是指那些为审美需要，以及形式结构等因素所决定的特征。心理因素是指那些显然是为特定作品的创作个人所决定的特征。文化因素则主要是由某一时期特定社会中产生某部作品的背景所决定的特征。"①文本生成过程是作者对某一文化实践对象经过思考、审视之后，选取或借助一定的审美手段、文体风格来展示对象化的过程，同时，不可避免地受到作者心理因素或情感结构的影响，也脱离不开当时社会历史条件的制约。由此看出，品质阅读的三因素构成文本生成的过程，而逆向分析，可以得到对文本生成的解析过程。有效的品质阅读实现读者对文本生成的解析，并作为通向价值阅读的基础。

第二环节：选择"决定性事件"——读者进入文本阐释。在此过程中，读者有意选取某一章节或场景作为相对迫切、可信和重要的部分进行整理和思考，是读者"完整阅读本身最重要的收获范围"②。"决定性事件"的选择或"有意味的选择"意味着文本阐释的过程。霍加特认为阅读是积极的过程，阅读者应扮演意义怀疑的生产者，而非被动的消费者，所以，文本阐释应更加关注个人使用文本的方法。一方面，霍加特认为："文学虚构与认识、'真实'之间的关系难以置信地复杂。在某种意义上讲，它从来不可能被确凿地加以证实或'证明'，而只能被体会到。"③这

---

① Hoggart R. , *Contemporary Cultural Studies：An Approach to the Study of Literature and Society*, in Centre for Contemporary Cultural Studies. University of Birmingham. Occasional Paper，No. 6，1978，pp. 16-17.

② Ibid. , p. 17.

③ Ibid. , p. 14.

说明文学作品与科学语言不同，充满了多义性、不确定性、复杂性，因此，这就会产生或激活每个解读者对文本各不相同的理解。所以说"《诗》无达诂"，即"《诗》无定形，读《诗》者亦无定解"，对文本阐释也会因人而异。另一方面，霍加特坚持"符号学的紧迫性"①，认为文本生成直至文本批判都存在文本的编码，而决定性事件的选择有利于文本的解码。在这一点上，与本雅明的解释学有相似之处。正如，德梅茨（Demetz）对本雅明《反思：散文、警句、自传》作序所述，解释学促进阅读和理解的"文本"全然不在文本……而是"阅读"事物、城市和社会机构。霍加特既反对精英式的阅读方式，即把目光从作家、读者与作品之间的关系中移开，而停留、固守于文本的细读与研究，同时也反对无层次的阅读，即无规律的、随心所欲的阅读，而试图呈现文本与阅读者双向互动的过程。

第三环节：价值判断——读者发现文本价值。"读者保持与'价值判断'相分离的'价值阅读'"。价值阅读是指"他（读者）试图尽可能敏锐和准确地描述出他（读者）在作品中所发现的价值"②，但霍加特特别有意地强调了"价值阅读"和"价值判断"的不同，价值阅读在于寻找文本本身的价值选择，试图"发现这种作品向他（读者）讲述的有关其社会以及这个社会所信奉的和自我认同的东西"③，所以，"他（读者）始终可以清醒

---

① Hoggart R., *Contemporary Cultural Studies：An Approach to the Study of Literature and Society*, in Centre for Contemporary Cultural Studies. University of Birmingham. Occasional Paper，No. 6，1978，p. 16.

② Ibid.，p. 18.

③ Ibid.，p. 19.

地意识到自己的介入，并试图保持与'价值判断'相分离的'价值阅读'"①。霍加特借用韦伯"对象与价值的关系"来说明缘由。具体来讲，这一环节在于让读者必须清楚地意识到文本价值与读者价值判断的不同，使读者与文本之间保持一种恰当的距离、一种能够区分文本意识与自我意识的可视距离。霍加特对"价值阅读"进一步分析，对文本价值进行解读，一方面，文本作为文化意义的载体，有助于再现想要表达的观点态度；另一方面，文本自身形成一定的秩序，而这种秩序与外在于它的现存秩序——文化或社会的秩序——并不一定相符，不能直接的得到逻辑化的结果，"这就需要直接对文本进行体验以及通过文本的观察视角才能被理解"②。由此看出，这需要读者具备一定的阅读能力，能够通晓文本真正蕴含的价值内涵，而这些也得益于前两个环节的有效开展。

第四环节：隐性环节——价值判断，读者建构的形成。价值阅读之后实现读者真正意义的建构。表面上看，霍氏阅读只存在三个环节，但事实上还存在隐性环节，或者理解为水到渠成的自然结果，那就是读者价值判断和读者真正意义的实现和建构。霍加特在"价值阅读"中坦言，在此过程中"也无法避免至少是作出隐含的价值判断"③。可以分析出，霍加特在上一环节所做出"价值阅读"与"价值判断"之间保持有效距离的

①　Hoggart R. , *Contemporary Cultural Studies：An Approach to the Study of Literature and Society*, in Centre for Contemporary Cultural Studies. University of Birmingham. Occasional Paper，No. 6，1978，p. 19.

②　Ibid. , p. 19.

③　Ibid. , p. 19.

用意——在于读者价值判断和读者建构的形成，也是"价值阅读"最终目的所在。

以上四个环节层层推进构成了霍氏阅读的有机整体，并由此体现出霍加特对文化采取一种更加广泛的尝试和更具包容的态度，以文化宽容的模型——霍氏阅读——为那些被排除在公共话语外的群体或边缘化群体提供文化实践的平等机会。他认为公众既是文化最具代表性的主体，也是文化最大的消费群体，所以，需要对工人阶级文化实践做一番细致入微的考察，其中关键的思考在于工人阶级消费什么样的文本，又是如何使用这些文本的。从以上分析，我们不难看出霍加特正是选取这样一种阅读方式来推行他的文化民主思想。

霍氏阅读并不是为了阅读而谈阅读、为了文本而谈文本，同样，也不是为了文化而论文化，而是这种阅读是由内向外、由表及里的关注特定的文化传统、深入现实的人的生活和植根于具体的社会历史。霍氏阅读诠释的文本不仅是文学文本，而且深入各类文化文本的解读中，例如，语言符号文本、日常生活文本、大众媒体文本。这些文本反过来构成了社会存在、人的存在的重要组成部分，是现实社会生活具体的组成部分。

其一，霍氏阅读从日常生活文本增强主体的甄别力。霍氏阅读选取来自日常生活世界的文本。霍加特将文本指向更为宽广的日常生活世界，实现从经典文本阅读，到"二流、三流作品"分析，再到对大众流行文本解读的过程。在他看来，并非所有文本具有同等价值。霍加特将文本分为"传统文本""生活文本""通俗文本""商业化的文本"，并指明之间差别和价值。"传统文本强化现存的假定，并遵照现存看待世界的方式。但是，生活文本则不同，它会令人产生不安的情绪，并可能引发我们对生活态度的转变。"①霍加特在《活的和死了的艺术》中，对通俗文本进行了形象地诠释，将其比喻成"甲壳虫的全盛时期"，虽然微小，甚至是弹指一挥间的生命，但却是一种活的力量。而相比之下，商业化、公式化的文本，虽然会有令人惊叹的销售量，但是死的艺术，没有生命的力量。由此看出，霍加特感兴趣的文本是植根于生活的文本，因为，源于日常生活真实而厚重的"文本"可以甄别、审视具有代表性的文本和被复杂编码的意象文本，同样可以对那些浅薄琐碎、众声喧哗的大众文化能够褒贬互见、瑕瑜互见。

其二，霍氏阅读加强主体对生活经验价值的关注。霍氏阅读强调那些一直以来被忽视或被简化的生活经验的价值和意义。霍加特认为，"好的文学再造生活的即时性——将过去和现在生活中所有的事物、所有不同秩序的事物，全部一次呈现出来。它体现了在历史和道德语境下人生活的意义"②。但是，一直以来，受到理性化、科学化世界图景的影响，文本阅读整体处于：专注文本内部的分析，脱离与作家、现实生活、历史、文化、社会的联系，仅"为艺术而艺术"的唯一宗旨，尽量避免文本与其他外部联系的状态。霍加特认识到这种文本阅读的局限性，因为就艺术而谈艺术，无异于故步自封、作茧自缚。在关注文本的内在品质的同时，同样不容忽视生活经验，甚至对于文本阅读来讲更为重要。霍加特饱含深情写道："我珍重文学，因为它以这样一种方式——特殊的方式——探索、再创造、寻求人类经验的意义；因为它探索（个

① Hoggart R. , *Speaking to Each Other*: *Volume Two*: *About Literature*, London: Penguin Book, 1973, p. 12.

② Ibid. , pp. 20-21.

体的人、群体的人、与自然世界相关的人)经验的多样性、复杂性、奇异性；因为它再造经验的本质；因为它充满公正的(这里特别强调)热情(而非有意讨好、抱歉、攻击)追求自我探索。我珍重文学，因为它们可以借助语言与形式之间特有的关系，支配……戏剧化它们的观点，使人们在其中可以洞察生活的本真意义。"①霍加特一席话道破文学的真谛，文学的意义不在于文学自身的演绎或流于表面文学分析，而在于探讨人的本质和社会的本质。霍加特关注读者生活经验对文本阐释的作用，"读者的头脑并不是白板一块。读者所在的社会环境为读者提供(对某一事物做出)判断或抵制方式和过滤器"②。特别是，面对商业化、公式化的文化产品，读者通过自身经验生活去伪存真。

其三，霍氏阅读增进主体对具体社会语境的深度观察。霍氏阅读结合具体的文化生活和现实的社会语境。霍加特认为无论多么白雪难和的艺术都离不开人的生活和现实的社会，艺术的本源来自生活。对文本阅读不应只局限于对某一文本或某一件艺术品精雕细琢的内部分析，应将文本放置于整个人类文化的大背景下加以考察，应当尽量挖掘文本所包含的一切文化因素，如风俗习惯、宗教信仰、社会倾向等，为更加充分地了解社会、认识文化提供帮助。霍加特提倡文本的社会批判功能，文本在功能上"重建人类共同感受"，形成一整套共享系统，所以，"需要以开放的目光对待创作者的想象力和艺术作品，并深入地阅读就会发

---

① Hoggart R., *Speaking to Each Other*: *Volume Two*: *About Literature*, London: Penguin Book, 1973, p. 11.

② Hoggart R., *A Sort of Clowning*: 1940-1959, *in A Measured Life*: *The Times and Places of an Orphaned Intellectual*, London: Chatto & Windus, 1994, p. 135.

现：文学作品洞察某一时代的生活，而这种强有力的洞察是其他无法给予的。……如果没有文学为社会研究佐证，那么，对整个社会生活的认识无非是盲人摸象"①。霍加特以具体的工人阶级文化生活作为参考系，使理性化的文化自觉地回归生活世界，不再一味强调某一文化的重要性，或孤立地探究某类文化，而是把所有日常生活世界的文化、具体的文化事件作为霍氏阅读的对象加以研究和审视。霍加特认为，"真正文化的本质、独特性、品质在于再创造赋有丰富经验的整体的生活，包括：个体生活、社会生活、对象世界的生活、精神生活、真情实感的生活。文化创造出来的是彼此相互结合、相互渗透的事物，因为，这些事物存在于我们现实的生活之中"②。文化是丰富的、具体的、现实的。霍氏阅读将研究对象延伸到生活世界的每个角落，并与具体的社会生活、现实语境相结合。

霍加特试图通过文化实践的有效途径——霍氏阅读，对人的存在、社会的存在进行思考和批判，将其作为改变现存文化世界、消除使人异化的现实途径。从而实现建构阅读新主体与塑造社会主义新主体的统一，实现现实的人与自由发展的人的统一，实现对人的现实关怀与终极关怀的统一，最终实现社会主义新主体身体和精神并存的全面自由的解放之路。

第一，霍氏阅读实现阅读主体的转向："自在阅读"到"自为阅读"。"自在阅读"意指在"给定的""既定的"文化秩序的作用下，阅读主体尚未经过文化实践和认识渗透的阅读，但这并不是说，阅读者的自我意识全

---

① Hoggart R. , *Speaking to Each Other*：*Volume Two*：*About Literature*，London：Penguin Book，1973，p. 20.

② Ibid. , p. 20.

然不在其中，而是说，阅读者的意识或自觉意向完全被这一秩序所牵制。"自为阅读"意指读者根据自觉意向进行阅读，体现了读者在给定文本秩序所到达的自由程度。在我看来，霍氏阅读正为我们提供了从"自在阅读"向"自为阅读"的深层跨越，实现阅读主体从一种外化、被动化的状态转向包括个人阅读实践在内的参与过程。从"自在阅读"向"自为阅读"跃进时，需要阅读主体与文本之间保持适当的距离，也就是"价值阅读"与"价值判断"之间的距离，这样有助于阅读主体对文本价值进行筛选、重构，至少对其重新阐释。随着"自为阅读"程度的深化，阅读主体越能够靠近自我生活的认识和表达，对任何文本保持清晰的自我辨识力，从而建构"自为的"类本质活动。"自在阅读"到"自为阅读"的过程，为阅读主体提高了自由程度，颠覆了"自在的"排他性、精英主义的特权，使每个"自为的"个体向更高的阶段"为我们"的联合和人的类本质性迈进了一步。

第二，霍氏阅读揭示人本质的回归："主体异化"到"主体解放"。在异化的秩序和异化的日常生活中，人的本质被引导，人本身具有的能动性和自我意识只能简单屈从。如何使主体异化转向主体解放，如何在给定的社会状态或异化的世界中嵌入人的真实生活，这就需要唤醒或启发身处其中的每个个体，而霍氏阅读鼓励我们每一个阅读个体以新的视角、新的认识来看待我们现存的生活和社会，在主体自我意识的恢复和觉醒中，能够对虚假的意识加以甄别，驳倒使人异化的力量，使之无效，重新回到人本真的生活。所以，当我们能够自信的断言一种信息的真伪，能够在现如今纷繁多样的文化文本中处于反思状态，最终的途径只能指向自我实践的过程，由此完成"主体异化"到"主体解放"的实现。

第三，霍氏阅读关注人的全面的解放："片面实现"到"全面解放"。

正如卡西尔（Cassirer）的观点，人只有在创造文化的过程中，才能成为真正意义的人。但往往在追求物质至上的发展中，人的物质与精神、灵与肉相分离，呈现偏向一方的极端发展，精神趋同于物质丰裕，心灵趋同于肉体满足，主体发展失去平衡。而主体发展的更高存在形态是有关马克思的经典表述："个人全面发展"和"自由个性"。其中蕴含着，人对物的依赖基础上的人的独立性。不可否认，物质生产对人的发展的重要性，也是文化发展的坚实根基，但片面强调物质利益，忽略人的精神发展，将文化作为商品化、公式化的发展，使得文化精神在文化商品化的流水线上销声匿迹，这是一种片面的发展，也是一种不合理的发展。霍加特对此痛心疾首，试图借助有效的实践形式——文本阅读——提升主体能力，恢复主体的自觉性和创造性。由此看出，霍氏阅读将文化与实践相统一，全面理解人的存在、社会的存在，其目的在于主体全面的解放和最大自由的存在，最终实现人身体和精神并存的全面解放。

霍加特把文本阅读分为不同层次，即向内的深入与向外的延伸。他认为，"文本本身的特殊品质"与"文本向外的运动"。他建议读者去"垂直"阅读，而不只是单向度的"水平"阅读。例如，他以诗歌分析为例，"水平"阅读诗歌只能获取诗歌表面的陈述或直观的意义，仅把诗歌中的语言特点简单归为修辞方式，而忽视其结构特征。在这样的阅读中，读者很难领悟诗歌究竟在讲述什么。"垂直"阅读在于从诗歌的整体、次序、形式、语言中提炼出某种意境和想象。霍加特强调语言使用的复杂性，"语言构成的文本是一种结构的，而不仅是装饰的"。他将阅读分为"品质阅读"和"价值阅读"两个阶段。"品质阅读"是从语言角度进行阅读，最大限度地把握文本的内涵。在阅读中关注语言中的各种要素，如重音和非重音，重复和省略，意象和含混等因素。在品质阅读中人们应特别关注审美因素、心理因素和文化因素，从而更好地实现品质阅读。通过有效的"品质阅读"才能达到文本的文化和社会功能，即"价值阅读"。"价值阅读"是从文本中汲取提升人的判断能力和道德修养的营养，从而形成良好的人格。"价值阅读"是尽可能敏锐而准确地发现文本所承载的价值，并从文本中汲取提升人的判断能力和道德修养的营养，从而形成良好的人格。从"品质阅读"到"价值阅读"是一个连续的、整体性的过程。在这样的阅读过程中，读者尝试尽可能从文本的阅读中，发现文本向读者所表达的观点态度，以及产生对这种观点态度的认同或批判，从而实现价值阅读。

文本与阅读之间关系微妙而复杂，文本可以唤醒读者，但不能操纵读者；反过来，读者可以产生对文本的理解，但永远不可能完全成为文本的拥有者。文本阅读具有可塑性和分层性，阅读不是随心所欲的事情。巴特（Barthes）就饶有风趣地描述了三种阅读的行为：随意在某些词语处停下的阅读，直奔向结尾而"毫不等待"的阅读，以及收获写作的阅读。对于以上三种阅读来讲正失去了阅读的意义和价值。阅读不仅仅是眼睛的快速流动的过程，而是读者对文本内在化而又保持某种距离的文化实践过程。"品质阅读"和"价值阅读"正向人们提供了恰当阅读的途径和方法。

霍加特同英国新左派的学者一样，以追求拥有善的本质的社会主义为己任，而"拥有善的本质的社会主义，其目标指向在于社会主义主体的完善性"①，对于如何培养和塑造社会主义新主体，霍加特给予了独特的方法和路径——霍氏阅读。

---

① 乔瑞金：《英国新左派的社会主义政治至善思想》，载《中国社会科学》，2014(9)。

霍氏阅读实现了文化结构的优化和文化主体的进步，并最终指向主体的全面自由发展。其一，促进文化结构的优化。霍氏阅读不仅是一个解释系统，更为重要的是一个实践系统，它优化了原有的文化结构。长期以来，文化结构处于精英化、宏观化、中心化的状态，以唯一性、线性的模式进行发展，造成对文化的差异性、异质性、具体性的忽视。霍加特不满这种文化结构，将文化研究的触角伸向日常生活，以多元化、多维度的视角诠释文化，建构了新的文化结构。其二，推进文化主体的进步。霍氏阅读冲破了文本自治的束缚，以文化主体的实践过程，实现特定语境下文本与读者双向建构，唤醒文化主体对文化自觉地反思与批判。霍氏阅读有利于文化主体能力的提升，使得文化主体具有独立人格和内在精神。其三，主体的全面自由发展构成霍氏阅读的目的因。霍氏阅读最深层的动机在于塑造社会主义新主体，弘扬人的主体意识，提升人的实践能力，克服使人异化的力量，从而捍卫了人作为社会发展的创造者和推动者的地位，最终推动人的全面自由发展。

总之，霍氏阅读某种程度上正是文化实践的具体缩影，能够启发我们每一个阅读者正视阅读的力量：自我寻求、自我改变不在别处，就在你我都可以实现的阅读中。

(三)提升话语实践者的能力

霍加特寻求文化的真正救赎在于人民自主文化实践能力的提升。他认为工人阶级文化正在被大众文化侵蚀，而 20 世纪 20、30 年代工人阶级社区文化则是一种纯天然的文化，这一文化源自工人阶级自身的日常生活，并忠实于工人阶级文化生活，来自工人阶级自主的选择和创作，没有过多统治阶级的操控。霍加特并未陷入对昔日工人阶级文化的留恋中，而是强调批判话语实践的重要性，迫切要求识字的民主，认为"有效的识字可以帮助我们对现实状况提出不足，解除固定结构的捆绑。它习惯性地力求打破固定'存在'的二维框架，……让我们再次看到在一个恒定'变化'状态中的三维空间的人"①。

霍加特对那些只关注理论文本的行为进行了批判，认为理论文本已经成为一个封闭的话语系统，只研究有限的对象，并不给人们提供有效的参与途径。他提出在一些理论文本中，过度使用晦涩难懂的专业术语，使之仅限于少数人的讨论，并不给人民提供知情权和参与开放、民主的讨论权，他反对用理论推演来替代复杂的调查研究。他认为理论应当结合历史的特殊性，不是对某一社会问题表面上的理论推导，或把理论化作为唯一的目的，而成为一种纯粹的文字游戏。他批判的不是某一种语言理论，而是那些为刻意证明某种理论的专业术语，因为这些晦涩难懂的专业术语不会对人们理解世界提供帮助，反而成为限制其他人理解和获取知识的枷锁，其目的在于巩固少数人的地位。同哈贝马斯交往行为理论"合作寻求真理"一样，霍加特要求文本要具有一般性的分析，要选择恰当的陈述性语言来描述事实，使不同读者之间能够共同分享和参与知识积累。文本要真诚地表达自己的意图，尽量结合阅读者认知的范围和阅读习惯，进而使文本与读者之间达成相互的理解和共识。

话语实践模式以由内向外、由表及里的方法关注特定的文化传统，

---

① Hoggart R., *Speaking to Each Other: Volume Two: About Literature*, London: Penguin Book, 1973, p. 16.

深入现实的人的生活，并植根于具体的社会历史之中。话语实践诠释的文本不仅是文学文本，而且是各类文化文本，例如，语言符号文本、日常生活文本、大众媒体文本。这些文本又构成了社会存在、人的存在的重要组成部分，是现实社会生活具体的组成部分。

话语实践模式以日常生活文本增进了主体的甄别能力。话语实践模式加强了主体对生活经验价值的关注。话语实践模式强调那些一直以来被忽视或被简化的生活经验的价值和意义，实现了"自在阅读"向"自为阅读"的转变。

霍加特试图通过话语实践模式，对人的存在、社会的存在进行深度思考和批判，试图变革现存文化世界和消除使人异化的文化现实状况，提升话语实践者的能力，建构阅读新主体与社会主义新主体的统一。

(四)实现文化表征与实践的统一

话语实践实现文化静与动的结合，一方面，语言文本凝集着稳定的文化成果；另一方面，文本阅读代表着文化实践者的文化运行方式，因此，话语实践既受到既定文化的制约，又试图创新和改善文化现有的状态。在人们不断地寻求话语实践的过程中，真正保留下来的文化成果一定是符合人类文化发展进程和人类生存的需求的。

在对话语实践考察时，霍加特认为文化具有价值标示的意义不能回避。"简单说来，几乎有关任何艺术的讨论，以及任何我曾经踏足的英国文化的领域，都绕不开价值判断这一不可回避的问题。"[1]有关霍加特

---

[1]　Hoggart R.，*An Imagined Life*：*Life and Times*，*Vol. III*：1959-91，Oxford：OUP.，1992，p. 240.

对文化价值内涵的理解中包含着两个维度：维度一，强调文化的多元价值，例如，工人阶级文化、通俗文化的价值；维度二，凸显文化价值判断的意义，例如，经典文本、"伟大"文学的导向作用。这两维度分别代表了人类对文化自由、平等的追求和文化价值判断的指引，从而建立一种双向维度的文化思考。

维度一：文化多元价值的维度。霍加特以普通人具体的文化、生活的文化作为文化研究的对象，将捕捉日常生活文化作为文化实践的重要任务。在自然经济为依托的传统社会中，文化拥有自发的规定体系，表现为分散化、地域性的特征。但是，随着现代化进程的深化，文化受到宏观的、中心化的权力支配和控制，文化的差异性、异质性、具体化逐渐被替代。现代性的文化抛开了文化细致的事实判断，而转向权威式的价值判断。但事实上，文化生成的路径并非是唯一的，或是线性的必然结果，而是由充满着任意、偶然的文化事件构成的。霍加特认为现代性的文化更多呈现出某一特定的态度或精神气质，表现出一种筛选、简单、专断的选择，而忽略了文化的生活化的特征，应当将文化置于更为丰富的历史进程和多元差异的现实中。霍加特试图展示工人阶级的文化，打破原有大写、唯一的文化秩序。在这一层面上，霍加特否定文化唯一、统一的概念，借助现实生活的多样性和丰富性的特征，集中于微观世界和微观逻辑的文化概念。可以看出，霍加特以一种人类学的方式强调不同文化的特质，而非局限于某一文化特定的结构中，珍视源于普通人生活的文化价值。

维度二：霍加特强调文化作为一种意义和价值行为，而不仅仅是一种单纯的现实表征状态。霍加特并没有完全沉迷于对商业文化的批判中，而是试图寻找解救和恢复文化价值的途径和方法。他主张从文化实践中获得社会价值的指南，文化具有影响一个社会所把握的价值特性以及其把握方式的作用，例如，作家可以净化语言，培养同辈人的情感等。同样，来自工人阶级的文化存在于"一个有限的、淳朴的世界，以几种公认并信奉已久的价值为基础。这里往往是一个幼稚而华美的世界，感情的迸发形成着巨大的激情"①。工人阶级的文化从根本上体现了工人阶级生命活动本身。工人阶级的文化并不在于刻意建构某种文化模式，而是以他们自身的生命历程记录和创造文化。

霍加特认为，"文化意义——只有通过直接体验作品以及通过作品的观察视角才能被理解"②。这里再一次回到话语实践层面的意义上来。霍加特试图从人的生存寻找文化发展的根据，不再把文化看作是"他律"的规定性进程，而是把文化的展开与生成看成一种开放性的价值活动，是分析、反思、批判、自我认同的实践过程。话语实践不仅在于展示而且创造了文化的意义和价值。霍加特深入探讨现代性社会文化的价值内涵，以一种建设性的文化实践来优化文化结构，使得文化不仅作为一个解释系统，同时又作为一个实践系统，将"解释世界"与"改变世界"合二为一。

话语的实践性和中介性特征，以及微观文化主体话语实践的能力正

---

① Hoggart R. , *The Uses of Literacy：Aspects of Working-class Life*，London：Chatto & Windus，1967，p. 93.

② Hoggart R. , *Contemporary Cultural Studies：An Approach to the Study of Literature and Society*，in Centre for Contemporary Cultural Studies. University of Birmingham. Occasional Paper，No. 6，1978，p. 15.

在衰退，为此霍加特着重分析了话语实践性被遮蔽的现状和成因，探究了语言中介性的特点，并试图通过分析几个关键性的语言中介因素，打开话语实践的窗口和恢复话语实践的用途。在审视被编码的文本世界中，霍加特建构了有效的话语实践"模型"，搭建微观文化主体有效的文本阅读方法，促进微观文化主体实践能力的提升，从而加强微观文化主体正确的文化价值追求，并呼唤普通人对文化进步的责任意识和担当意识。

话语特征是霍加特文化实践思想的微观缩影和具体再现。霍加特采用民族志的研究方法，记录着工人阶级口头话语的内容、特点和风格，这些工人阶级的口头话语真实展现着工人阶级日常生活的片段。从霍加特文化实践的话语特征，分析了微观文化实践主体如何在日常生活中用他们喜闻乐见的口头话语表达他们的思想、情感、态度和行为。霍加特关注日常生活的口头陈述，因为这种方式真实地反映着普通文化实践者使用文化和创造文化的过程。

为此，首先阐明了霍加特对话语实践本性遮蔽的批判，试图挖掘文化生产、传播、消费链条中关键性的中介因素，从而进一步恢复和开启话语实践的用途，给予话语实践性和中介性应该有的礼遇。其次分析了日常文化的话语失语现象，着眼于源于生活的口头话语，强调霍加特文化实践思想对口头话语的重要价值和独特魅力的关注。最后从审视文化的表征系统、搭建话语实践的模型、提升话语实践者的能力、实现文化表征与实践的统一四个层面构成了霍加特整体性话语特征的内在结构，以及话语实践对文化生成的作用，目的在于进一步阐明霍加特文化实践思想具体而关键的实践路径，实现文化主体与文化客体双向变革和实现

"解释世界"与"改变世界"的内在统一的现实方法。

同时，霍加特文化实践思想的话语特征进一步探讨了文化实践的意义和价值，通过对话语实践的合理建构，为提升文化主体的能力，发挥人的主体意识，优化文化结构提供有效的途径和方法。

文化实践的话语特征犹如一个文化转换器或者中转站，通过建构合理的话语特征，文化主体在文化客体中灌注了自己的理解和认识，使之成为文化主体的文化客体；同时，文化客体进入文化主体，转化为文化主体认识世界所产生一般性的常识、概念、态度等因素的基础和依据，使文化主体成为文化客体的主体，最终将现存世界的文化主体和文化客体在人的文化实践活动中融为一体。

结　语

　　在学术的道路上，霍加特是一个与众不同的人物，不拘泥于某一既定的学科界限，开启了一条新的文化研究的道路。

　　霍加特没有矫揉造作的文字，而是用工人阶级的日常语言书写工人阶级的生活。他情系底层人民，因为他有品尝过工人阶级的疾苦，虽然他很早就告别了利兹工人阶级的生活，但是他并没有忘却工人阶级的生活状况，没有忘却工人阶级父亲汗流浃背的身影，没有忘却母亲年复一年勤俭持家的艰辛。这一切都埋藏在他的内心深处，涌动着为贫穷而质朴的工人阶级争得权利的激情。而霍加特并不只有一腔热情，他没有把文化仅作为艺术品，而是作为解放劳苦大众的武器。他不仅要从肢体上解放人民，还要从精神上解放人民。他希望通过工人阶级的文化生活拨动他们的心弦，让工人阶级珍视自己仁爱、善良的根脉。

霍加特文化实践思想对于全面认识和理解人类社会、人的生存有重要的启示意义和现实参考价值。文化实践思想蕴含着对文化生成的内在机制、文化实践、文化辩证法的深度思考，包含着对文化实践的主体维度、客体维度、话语特征、社会关联多重视角的文化哲学探析。那么，应该如何从总体上对霍加特文化实践思想进行评价和把握，其思想的意义所在又是什么？

霍加特文化实践讲述着变革中的工人阶级生活，以及裹挟其中普通人的命运，他通过微观文化主体的文化实践，开展与现代性社会相应的新的抵抗形式，进行文化变革的微观革命；他警醒工人阶级用自己的实践方式，即微观主体的文化实践活动，为工人阶级自身挣得应有的文化权利；他引导工人阶级在阶级意识日渐淡漠的现代性社会中重建阶级意识，带领工人阶级获得文化变革的力量，提升工人阶级自主实践能力，从而达致建构社会主义主体的理想状态。文化实践的真正目的和价值诉求在于引发真正意义上的文化变革，即激发文化主体思想意识的转变，达到社会制度的改变，达到人的实践方式的改变。霍加特文化实践思想具体表现为以下几方面的启示性作用和意义：

一、传扬马克思主义实践哲学思想的内在精神

霍加特在对文化实践哲学不同维度、不同层次的研究中，始终坚守

马克思主义的基本理论，使得文化实践具有根本性和方向性。这一思想以马克思实践思想所蕴含的"以人的实践为基础来理解人的本质和人的存在"为本质依据，突出文化实践的批判性和革命性的意义，以"改变世界"为己任，将文化实践的本质指向"人类解放何以可能"。

文化实践不仅是人的文化存在的基石，而且是现存文化世界的存在方式，是改变现存文化世界、消除使人异化的文化的现实途径。马克思主义哲学的关怀在于实现人的全面自由的解放，使人从"与物的异化""与劳动行为的异化""与人的类本质的异化""与人之间的异化"获得解放，从而"确立有个性的人"，"使各人在自己的联合中并通过这种联合获得自己的自由"。霍加特文化实践的目标在于建立文化的"联合体"——文化共同体，实现人身体和精神并存的全面自由。通过文化实践，可以实现文化实践主体与文化共同体的一致性，实现现实的人与自由发展的人的统一，实现对人的现实关怀与终极关怀的统一。文化实践使一个个"孤立的人"、一个个"虚幻的共同体"、"不过是管理整个资产阶级的共同事务的委员会"①的国家，变革成"一个开放的、动态的……是一种自由的、参与的和共同对意义和价值体系不断丰富的……是所有成员在集体性的社会实践中持续创造和重新定义的……"②的文化共同体。

理想社会主义主体的建构并不是一纸空文，而是文化实践过程中的塑造。马克思在《1844 年经济学哲学手稿》提出"自由的有意识的活动恰

---

① 《马克思恩格斯全集》第 1 卷，274 页，北京，人民出版社，1995。
② 乔瑞金：《英国新左派的社会主义政治至善思想》，载《中国社会科学》，2014(9)。

恰就是人的类特性"①的论断。而"自由的有意识的活动"就包含着两个层面的意义，其一，代表着以自然物为对象的活动，或者是对自然世界的加工过程，体现出生命活动的过程；其二，指向"使自己的生命活动本身变成自己意志的和自己意识的对象"②，代表着人类自我生命力的对象化，实现了劳动过程的二重化。自由的有意识的活动蕴含着文化实践的内在精神，即文化生成的实质源于对对象世界的感性活动，人类"自我意识"的获得离不开现实的生活世界，离不开人的实践活动。尤其在面对日益严重的身体和精神全面异化的现代性社会，实践的功能和作用变得更为重要和更有意义。霍加特文化实践思想就在于强调文化主体的能动作用和提升文化主体的实践能力。

文化是生成的，它处在不断变革的过程中，而文化生成与变革的源泉则在生活世界，这是霍加特基于唯物史观和面向生活世界的当今哲学潮流作出的深刻论断。这一思想不仅与英国传统的精英主义文化理念相分隔，而且从生活世界的文化基点拓展了马克思主义关于人民群众是历史创造主体的思想。

霍加特在马克思实践观的基础上，进一步深化了实践哲学的意义。他不仅像波德莱尔"美的双重本质"那样，从文化或艺术角度揭示出现代性动态性与静态性的特征和内在张力结构，而更为重要的是，他寻找到了现代性合理发展的新动能，即文化实践。文化实践有利于普通文化实践者跳脱文化的种种限制，使普通文化实践者享有文化的权利，使文化

---

① ［德］卡尔·马克思：《1844 年经济学哲学手稿》，57 页，北京，人民出版社，2000。
② 同上书，57 页。

成为人类共同的财富，使文化真正获得开放共享、共同建筑的意义。微观文化视域下的现代性解读使我们对现代性的问题有了更为丰富的理解，这不仅仅是文化的现代性问题，而是关涉到微观权利、价值判断、社会秩序等，与社会运行方式、人的生存息息相关的问题，呈现出文化、政治、历史、社会的合流。

二、升华人道主义的价值内涵

在启蒙运动的开启之下，现代性社会为摒弃人类的愚昧无知、与宗教神学再无瓜葛，不惜余力地向往和追求唯一的、绝对的、必然的、线性决定的、可度量的普遍规律，逐步向脱离人的生活世界和寻求理性逻辑的发展中迈进，致使微观日常生活的意义和价值无形地受到这种理性化发展的阻挠。日常生活表现出了程式化、同一化的发展趋势。无论是经济、政治，还是文化、历史都试图以"宏大叙事"、权威性、科学性，告知世人其各自领域无可替代的意义和价值，并深陷于所在领域的内部发展和自我迷恋之中，与其他领域谨慎联系，甚至不惜画地为牢地发展。现代性的趋势并没有按照启蒙真正的初衷发展，而是将追求理性发挥得淋漓尽致。

一直以来，对理性的追求成为启蒙所开启的现代性的主要特征，人丰富的情感则无形地被遮蔽和漠视。在这场声势浩大的以宏大叙事为主流思想的现代性运动中，霍加特逆向思考，将普通民众作为"自下而上"现代性运动的关键力量，如同达恩顿（Darnton）对"底层启蒙运动"的关注一样，将视角转向"浩瀚如烟的下里巴人"的文化。传统文化继承形而上学的解释模式，在追求抽象的、崇高的、人类最完美的过程中，把文化同人的活动相分离，同人类具体的现实生活相分离，从而使文化成为抽象的存在、抽象的文化。在这个抽象的文化世界中，以大文化、大文学的"权威"解释模式解读人类，但却无法使人认识现实的人和人的现实世界。霍加特认为在传统文化解释模式中，通常用大而泛的美拼凑起来一种异想世界，在于建构一种抽象的真善美的世界。人们在其中似乎能够看到希望，但现实中又难以摆脱人生的苦难和心灵的压迫。为此，他试图走出传统文化的解读模式，更加关注"文化'生活特质'的分析和参与"①。

哈贝马斯把现代性看成是未完成的启蒙规划，霍加特对此持有一致的看法。他将现代性社会建构的动力机制，溯源于英国启蒙运动的重要主题，即道德情感和社会美德。他怀旧似地回忆了 20 世纪 20、30 年代工人阶级的有机社会，回忆了工人阶级平实、质朴的生活，但是他丝毫没有设法回到那个时代的意思，而更多的是"追忆"与反思，正如弗洛伊德(Freud)所指在回忆过往中，对事物进行思考、探寻、自省。霍加特恰似在缅怀有机社会，但并非仅仅出于怀旧，而是靠旧戏重演的方式，将怀旧文化与商业文化进行对比，重温人与人之间"仁爱"的情感、家庭生活的温情和邻里之间的友善，使人们感觉到源于真实生活的文化是娓娓道来的文化。从而与商业文化展开对比，凸显出商业文化更多体现一种速食文化，而速食文化正在蚕食我们正常的生活。

霍加特文化实践思想勾勒了一幅有关普罗大众日常生活的生灵之歌，

---

① Hoggart R. , *Contemporary Cultural Studies*: *An Approach to the Study of Literature and Society*, in Centre for Contemporary Cultural Studies. University of Birmingham. Occasional Paper，No. 6，1978，p. 22.

充满着英国新左派共有的人道主义的温情。这种人道主义情怀最为明显地体现在霍加特、威廉斯、汤普森等第一代英国新左派思想家身上。

第二代新左派思想家，像安德森、霍尔、奈恩在吸收阿尔都塞、葛兰西等结构主义思想的影响之后，形成了结构主义的马克思主义，与第一代人道主义的马克思主义有着明显的不同，出现了文化研究的重大转变。第二代新左派思想家在于系统地、理论化地探讨文化或者意识形态与历史性建构关系的基本方法和模式。但是，当反观现代性社会的发展和面对碎片化的现代性社会的状况时，我们会发现现代性社会最为缺失的并不是宏大而精细的理论建构，而是以人道主义为原则的社会建构，第一代新左派重申人道主义的马克思主义对于当今社会的发展有着重要的意义和价值。

从文化实践所包含的文化生成、文化辩证、文化价值的内涵，展现出微观文化实践者日常文化沉淀的价值和意义，强调源于生活的文化对于抒发人类情感、彰显文化主体意识的作用和价值，突出英国新马克思主义关注人之存在的文化精神内核。霍加特通过文化实践，达致关于社会主义的善本、善念和善治的理想社会主义的建构。文化实践对现代性的解读体现出了英国新马克思主义人道主义的哲学立场。

三、引领文化创新为人民的实践导向

围绕文化问题的思考已然成为现代性社会发展的核心问题。霍加特文化实践思想对于现代性社会的文化发展具有重要的借鉴意义，对于我国正在进行的文化建设具有一定的启示作用。

就目前中国文化发展的现状而言，文化领域合理性和合法性的思考与当今迅速发展的文化产业难以匹配。文化秩序的有效建构还处于滞后阶段。自党的十八大以来，文化领域的立法问题备受关注，如何公平有效地推动文化的发展、建立健康有序的文化体制成为近年来我国社会发展的热点问题。霍加特以文化实践思想阐释文化的内涵及价值，关注文化的公正问题，试图建立更加合理、公平、民主的社会主义社会，这对我国正在发展的文化治理具有一定的借鉴意义。

霍加特的文化实践思想，特别是文本阅读的思想对于我国建设书香社会、倡导全面阅读有一定的借鉴意义。霍加特注重文本阅读，将阅读看作是微观文化实践者实现文化实践的重要过程，把阅读作为提升广大人民群众文化实践能力的有效途径。他建构了话语实践的模型，搭建了文本阅读的方法，以根植于生活的文化，具有实践精神的文化，救赎碎片化、同质化的文化，救赎文化的本真内涵，救赎文化的真正价值。与此同时，霍加特强调阅读的品位和质感，关注生活经验、个人经历与阅读之间的联系，从而达到有效"诊断"和建立人类生活的肌质感。在我国努力建设 21 世纪的中国书香社会，倡导"全民阅读"，创造全社会读书氛围的发展中，霍加特文本阅读的方法，对于我国强调阅读的重要性，不断推进广大人民群众的阅读能力，力图满足广大人民群众精神文化的需求而言具有一定的启示性作用。

霍加特推行的文化实践的话语特征所面向的文本不仅包含了经典文本、优秀文学文本，还包括了日常生活文本、大众文本、媒体文本等广义的文本。这种有效的阅读方法对于甄别形式各异文化文本的价值和意义大有裨益。网络空间的治理问题成为全球发展中的一个关键性问题，对于中国而言，这同样是摆在我们面前需要解决的问题之一。如何净化网络空间，如何有效治理网络空间秩序，霍加特有关大众媒体的解读与建构，对回答这一问题同样有很多有意义的启示。

在霍加特看来，文化实践是一个复杂的过程，包含着文本生成、文本阐释、文本价值、文本判断、读者建构的过程，是一个充满张力、循环往复的动态系统。文化实践对于提升文化主体的实践能力，开启文化实践的用途至关重要。霍加特将文化多样性的发展与文化的价值标示作用兼容并举、协同发展。一方面，发挥文化创造性、开放性、多元化的发展理念；另一方面，强调文化的内在精神，倡导微观文化实践者肩负文化价值追求的责任意识。霍加特文化实践以深入普通文化实践者丰富鲜活的生活为基础，以提升普通人文化实践能力为核心，发挥心灵罗盘的作用，可为我国力图构建"深入生活、扎根人民"文艺界的新常态，从"送文化"真正发展为"种文化"提供一定的帮助。

四、建构理想状态的社会主义新主体

霍加特眼中的理想社会主义的图景，应当具有"善本、善念、善治"①的特征，消除异化、实现人的全面自由的解放即为善本，建立自由、平等的社会主义可谓善念，建筑互惠性共同体文化即是善治，是实

---

① 乔瑞金：《英国新左派的社会主义政治至善思想》，载《中国社会科学》，2014(9)。

现人的全面发展与社会合理建构的有机统一。

　　具体而言，霍加特文化实践的主体维度是对建构理想社会主义"善本"的追求，以现代性社会文化主体异化、工人阶级主体意识淡漠的社会现状为着眼点，通过文化实践提升文化主体的自主意识和实践能力，从而消除异化，达致人的全面解放。文化实践的客体维度以建构理想社会的善念为原则，打破精英主义、相对主义所建立的文化不平等和不合理的文化秩序，为工人阶级建立公平、自由的文化实践新秩序，使得文化实践成为构建自由、平等社会主义社会的有效途径。文化实践的话语特征和文化实践的社会关联，分别在文化实践主体维度和文化实践客体维度的探寻基础上，力图达致建构理想社会"善治"的目的诉求。文化实践的话语特征在于有效提升人的自主实践能力，文化实践的社会关联则侧重发挥合理建构社会的作用。

　　霍加特在《当地的住所》中阐述了他对社会主义的理解，在他看来，社会主义不是一种理论上的空洞概念，如果将社会主义仅作为一种意识形态的理解势必是一种语言的误用。霍加特认为社会主义并不是一种空洞的存在，"它呈现于现实的周围世界，存在于某种特定的生活和那些简单但并不完善的领域中"，"社会主义将友善作为社会平等的基础，作为寻求民主社会的推动力"①。霍加特对社会主义的理解完全符合英国新左派的社会主义政治至善的思想特征，即"英国新左派作为一个整体，对社会主义政治的本质与特点进行了密切关联现实世界与马克思思想的

---

　　①　Hoggart R.，*A Local Habitation*：*Life and Times*，*Volume I*：1918-1940，London：Chatto & Windus. 1988，p. 130.

探求，并尝试从哲学层面阐明社会主义政治的善的本质"①。他一再强调共建"友爱""亲仁善邻"的友好型社会，这正是对社会主义政治至善思想的充分表达。霍加特认为，所谓民主社会主义在于强调民主参与与价值标示的双重作用，是发挥个体特质和培养友善精神的双向互动过程。他倡导"我们应该感知其他成员的世界，也应该保持我们自己充满活力的特质"②。霍加特所提倡的社会主义设定在个体与其所在群体之间恒定的相互作用中。诚如，哈贝马斯所述"带有争论的竞争在于达成一致，在于合作寻求真理"③。民主社会主义应当具有宽容的特性，求同存异、和而不同，共建人类美好家园。

霍加特所倡导的社会主义是在文化实践的过程中逐步实现的。在面临社会主义发展的真正基础，即工人阶级运动宣告社会主义世界的到来成为问题的时候，霍加特承认消费社会和福利制度对工人阶级生活所产生的巨大作用和影响。他反对消除阶级斗争的同质文化，力图寻找获得重建工人阶级阶级意识的生机，而这一生机的来源就在于"人民日常生活经验基础上的社会主义政治，而不是旧的神话和口号"④。霍加特从对文学文本的阅读到大众媒体的解读，从对词语、短句、图像等话语内涵的分析到对话语风格和语气的关注，都在于落实他的文化民主思想，

① 乔瑞金：《英国新左派的社会主义政治至善思想》，载《中国社会科学》，2014(9)。

② Hoggart R., *A Sort of Clowning*: 1940-1959, *in A Measured Life: The Times and Places of an Orphaned Intellectual*, London: Chatto & Windus, 1994, p. 78.

③ Habermas, *Moral Consciousness and Communicative Action*, Cambridge: Polity Press, 1990, p. 160.

④ ［英］丹尼斯·德沃金：《文化马克思主义在战后英国——历史学、新左派和文化研究的起源》，李凤丹译，81页，北京，人民出版社，2008。

从具体的文化实践中寻求工人阶级的阶级意识，寻求吸引和调动工人阶级力量的实践方式。

霍加特文化实践的根本目的在于达致理想状态的社会主义新主体。那么，在时空迁移的现代性社会中，如何应对第二次世界大战后新变化，即传统马克思主义工人阶级设想的破裂；如何转变工人阶级日渐消散的阶级意识和自我存在感；如何通过微观革命或者新的抵抗形式实现对现有社会的改造；如何实现现代性社会构建理想状态的社会主义新主体。霍加特文化实践思想充分回应了以上的问题。在他看来，其关键所在在于主体意识的觉醒，而文化实践思想为读懂工人阶级的世界、为工人阶级自我意识的形成打开了一扇窗户，也为处在现代性社会中的工人阶级审视和变革自身发展进程留下了一条通道。霍加特探讨的不是工人阶级一时一刻的生活，而是时空变化的现代性社会如何改变和影响工人阶级的态度和自我意识。霍加特思考的不是让工人阶级回到像艾略特描述的有机、田园诗般、原生态的文化生活，不是返回到封闭的原有状态，而是建构新时代下的工人阶级自主文化实践活动。文化研究以霍加特等为先导，其突出特点表现在，"尊重被统治的和被边缘化的阶级和团体的潜在颠覆性文化，并敏锐意识到社会意识形态力量，而这些阶级和团体也被涵盖于这个社会中"①。霍加特正是认识到了工人阶级文化潜在的力量和颠覆性作用。为此，他通过文化实践的路径，调动工人阶级的阶级意识和文化自主性，从而实现社会制度的变革、社会实践方式

---

① ［英］丹尼斯·德沃金：《文化马克思主义在战后英国——历史学、新左派和文化研究的起源》，李凤丹译，3页，北京，人民出版社，2008。

的变革、人类存在方式的变革。

霍加特文化实践思想的重要意义所在就在于强化人的解放意义。从现实的微观实践者的经验生活中解读文化的意义，调动微观文化主体的实践能力，寻求工人阶级自我变革、改造社会的力量。根据"经验"理解文化，霍加特将其发挥得淋漓尽致。他不仅将自己工人阶级的生活经验作为恢复工人阶级文化生活和重塑工人阶级文化的根本依据，而且他试图借助文化实践的方法理解文化经验和生活文本的意义。正如德沃金所言，霍加特运用文学批判方法理解文化经验的意义，阅读活生生的经验就像这些经验是文本一样，这种研究路径在大众文化的分析性研究上是一个突破。

霍加特将文化作为变革社会的突破口，以自传式的表达，追溯令他无法忘怀的工人阶级生活。在重塑工人阶级文化中，他使读者从知情人的角度依稀看到工人阶级文化的风貌，使人们感悟海纳百川、开放进取的文化精神。文化实践打破了文化精英主义对文化的清规戒律，使文化从追逐唯一的、线性的精英主义文化的迷狂，走向人的生活世界，融入人类个人和社会的更全面的生活。同时，文化实践揭示了消费资本主义对普通文化实践者同一化、同质化的过程，回归文化多元化、多样性和特质性的发展。文化实践将日常生活世界的林林总总作为文化生成的题材，凸显出文化所具有的人间情怀。

在对实现人的解放何以可能的思考中，霍加特以文化实践的四个向度(文化实践的解释性、文化实践的交往性、文化实践的批判性、文化实践的改造性)，提供了这一问题的新思路。文化实践的解释性在于揭示文化的生成机制和文化的本真内涵，改变精英主义者对文化内涵的解读模式，打破文化等级对普通人文化实践的束缚，同时，揭示相对主义对文化多样性、多元化的抹杀，提倡微观文化主体的实践性，以人的存在方式和实践方式理解文化，恢复文化实践对文化内涵的解释作用。文化实践的交往性在于打破利维斯主义文本细读的传统文学的封闭模式，建构文化与文学、文化与历史、文化与政治、文化与社会之间跨学科、多元视角的文化研究，为筑构文化共同体打下坚实基础。文化实践的批判性在于对文化现状进行扬弃，保留精英文化的积极因素，同时客观评价大众文化的正面意义，但是必须有效洞察精英主义和商业文化，提升微观文化主体实践能力，抵制精英文化、商业文化对文化实践的阻碍和压制力。文化实践的改造性在于通过对现代性社会识字滥用、文化泛滥的批判，揭示商业文化对工人阶级日常生活文化的侵蚀性。霍加特缅怀工人阶级取自日常生活的文化味道，倡导人们回归到日常生活的常态。霍加特以文化实践为根基，积极发挥微观文化主体的文化自主、文化自省、文化自觉和文化自信的能动作用，并提出了文化实践的微观实践模型，即文化实践的话语特征，为提升文化主体的文化实践能力和实现文化主体的进步提供行之有效的方法和路径，为人的全面解放提供了现实基础。

霍加特深度描写工人阶级生活，包括家庭、邻里生活中的微小情景，这种叙事方法已经脱离了宏大叙事的叙事模式，这些看似无关紧要的闲笔，实际上非常关键和重要。这是把工人阶级融入现代生活背景和深探生活本质的手段，并为建构社会主义新主体埋下伏笔。他的表述风格常常很自然地带入一种经验式的呈现，其目的在于探讨文化生活的质感。因为在霍加特看来，文化在于追求最真诚的实感，而实感才是最为重要的美感。霍加特的笔触经常涉及家庭、邻里、爱情、风俗等日常生活主题，一种人类存在的永恒状态。其原因在于，霍加特认为文化应该有真情实感，而不是把实感抽空的文化状态，文化实践思想力图表达的是一种取自人民的真实感，一种源自人民的真情实感。

毋庸置疑，霍加特文化实践思想对于理解文化的本真内涵、文化的用途、文化与社会的关联有着跨时代的意义和价值，对于消解精英主义的文化霸权、商业文化的同质化和重建文化实践的活力具有积极的作用。在思考如何应对文化更加多元化的发展之路时，霍加特多次明确表示文化多样性与文化价值标示双向并举的发展，但是面对文化价值判断时，他并没有提出明确对待不同类型文化具体的判断标准。这是霍加特留给英国新左派需进一步研究的问题。霍加特与威廉斯一样最终指向了共建文化共同体的目标，但是在建构文化共同发展的过程中，如何实现和而不同的文化之路，如何在追求不同文化特质和寻求文化共同发展的基础上找到一种平衡关系，霍加特文化实践思想对这一问题并没有提供具体的实现途径。霍加特文化实践思想给建设文化共同体的问题留下了一个开放的结论。

霍加特文化实践思想对文化意义实践维度的思考、激发作为微观文化实践者的先锋工人阶级的文化实践能力、改变对文化传统意义的思维方式、改变工人阶级的实践方式都有着重大的意义和价值。霍加特以文化实践思想提出了建构共同文化的理想途径，还需要我们在文化实践的道路上进一步的思考和研究。不断发展的文化之路为我们提供了巨大的空间，我们本着文化实践的基本原则，在文化实践基础上定能够寻找到共建人类文化共同体的发展之路。

附录一：霍加特生平简介

1918 年 9 月 24 日，理查德·霍加特出生于英国利兹波多纽顿。

霍加特的学习经历：

1930 年 就读于文法学校科伯恩中学；

1936—1939 年以一等奖学金获得利兹大学英语系深造的机会；

1940 年获得硕士学位。

霍加特的主要工作经历：

1946—1959 年赫尔大学的校外教师；

1959—1962 年莱斯特大学的高级讲师；

1962—1973 年伯明翰大学英语教授、当代文化研究中心的创办者和首届主任；

1971—1975 年联合国教科文组织助理总干事；

1976—1984 年伦敦大学金史密斯学院学监。

霍加特主要参与的公共机构和委员会：

1958—1960 年雅宝青年服务委员会；

1960—1962 年皮尔金顿广播委员会；

1976—1981 年英国艺术委员会；

1962—1988 年皇家莎士比亚剧院理事；

1977—1983 年成人教育和继续教育顾问委员会成员；

1981—1991 年广播研究协会成员。

2014 年 4 月 10 日，霍加特去世于伦敦北部，享年 96 岁。

附录二：霍加特著作列表

(一)专著：

1. *Auden：An Introductory Essay*，Yale University Press，1951.

2. *The Uses of Literacy：Changing Patterns in English Mass Culture*，Essential Books，1957，published in England as *The Uses of Literacy：Aspects of Working-Class Life*，Chatto & Windus（London），1957，published with a new introduction by Andrew Goodwin，Transaction Publishers（New Brunswick，NJ.），1992，and with a new postscript by John Comer，1998.

3. *W. H. Auden*，(*Writers and Their Work：No.* 93)，London：Longmans，Green & CO.，first published in 1957，New Edition in 1961.

4. *Prefabricated Thinking*，Newman Neame，1958.

5. *Teaching Literature*，*National Institute of Adult Education*，University of Hull，1963.

6. *Contemporary Cultural Studies*: *An Approach to the Study of Literature and Society*, University of Birmingham (Birmingham, England), 1969. (unpublished mimeo)

7. *Speaking to Each Other*, Oxford University Press, *Volume I*: *About Society*, 1970. *Volume II*: *About Literature*, 1970.

8. *On Culture and Communication*, Oxford University Press, 1972, published as *Only Connect*: *On Culture and Communication*, Chatto & Windus (London), 1972.

9. *An Idea and Its Servants*: *UNESCO from Within*, Chatto & Windus (London), 1978, Oxford University Press (New York, NY.), 1978.

10. *An English Temper*, Chatto & Windus (London), 1982, Oxford University Press (New York, NY.), 1982.

11. *A Local Habitation*, *1918-40*, Chatto and Windus (London), 1988.

12. *A Sort of Clowning*: *Life and Times*, 1940-59, Chatto and Windus (London), 1990.

13. *An Imagined Life*: *Life and Times 1959-91*, Chatto and Windus (London), 1992.

14. *Townscape with Figures*: *Farnham-Portrait of an English Town*, Chatto and Windus (London), 1994.

15. *A Measured Life*: *The Times and Places of an Orphaned Intellectual*, Transaction Publishers, 1994.

16. *The Way We Live Now*, Chatto & Windus, 1995, published as The *Tyranny of Relativism*: *Culture and Politics in Contemporary*

English Society, Transaction Publishers, 1998.

17. *First and Last Things: The Uses of Old Age*, Aurum, 1999, revised with a new introduction by the author, Transaction (New Brunswick, NJ.), 2002.

18. *Between Two Worlds: Politics, Anti-Politics, and the Unpolitical*, Transaction (New Brunswick, NJ.), 2002.

19. *Everyday Language and Everyday Life*, Transaction (New Brunswick, NJ.), 2003.

20. *Mass Media in a Mass Society: Myth and Reality*, Continuum (New York, NY.), 2004.

21. *Promises to Keep: Thoughts in Old Age*, Continuum (New York, NY.), 2005.

(二)合著：

1. *The Worst of Times: An Oral History of the Great Depression in Britain by* Nigel Gray, Richard Hoggart, Barnes & Noble Imports, 1986.

2. *British Council and the Arts* by Richard Hoggart et al. , British Council, 1986.

3. *An Idea of Europe*, Richard Hoggart and Douglas Johnson, Chatto & Windus, 1987.

4. *Seen and Magnified: Five Medway Towns*, Richard Hoggart, Peter Cattrell and David Moore, Medway Council, 1999.

(三)编著:

1. (Editor, with John Hewett) *Four in Hand: An Excursion (poetry anthology)*, Three Arts Club, 1945.

2. (Editor)*W. H. Auden—A Selection*, Hutchinson, 1961.

3. (Editor)*Your Sunday Newspaper*, University of London Press, 1967.

4. (Editor, with Janet Morgan)*The Future of Broadcasting: Essays on Authority, Style, and Choice*, Holmes & Meier (New York), 1982.

5. (Editor)*Liberty and Legislation*, F. Cass (London), 1989.

6. (Editor)*Oxford Illustrated Encyclopaedia of Peoples and Cultures*, Oxford University Press, 1992.

(四)期刊和报纸上发表的文章:

1. "High Arts and General Culture" in *Society*, 2004, 42(1): 79-81.

2. "A Healthy Society Needs Maggots in the Cheese" in *Times Higher Education Supplementy* 2004, (1664): 12-11.

3. "Are Museums Political?" in *Society*, 2004, 41(5): .65-71.

4. "Culture and the State" in *Society*, 1999, 37(1): 94.

5. "Reviewers and Reviewing" in *Society*, 1997, 34(3): 64-67.

6. "The Tyranny of Relativism" in *Society*, 2004, 41(3): 15-16.

7. "Culture and the State", in *Current*, 2000, (421): 23-27.

8. "Everyday Language and Everyday Life" in *Etudes Anglaises*, 2005, 58(1): 104.

9. "Michael Young: Social Entrepreneur" in *English Historical Review*, 117(472): 766-767.

10. "BBC and ITV After Three Years", in *University and Left Review* 1958, 5: 32-36.

11. "The Guardians and the New Populism", in *Censorship*, 1964, Issue 1, Autumn.

12. "How Should We Pay for the Arts?" in *New Society*, 1979, (2 Aug.)

13. "The Crisis of Relativism", in *New University Quarterly* 1980, 35 (1).

14. "A Little Night Reading", in *Sunday Times*, August 6, 2000, 40.

15. "A Walk Along the Sceptred Aisles", in *The Independent*, November 4, 1996.

16. "A Charge Too Far", in *The Observer*, December 8, 1996, 25.

17. "Catharine Carver: Elegant Editor of English", in *The Guardian*, November 13, 1997, 18.

18. "Community Chest", in *The Times*, October 30, 1994.

19. "Critical Masses Improving Literacy Levels is a Fine Goal. But It is not Enough, Argues Richard Hoggart, unless Our Schools Teach People to Think as well as Read", in *The Guardian*, December 2, 1997, 4.

20. "Culture Clash", in *The Guardian*, July 17, 2000, 17.

21. "Don's Delight: Richard Hoggart on Religion and the Rise of Capitalism-the Book that Changed His Life", in *The Guardian*, March

4，1997，2.

22. "Dumb and Dumber", in *The Guardian*, March 14, 2002, 3.

23. "Why after All this Time, I've Found that Everything in the Garden is Lovely", in *Mail in Sunday*, July 25, 1999, 84.

24. "Kenneth Lamb", in *The Independent*, June 27, 1995, 18.

25. "Mary Whitehouse: Valid Arguments Lost in An Obsession over Sex"in *The Guardian*, November 24, 2001, 22.

26. "On the Shelf', in *The Times*, April 23, 1995, 1.

27. "On the Side of The Angels in the Library", in *The Independent*, August 3, 1995, 15.

28. "Peter Brinson", in *The Independent*, April 8, 1995, 13.

29. "Short Answer from Clare: If We Want Cash for Unesco, We Must Go and Raise It Ourselves", in *The Guardian*, March 20, 1999, 21.

30. "Some of the Men and Women Who Helped Shape the Decade Put the Case for the Defence", in *The Guardian*, July 20, 2004, 3.

31. "Still in a Class of Their Own", in *The Independent*, June 10, 1994.

32. "That Was Our Year", in *The Guardian*, November 28, 1998, 3.

33. "That's All", in *The Independent*, October 18, 1998, 21.

34. "The Abuses of Literacy", in *The Guardian*, June 27, 1991, 21.

35. "This is as Dumb as it Gets: The Communications Bill is yet Another Attack on the Notion of Public Service Broadcasting", in *The Guardian*, June 4, 2003, 2L.

36. "Millennium Reputations: Which are the Most Overrated Authors, or Books, of the Past 1, 000 Years?" in *The Sunday Telegraph*, June 6, 1999, 15.

37. "The Getting of Wisdom", in *The Guardian*, May 14, 1996, 2.

38. "Shhh… Page Rage", in *The Guardian*, February 22, 1997, 4.

39. "The Mission and the Vision: Education", in *The Guardian*, March 4, 1992, 21.

40. "Unesco Plea", in *The Guardian*, June 24, 1998, 19

41. "Uses of Literacy,", in *The Guardian*, September 24, 1997, 18.

42. "We have to study the media if we want to understand the world", in *The Independent*, July 2, 1995, 18.

43. "What did we do wrong?" in *The Guardian*, March 14, 2002, 2.

44. "What does it mean to be English today? Our patriotism is too often a narrow, unintelligent insularity which rightly surprises other nations", in *The Independent*, September 5, 1998, 7.

45. "Where have the common readers gone?" in *The Times*, May 6, 1992.

46. "Where there's muck", in *The Times*, March 19, 1994.

47. "Why treat us like dimwits?" in *The Independent*, February 19, 1995, 21.

48. "Culture and the State", in *Society*; Nov. /Dec. 1999; 37, 1.

49. "The Barbarians can Read-They Just don't Bother", *Sunday Times*, November 15, 1998, 8.

参考文献

（一）英文：

霍加特的著作和论文：

1. Richard Hoggart，*The Uses of Literacy：Aspects of Working-class Life*，London，Chatto & Windus，1967

2. Richard Hoggart，*Contemporary Cultural Studies：An Approach to the Study of Literature and Socitey*，Centre for Contemprary Cultural Studies，Unviersity of Birmingham，Occasional Paper，No. 6

3. Richard Hoggart，*Speaking to Each Other：Volume One：About Society*，London：Penguin Book，1973

4. Richard Hoggart. *Speaking to Each Other：Volume Two：About Literature*，London：Penguin Book，1973

5. Richard Hoggart，*Only Connect：On Culture and Communication*，London：Chatto & Windus，1972

6. Richard Hoggart, *An Idea and Its Servants: UNESCO from Within*, Chatto & Windus (London), 1978, New York: Oxford University Press, 1978

7. Richard Hoggart, *An English Temper*. New York: Oxford University, 1982

8. Richard Hoggart, *A Local Habitation: 1918-1940, in A Measured Life: The Time and Place of an Orphaned Intellectual*. London: Lawrence & Wishart Ltd. , 1988

9. Richard Hoggart, *Townscape with Figures: Famham-Portrait of an English Town*, London: Chatto and Windus, 1994

10. Richard Hoggart, *The Tyranny of Relativism*. London: Transaction Publishers, 1997

11. Richard Hoggart, *First and Last Things*. New Brunswick, NJ. : Transaction Books, 2002

12. Richard Hoggart, *Between Two Worlds: Politics, Anti-Politics, and the Unpolitical*. New Brunswick: Transaction. 2002

13. Richard Hoggart, *Everyday Language & Everyday Life*. London, Transaction Publishers, 2003

14. Richard Hoggart, *Mass Media in a Mass Society*. London: Continuum, 2006

15. Richard Hoggart, *The Future of Broadcasting*, The Macmillan Press, 1982

16. Richard Hoggart, *High Arts and General Culture*, Society, 2004,

42(1): 79-81

17. Richard Hoggart, *A Healthy Society Needs Maggots in the Cheese*. Times Higher Education Supplement 2004, (1664): 12-11

18. Richard Hoggart, *Are Museums Political*. Society, 2004, 41(5): 65-71

19. Richard Hoggart, *Culture and the State*. Society, 1999, 37(1): 94

20. Richard Hoggart, "We have to study the media if we want to understand the world," in *The Independent*. July 2, 1995

其他相关著作和论文:

1. A. Huyssen, *Mapping the postmodern*, New German Critique. New York: Andreas Huyssen , 1984

2. Berlin, *Liberty*. Oxford: Oxford University Press, 2002

3. David Lodge, "Richard Hoggart: A Personal appreciation," *International Journal of Cultural Studies*, vol. 10, 2007

4. E. P. Thompson, "Socialist Humanism: An Epistle to the Philistines," *The New Reasoner*, vol. 1, no. 1, 1957

5. E. P. Thompson. *The Poverty of Theory and Other Eassys*, London, Merlin Press, 1978

6. Edward W. Said, "Representations of the Intellectual," The 1993 Reith Lectures, New York: Vintage Books, 1994

7. F. Mulhern, *Culture/Metaculture*, *The New Critical Idiom*, London: Routledge, 2000

8. F. Mulhern, *The Moment of "Scrutiny"*, London: Verso, 1981

9. Frances Murphy Zauhar, *The Intimate Critique*: *Autobiographical Literary Criticism*. Durham: Duck University Press, 1993

10. Fred Inglis, *Culture*. Cambridge: Polity Press Ltd. , 2004

11. Fred Inglis, *Popular Culture and Political Power*. , London: Harvester Wheatsheaf, 1998

12. Fred Inglis, *Richard Hoggart*: *Virtue and Reward*, Cambridge: Polity Press, 2014

13. G. Simmel, "Theory", *Culture and Society*. vol. 8, No. 3, 1991

14. Grant Farred, "Leavisite Cool: The Organic Links Between Cultural Studies and Scrutiny," *Disposition/n*: *American Journal of His tories and Theories*, 1996

15. Greil Marcus, *A Secret History of the Twentieth Century*, Cambrige : Mass Press. 1990

16. Helen Davis, *Understanding Stuart Hall*, London: SAGE publications, 2004

17. Jessica Munns, *A Cultural Studies Reader*: *History*, *Theory*, *Practice*, London & New York: Longman, 1995

18. John Storey, *Cultural Studies and the Study of Popular Cultural*, Edinburgh: Edinburgh University Press, 2003

19. Jonathan Culler, *Literary Theory*: *A Very short Introduction*, New York: Oxford University Press, 1997

20. Lawrence Grossberg, *Cultural Studies*, New York: Routledge, 1992

21. F. R. Leavis and D. Thompson, *Mass Civilization and Minority*

Culture, New York: Minority Press. 1933.

22. F. R. Leavis, *Fiction and the Reading Public*, London: Pilmlico, 2000

23. F. R. Leavis, *Cultural and Environment*. New York: Greenwood Press, 1977

24. Lesley Johnson, *The Cultural Critics: from Matthew Arnold to Raymond Williams*, London: Routledge & Kegan Paul, 1979

25. Lin Chun, *The British New Left*, Edinburgh : Edinburgh University Press, 1993

26. Louis Althusser, *Ideology and the Ideological State Apparatuses*, in *On Lenin and Philosophy and Other Eassys*, London: New Left Books, 1971

27. M. McLuhan, *Understanding Media*, London: Routledge and Kegan Paul, 1964

28. Mattew Arnold, *Culture and Anarchy*, London: Cambridge University Press, 1932

29. Michael Bailey and Mary Eagleton, *Richard Hoggart: Culture and Critique*, London: Critical, Cultural and Communications Press, 2011

30. Michael Bailey, Ben Clarke and John K. Walton, *Understanding Richard Hoggart: A Pedagogy of Hope*, Oxford: Miley-Blackwell, 2012

31. Michael Kenny, *The First New Left*, London: Lawrence & Wishart, 1995

32. Mikhail M. Bakhtin, *Discourse in the Novel*, Michael Holquist (ed.), repr. Austin, University of Texas, 1990

33. Raymond Williams, *Keywords*, London: Fontana, 1983

34. Raymond Williams, *Problems in Materialism and Culture: Selected Essays*, London: Verso, 1980

35. Raymond Williams, *The Analysis of Culture* in *Cultural Theory and Popular Culture: A Reader*. edited by John Storey, Harlow: Person Education, 2009

36. Raymond Williams, *The Long Revolution*, London: Pelican Books, 1961

37. Stefan Collini, *Critical Minds: Raymond Williams and Richard Hoggart*. Essays in History and Culture, Oxford: Oxford University Press, 1999

38. Stuart Hall, *Cultural Studies and Its Theoretical Legacies*, in David Morley and Kuan-Hsing Chen (eds.), Stuart Hall: Critical Dialogues in Cultural Studies, London & New York: Routledge, 2005

39. Stuart Hall, "Cultural Studies and the Center: some problematics and problems," in *Cultural, Media, Language*, edited by Stuart Hall, Dorothy Hobson, Andrew Lowe and Paul Wills, London: Hutchinson, 1980

40. Stuart Hall, *The "First" New Left, Out of Apathy*, Archer et al., (eds.) London: Verso. 1989

41. Stuart Hall, "The Centrality of Culture: Notes on the Revolution of Our Time," in K. Thompson, ed., *Media and Cultural Regulation*, Vol. 6 of The Culture, Media and Identities Course Books, London: Sage and Open University, 1997

42. Stuart Hall, *The State and Popular Culture*, Milton Keynes, 1982

43. Sue Owen, *Richard Hoggart and Cultural Studies*, Sheffield: Palgrave macmillan, 2008

44. T. S. Eliot, *The Cambridge History of Literacy Criticism. Volume VII*, Cambridge: Cambridge University Press. 2000

45. Terry Eagleton, *Why Marx Was Right*, Yale: Yale University Press, 2011

46. Terry Eagleton, *The Idea of Culture*, Oxford: Blackwell, 2000

47. Tom Steele, *The Emergence of Cultural Studies: Adult Education, Cultural Studies: Adult Education, Cultural Politics and the "English" Question*, London: Lawerence & Wishart Limited, 1997

48. Raymond Williams, "Towards a Socialist History: in Defence of History," *History Workshop Journal*, 1979, 7

49. Raymond Williams, *Marxism and Literature*, Oxford: Oxford University Press, 1977

50. Raymond Williams, *May Day Manifesto 1968*, Penguin books, 1968

51. Raymond Williams, *Politics and Letters: Interviews with New Left Review*, Verso, 1981

52. Sue Owen, *Re-reading Richard Hoggart: Life, Literature, Language, Education*, Newcastle: Cambridge Scholars, 2008

(二)中文

1. [英]E. P. 汤普森. 英国工人阶级的形成. 钱乘旦等译,南京:译林

出版社. 2001

2. [德]阿多诺. 否定的辩证法. 张峰译，重庆：重庆出版社. 1993

3. [法]阿尔贝特·施韦泽. 对生命的敬畏. 陈泽环译，上海：上海人民出版社. 2008

4. [法]阿尔都塞. 列宁与哲学. 杜章智译，台北：远流出版事业股份有限公司. 1990

5. [匈]阿格妮丝·赫勒. 日常生活. 衣俊卿译，哈尔滨：黑龙江大学出版社. 2010

6. [英]阿兰·斯威伍德. 文化理论与现代性问题. 黄世权译，北京：中国人民大学出版社. 2013

7. [美]艾伦·梅克森斯·伍德. 民主反对资本主义——重建历史唯物主义. 吕薇洲等译，重庆：重庆出版社. 2007

8. "新批评"文集. 赵毅衡编选，北京：中国社会科学出版社. 1988

9. [英]爱德华·泰勒. 原始文化. 连树生译，桂林：广西师范大学出版社，2005

10. [英]安东尼·吉登斯. 社会的构成. 李康等译，北京：生活·读书·新知三联书店. 1998

11. [意]安东尼奥·葛兰西. 狱中札记. 曹雷雨、姜丽、张跂译，北京：中国社会科学出版社，2000

12. [英]安吉拉·默克罗比. 后现代主义与大众文化. 田晓菲译，北京：中央编译出版社. 2006

13. [英]本·海默尔. 日常生活与文化理论导论. 王志宏译，北京：商务印书馆. 2008

14. [英]布莱恩·劳森. 空间的语言. 杨青娟等译，北京：中国建筑工业出版社. 2003

15. 曾鹰、乔瑞金. 技术的文化解释学：对人类"自身"的一种理解. 载《社会科学战线》. 2009 年第 3 期

16. 陈学明. 时代的困境与不屈的探索. 哈尔滨：黑龙江大学出版社. 2007

17. [英]戴维·麦克莱伦. 马克思思想导论. 郑一明、陈喜贵译，北京：中国人民大学出版社. 2008

18. [英]戴维·麦克莱伦. 马克思以后的马克思主义. 李智译，北京：中国人民大学出版社. 2004

19. [英]丹尼·卡瓦拉罗. 文化理论关键词. 张卫东译，南京：江苏人民出版社. 2006

20. [英]丹尼斯·德沃金. 文化马克思主义在战后英国——历史学、新左派和文化研究的起源. 李凤丹译，北京：人民出版社. 2008

21. 段忠桥. 理性的反思与正义的追求. 哈尔滨：黑龙江大学出版社. 2007

22. [德]伽达默尔. 真理与方法. 洪汉鼎译，北京：商务印书馆. 1999

23. 管晓刚. 加文·科琴分析马克思主义整体实践观的内涵. 载《马克思主义与现实》. 2010 年第 2 期

24. 管晓刚. 论芒福德技术哲学的研究视角. 载《科学技术与辩证法》. 2009 年第 3 期

25. 管晓刚. 语言分析并非游戏——关于科琴确立马克思实践哲学核心地位的几点思考. 载《哲学研究》. 2011 年第 9 期

26. [法]波德莱尔. 波德莱尔美学论文选. 郭宏安，北京：人民文学出版社. 1987

27. [德]哈贝马斯. 文化现代性精粹读本. 周宪译，北京：中国人民大学出版社. 2006

28. [德]黑格尔. 哲学史讲演录. 第4卷. 贺麟等译，北京：商务印书馆. 1978

29. [德]黑格尔. 逻辑学(上卷). 杨一之译，北京：商务印书馆. 2011

30. 亨利·列斐伏尔. 空间与政治. 李春译，上海：上海人民出版社. 2008

31. [英]杰克·古迪. 神话、仪式与口述. 李源译，北京：中国人民大学出版社. 2014

32. [英]克里斯·巴克. 文化研究：理论与实践. 孔敏译，北京：北京大学出版社. 2013

33. [英]雷蒙德·威廉斯. 漫长的革命. 倪伟译，上海：上海人民出版社. 2013

34. [英]雷蒙德·威廉斯. 现代主义的政治. 阎嘉译，北京：商务印书馆. 2002

35. [英]雷蒙德·威廉斯. 文化与社会. 高晓玲译，长春：吉林出版集团有限责任公司. 2011

36. 李宝文. 具体辩证法与现代性批判——科西克哲学思想研究. 哈尔滨：黑龙江大学出版社. 2011

37. 李凤丹. 大众文化与政治的辩证法——英国文化马克思主义的发展主线. 载《北方论丛》. 2009年第1期

38. 李华荣、乔瑞金. 柯亨平等观的实质及其对自由主义的批判. 载《哲学研究》. 2008 年第 11 期

39. [德]李凯尔特. 文化科学和自然科学. 涂纪亮译，北京：商务印书馆. 1986

40. 李瑞艳. 英国新左派对阶级主体的再思考. 载《山西大学学报》. 2015 年第 6 期

41. [美]理查德·比尔纳其. 超越文化转向. 方杰译，南京：南京大学出版社. 2008

42. [法]利奥塔. 后现代性与公正游戏——利奥塔访谈. 谈瀛洲译，上海：上海人民出版社. 1997

43. 刘苑如. 体现自然意象与文化实践. 台北：中国文哲研究所. 2012

44. 陆扬. 文化研究概论. 上海：复旦大学出版社. 2008

45. 罗钢、刘象愚. 文化研究读本. 北京：中国社会科学出版社. 2000

46. 马驰. 理论、文化与实践. 北京：中国社会科学出版社. 2002

47. [美]马尔库塞. 单向度的人. 刘继译，上海：上海译文出版社. 2006

48. 马海良. 文化政治美学——伊格尔顿批评理论研究. 北京：中国社会科学出版社. 2004

49. [英]马克·J. 史密斯. 文化——再造社会科学. 张美川译，长春：吉林人民出版社. 2005

50. 马克·吉普森. 文化研究四十年——理查·霍加特访谈录. 胡谱中译. 载《现代传播》. 2002 年第 5 期

51. 马克思恩格斯全集. 第 1 卷. 北京：人民出版社. 1995

52. 马克思恩格斯全集. 第 3 卷. 北京：人民出版社. 1995

53. 马克思恩格斯全集. 第 4 卷. 北京：人民出版社. 1995

54. 马克思恩格斯文集. 第 1 卷. 北京：人民出版社. 2009

55. 马克思恩格斯文集. 第 3 卷. 北京：人民出版社. 2009

56. 马克思恩格斯选集. 北京：人民出版社. 1995

57. [美]马歇尔·萨林斯. 文化与实践理性. 赵丙祥译，上海：上海人民出版社. 2002

58. [英]马修·阿诺德：文化与无政府状态. 韩敏中译，上海：生活·读书·新知三联书店. 2008

59. 马援. 技术理性对文化生成的遮蔽——论霍加特的文化实践思想. 载《科学技术哲学研究》. 2015 年第 2 期

60. 马援. 文化内涵的辩证法解读——论霍加特的文化实践思想. 载《系统科学学报》. 2015 年第 4 期

61. [英]迈克尔·肯尼. 第一代英国新左派. 李永新、陈剑译，南京：江苏人民出版社. 2010

62. [法]莫里斯·梅洛-庞蒂. 哲学赞词. 杨大春译，北京：商务印书馆. 2000

63. [法]莫里斯·梅洛-庞蒂. 知觉现象学. 姜志辉译，北京：商务印书馆. 1995

64. [英]佩里·安德森. 当代西方马克思主义. 余文烈译，北京：东方出版社. 1989

65. [英]齐格蒙德·鲍曼. 作为实践的文化. 郑莉译，北京：北京大学出版社. 2009

66. 乔瑞金、李华荣. 从历史发展动力看柯亨对马克思所做的辩护. 载《自然辩证法研究》. 2009 年第 4 期

67. 乔瑞金、李隽. 英国新马克思主义文化批判的致思路径. 载《理论探索》，2015 年第 5 期

68. 乔瑞金、李瑞艳. 试论安德森的"类型学"唯物史观思想及其意义. 载《哲学研究》. 2011 年第 7 期

69. 乔瑞金、牟焕森、管晓刚. 技术哲学导论. 北京：高等教育出版社. 2009

70. 乔瑞金、师文兵. 历史主义与结构主义——英国新马克思主义哲学探索主导的意识. 载《哲学研究》. 2005 年第 2 期

71. 乔瑞金、师文兵. 马克思主义是社会历史的整体视界——英国新马克思主义的"事实"与"理论"之争及其启示. 载《山西大学学报》. 2005 年第 4 期

72. 乔瑞金、师文兵. 破解主体与结构之谜——英国新马克思主义关于阶级问题的争论及其启示. 载《理论探索》. 2005 年第 2 期

73. 乔瑞金、孙军英. 拉尔夫·密里本德：走向辩证理性的政治批判. 载《学习与探索》. 2015 年第 5 期

74. 乔瑞金、孙军英. 密里本德辩证理性的技术政治批判思想探析. 载《科学技术哲学研究》. 2015 年第 5 期

75. 乔瑞金、许继红. 威廉斯传播技术的哲学解释范式研究. 载《马克思主义与现实》. 2009 年第 6 期

76. 乔瑞金、薛稷. 雷蒙德·威廉斯唯物主义文化观解析. 载《马克思主义与现实》. 2007 年第 3 期

77. 乔瑞金. 英国近代早期主体意识发展的社会文明意义. 载《山西大学学报》. 2015 年第 3 期

78. 乔瑞金. 从技术实践视角读马克思《资本论》. 载《山西大学学报》. 2007 年第 3 期

79. 乔瑞金. 论英国新马克思主义的思想特征. 载《理论探索》. 2006 年第 4 期

80. 乔瑞金. 马克思技术哲学纲要. 北京：人民出版社. 2002

81. 乔瑞金. 马克思思想研究的新话语——技术与文化批判的英国新马克思主义. 上海：书海出版社，2005

82. 乔瑞金. 马克思主义是社会历史的整体视界. 载《山西大学学报》. 2005 年第 4 期

83. 乔瑞金. 我们为什么需要研究英国的新马克思主义?. 载《马克思主义与现实》. 2011 年第 6 期

84. 乔瑞金. 现代整体论. 北京：中国经济出版社. 1996

85. 乔瑞金. 英国的新马克思主义. 北京：人民出版社. 2013

86. 乔瑞金. 英国新马克思主义对文化概念的哲学分析. 载《理论探索》. 2008 年第 3 期

87. 乔瑞金. 英国新左派的社会主义政治至善思想. 载《中国社会科学》. 2014 年第 9 期

88. [美]萨义德. 知识分子论. 单德兴译，北京：生活·读书·新知三联书店. 2007

89. 师文兵、乔瑞金. 英国新马克思主义历史学派的政治意识. 载《哲学研究》. 2007 年第 3 期

90. 师文兵. 汤普森社会批判理论中的经验范畴分析. 载《马克思主义与现实》. 2011 年第 1 期

91. [斯]斯拉沃热·齐泽克、[法]泰奥德·阿多尔诺. 图绘意识形态. 方杰译，南京：南京大学出版社. 2002

92. [英]斯图亚特·霍尔、[英]保罗·杜盖伊. 文化身份问题研究. 庞璃译，开封：河南大学出版社. 2010

93. [英]特瑞·伊格尔顿. 文化的观念. 方杰译，南京：南京大学出版社. 2006

94. 王雨辰. 哲学批判与解放的乌托邦. 哈尔滨：黑龙江大学出版社，2007

95. [德]乌尔里希·贝克、[英]安东尼·吉登斯、[英]斯科特·拉什. 自反性现代化——现代社会秩序中的政治、传统和美学. 赵文书译，北京：商务印书馆. 2014

96. 邢媛. 贝尔社会发展思想的内在张力及修辞学倾向. 载《哲学研究》. 2006 年第 7 期

97. 邢媛. 吉登斯"自我认同"的社会哲学思想探析. 载《马克思主义与现实》. 2010 年第 3 期

98. 邢媛. 评吉登斯对马克思的"两种商品化"理论的分析. 载《现代哲学》. 2009 年第 3 期

99. 邢媛. 詹姆逊历史化认知思想探析. 载《哲学研究》. 2008 年第 8 期

100. 许苏民. 文化哲学. 上海：上海人民出版社. 1990

101. 薛勇民、贾婕. 福斯特对马克思生态世界观的深度解析. 载《科学技术哲学研究》. 2015 年第 4 期

102. 薛勇民、李侠. 论福柯权力视野下的技术. 载《自然辩证法研究》. 2002 年第 1 期

103. 薛勇民. 唯物史观的当代反思. 载《马克思主义研究》. 2002 年第 2 期

104. 薛勇民. 再论社会进步的动力系统. 载《系统辩证学学报》. 2002 年第 2 期

105. 杨东篱. 伯明翰学派的文化观念与通俗文化理论研究. 济南：山东大学出版社. 2001

106. 杨魁森. 生活世界哲学. 长春：吉林人民出版社. 2013

107. 衣俊卿、胡长栓等. 马克思主义文化理论研究. 北京：北京师范大学出版社. 2012

108. 衣俊卿. 现代性焦虑与文化批判. 哈尔滨：黑龙江大学出版社. 2007

109. 衣俊卿. 20 世纪的文化批判——西方马克思主义的深层解读. 北京：中央编译出版社. 2003.

110. 俞吾金、陈学明. 国外马克思主义哲学流派新编（西方马克思主义卷）. 上海：复旦大学出版社. 2002

111. 俞吾金. 意识形态论. 北京：人民出版社. 2009

112. 俞吾金. 传统重估与思想移位. 哈尔滨：黑龙江大学出版社. 2007

113. [英]约翰·斯道雷. 文化理论与大众文化导论. 常江译，北京：北京大学出版社. 2010

114. 张华编. 伯明翰文化学派领军人物述评. 济南：山东大学出版社. 2008

115. 张亮、李媛媛. 理解斯图亚特·霍尔. 北京：北京师范大学出版社. 2016

116. 张亮. "英国马克思主义"的"文化唯物主义"及其当代评价. 载《河海大学学报》. 2012 年第 4 期

117. 张亮. 从苏联马克思主义到文化马克思主义——英国马克思主义理论传统的战后形成. 载《人文杂志》. 2009 年第 2 期

118. 张亮. 从文化马克思主义到"结构主义的马克思主义"——20 世纪 60 年代初至 80 年代初英国马克思主义的发展历程. 载《文史哲》. 2010 年第 1 期

119. 张亮. 伦理、文化与社会主义——英国新左派早期思想读本. 南京：江苏人民出版社. 2013

120. 张亮. 英国马克思主义理论传统的兴起. 载《国外理论动态》. 2006 年第 7 期

121. 张亮. 英国新左派运动及其当代审视——迈克尔·肯尼教授访谈录. 载《求是学刊》. 2007 年第 5 期

122. 张亮. 英国新左派思想家. 南京：江苏人民出版社. 2010

123. 张一兵. 当代国外马克思主义哲学思潮（中卷），南京：江苏人民出版社. 2011

124. 张一兵. 启蒙的自反与幽灵式的在场. 哈尔滨：黑龙江大学出版社. 2007

125. 周宪. 当代西方艺术文化学. 北京：北京大学出版社. 1988

126. 邹赞. 文化的显影——英国文化主义研究. 广州：暨南大学出版社. 2014

后　记

　　在经过长时间的不懈努力，我的博士论文终于要付梓了，在顿感轻松、愉悦之后，让我深感哲学的玄妙与深奥。对哲学问题的思考，一次又一次地吸引和召唤我，为我打开了新视野，让我饱尝到来自心灵深处的喜悦。与此同时，面对这座神圣的哲学殿堂不由得心生敬畏，让我觉得她是如此的遥不可及、高不可攀，也许这正是她的魅力所在。博士论文的撰写是一次漫长的学术旅途，它记录着四年的求学过程，承载着四年里的成长与收获，凝结着许多人的智慧与心血。

　　我对我的导师乔瑞金教授怀有深深的敬仰和感激之情。导师为我开启了改变我人生的求学之旅，他指导我如何读书、如何思考，带领我发现、分析、研究问题，引导我如何写作，如何建构一篇文章、提炼一个观点，如何在评与述之间寻求平衡，这让我获得了难能可贵的求学经历。对导师严谨治学之精神、为人谦逊之品质耳濡目染，这种精神和品质撼动了我的心灵，改变了我的人生态度，并融入于我的生活。导师的指导与教诲，让我获得了人生中的巨大飞跃，不仅领悟到读书、做学问之美，而且开启了心智、陶冶了情操，让我有信心坦然面对无论是学习还是生活中的困难，使我体悟到要用心去学习，用心去生活。

在论文写作的征途上，得到了导师悉心的指导和点拨，浸润导师辛勤的汗水。在博一的时候，我的研究方向虽已经基本确定，但彷徨于选择什么样的切入点作为统领全文的核心思想。我一度陷入全英文文献的阅读与整理，但一直找不到头绪，常常夜不能寐、食不知味。在导师耐心指引下，我着力具体问题的分析，并撰写学术短文。就是在一次次学术实践的磨炼中，在创作、汲取意见、反复修改的过程中，我的研究能力在悄无声息地发生着变化。随后，我对论文的写作思路日渐清晰起来，写作的速度也明显加快，时常会得到导师的鼓励和肯定，这让我卸去了苦于论文没有进展的忧愁，让我看到了黎明的曙光。导师教我如何安排论据与论点的关系，"一开始拨得太高，遇到具体论述时很难再沉下去"，这些方法对我帮助很大。在大论文即将完成之际，导师又提出在此基础上凝练和升华文章立意的要求，促使我再次思考论文提要的目的所在，为进一步完善论文得到了方向。导师对我的影响，如春风化雨，润物无声，让我感激在心，终生难忘。

论文撰写期间，关于霍加特文化实践思想的话语问题，我曾求教于张亮教授和强乃社编审。他们都曾给予我很多的帮助和指引。他们睿智的见解为我的学术思考带来很多启示和灵感。本书作为博士论文，于2016年6月在山西大学通过答辩。答辩过程中，得到朱葆伟教授、殷杰教授、侯怀银教授、邢媛教授、管晓刚教授对论文提出的不同意见。在论文修订时对以上教授给予的意见做出了认真思考。

随着对霍加特文化实践思想的进一步深入，我愈发感受到这一思想对当代马克思主义文化哲学研究和文化唯物主义研究重要的理论意义和实践价值。文化实践引发的思想是具拓扑性的，它不仅改变了文化原有鸽笼式的分布状态，而且把文化作为人类实践活动的重要方式，变革了文化观念的元认知。文化实践作为文化研究的重要思想，激发人们对文化元认知的探寻，改变文化形而上的存在模式，回归文化作为人类整体生活方式的样态。它作为政治多维度和多元化的新思考模式，为改写大政治和权威政治提供微观化和多元化的政治抵抗形式，为普通人通过文化实践获得自身政治权利提供具体解决路径。它作为物质实践的重要思考向度，为文化获得了当代社会的现实意义和社会意义，使人们认识到文化的物质性对现实社会的影响作用，一方面认识到文化物质性的积极一面，同时，审视按照资本逻辑运行之下，文化与资本结盟生产的负面作用。它作为与当代马克思主义语言哲学结合重要的理论意义，为当代语言哲学的发展以及马克思主义语言哲学发展具有重要的推动作用，为思考文化、语言和符号实践打开了新通道，并成为人们共享认识地图，型塑群体关于世界如何运行创造了新方法。文化实践思想具有的跨学科意义，为文化哲学、语言哲学、历史学、政治学和社会学都有一定的启发意义，使人们关注到了文化与语言、文化与文学、文化与政治和文化与社会之间相互联系和彼此关联的作用，启发我们对某一问题思考的联动性。对文化实践思想的进一步深度开垦还有待继续。

在这段求学的岁月中，我的家人是我前行道路上最强大的力量源泉。感谢我的父亲、母亲给予我的无私关爱与支持，感谢我的先生对我的包容和支持，感谢我的儿女带给我的喜乐。

在此，借论文出版的机会向所有关心和爱护我的老师、家人、朋友表示衷心感谢！

马援

2019 年 6 月

图书在版编目（CIP）数据

霍加特文化实践思想研究 / 马援著. —北京：北京师范
大学出版社，2020.8
（英国新马克思主义哲学研究丛书）
ISBN 978-7-303-25378-4

Ⅰ.①霍… Ⅱ.①马… Ⅲ.①霍加特-文化思想-思想评论
Ⅳ.①G0

中国版本图书馆 CIP 数据核字（2019）第 281925 号

营 销 中 心 电 话 010-58805385
北 京 师 范 大 学 出 版 社
主题出版与重大项目策划部 http://xueda.bnup.com

HUOJIATE WENHUA SHIJIAN SIXIANG YANJIU
出版发行：北京师范大学出版社 www.bnup.com
　　　　　北京市西城区新街口外大街 12-3 号
　　　　　邮政编码：100088
印　　刷：北京盛通印刷股份有限公司
经　　销：全国新华书店
开　　本：730 mm×980 mm　1/16
印　　张：25
字　　数：279 千字
版　　次：2020 年 8 月第 1 版
印　　次：2020 年 8 月第 1 次印刷
定　　价：98.00 元

策划编辑：祁传华 郭 珍　　　责任编辑：王 强 林山水
美术编辑：王齐云　　　　　　　装帧设计：王齐云
责任校对：段立超 王志远　　　责任印制：陈 涛